公益財団法人 全国商業高等学校協会 主催
文部科学省 後援

令和５年度　第９７回
簿記実務検定試験
第３級

（令和６年１月２８日実施）

時間　９時００分から１０時３０分（制限時間９０分）

注意事項

1　監督者の指示があるまで，問題を開いてはいけません。

2　問題用紙は１ページから６ページまであります。

3　問題用紙の落丁や印刷が不鮮明である場合には，挙手をして監督者の指示に従いなさい。なお，問題についての質問には応じません。

4　解答はすべて解答用紙に記入しなさい。

5　途中退室は原則できません。

6　試験終了後，問題用紙も回収します。

受験番号

1 下記の取引の仕訳を示しなさい。ただし，勘定科目は，次のなかからもっとも適当なものを使用すること。

現　　　金	当 座 預 金	定 期 預 金	売　掛　金
従業員立替金	備　　　品	貸倒引当金	資　本　金
広　告　料	貸 倒 損 失	交　通　費	消 耗 品 費

a．岡山商店から営業用の机といすのセット一式 ¥390,000 を購入し，代金は小切手＃8 を振り出して支払った。

b．従業員のために現金 ¥78,000 を立て替え払いした。

c．福島商店（個人企業）は，現金 ¥1,600,000 を元入れして開業した。

d．得意先 北南商店が倒産し，前期から繰り越された同店に対する売掛金 ¥40,000 が回収不能となったため，貸し倒れとして処理した。ただし，貸倒引当金勘定の残高が ¥52,000 ある。

2 広島商店の次の取引を入金伝票・出金伝票・振替伝票のうち，必要な伝票に記入しなさい。ただし，不要な伝票は空欄のままにしておくこと。

取　　　引

1月26日　全商銀行に現金 ¥500,000 を定期預金として預け入れた。　（伝票番号　No.58）

〃日　島根新聞社に広告料 ¥190,000 を小切手＃3を振り出して支払った。　（伝票番号　No.74）

3 青森商店（個人企業）の下記の取引について，

(1) 仕訳帳に記入して，総勘定元帳（略式）に転記しなさい。
(2) 売掛金元帳に記入して締め切りなさい。
(3) 1月末における合計試算表を作成しなさい。

ただし，i 商品に関する勘定は3分法によること。
ii 仕訳帳における小書きは省略すること。
iii 総勘定元帳および売掛金元帳には，日付と金額のみを記入すればよい。

取　　引

1月4日 仕入先 岩手商店から次の商品を仕入れ，代金は掛けとした。
B品 250個 @¥ 80 ¥ 20,000

5日 得意先 宮城商店に次の商品を売り渡し，代金は掛けとした。
B品 200個 @¥130 ¥ 26,000

9日 仕入先 秋田商店から商品を仕入れ，次の納品書を受け取った。なお，代金は掛けとした。

No.00015　　**納　品　書**　　令和○年1月9日

〒030-0951 青森県青森市戸山字安原7-1
青　森　商　店　御中

〒010-1603
秋田県秋田市新屋勝平台1-1
秋田商店

下記のとおり納品いたします。

品　名	数　量	単　価	金　額
A品	500個	170	85,000
以下余白			
		合　計	¥85,000

10日 得意先 宮城商店に対する売掛金の一部 ¥30,000 を現金で受け取った。

11日 得意先 山形商店に次の商品を売り渡し，代金は現金で受け取った。
A品 400個 @¥250 ¥100,000
B品 100 〃 〃 〃130 ¥ 13,000

12日 水道光熱費 ¥7,800 が当座預金口座から引き落とされた。

次ページに続く

公益財団法人 全国商業高等学校協会主催・文部科学省後援

第97回　簿記実務検定　3級　商業簿記〔解答用紙〕

1

	借方	貸方
a		
b		
c		
d		

2

入金伝票

令和○年　月　日　　No.____

科目		入金先	殿
摘要		金額	
合計			

出金伝票

令和○年　月　日　　No.____

科目		支払先	殿
摘要		金額	
合計			

振替伝票

令和○年　月　日　　No.____

勘定科目	借方	勘定科目	貸方
合計		合計	
摘要			

1 得点	2 得点	3 得点	4 得点	5 得点	総得点

試験場校	受験番号

3 (1)

仕訳帳　　1

令和○年		摘要	元丁	借方	貸方
1	1	前期繰越高	✓	190,100	190,100

総勘定元帳

現金			1
1/1	8,700		

当座預金			2
1/1	64,800		

売掛金			3
1/1	73,000		

繰越商品			4
1/1	7,600		

備品			5
1/1	36,000		

買掛金			6
		1/1	24,100

借入金			7
		1/1	26,000

所得税預り金			8

資本金			9
		1/1	140,000

第97回　全商簿記実務検定　第3級

解答編

実教出版

公益財団法人 全国商業高等学校協会主催・文部科学省後援

第97回 簿記実務検定 3級 商業簿記〔解答〕

1

採点基準は，当社の設定によるものです。 @4点×4＝16点

	借方		貸方		
a	備品	390,000	当座預金	390,000	❶
b	従業員立替金	78,000	現金	78,000	❷
c	現金	1,600,000	資本金	1,600,000	❸
d	貸倒引当金	40,000	売掛金	40,000	❹

解説

❶ 営業用の机・いすなどを買い入れたときは，備品勘定（資産の勘定）の借方に記入する。
❷ 立替金とは区別して，従業員立替金勘定（資産の勘定）で処理する。
❸ 現金を元入れして開業したときは，資本金勘定（資本の勘定）で処理する。
❹ 貸し倒れが発生したときは，まず貸倒引当金勘定を取り崩す。

●ポイント

仕訳の問題では，取引文をよく読んで，その内容を理解し，「どの勘定科目に」「どれだけの金額の増減が生じたのか」をしっかりと把握しよう。また，勘定科目は指定されたものを用いること。

a．事務用のパーソナルコンピュータ・営業用の金庫・事務用机・商品陳列用ケースなどを買い入れたときは，備品勘定（資産の勘定）の借方に記入する。

b．従業員のために立て替えた場合は，立替金勘定とは区別して処理する。

d．前期に発生した売掛金が貸し倒れになった場合，設定されている貸倒引当金勘定の残高によって仕訳が異なるので，本問のケースと合わせて確認しておくこと。

ア．貸し倒れ額＜貸倒引当金残高（本問のケース）
（借）貸倒引当金 ×××　（貸）売掛金 ×××

イ．貸し倒れ額＞貸倒引当金残高
（借）貸倒引当金 ×××　（貸）売掛金 ×××
貸倒損失(費用の勘定) ×××

ウ．貸倒引当金の残高がない場合
（借）貸倒損失 ×××　（貸）売掛金 ×××

2

●印@４点×２＝８点

入　金　伝　票 ❸			No.
令和○年　月　日			
科目		入金先	殿
摘　　要		金　　額	
合　　計			

出　金　伝　票 ❶●			No. 58
令和○年１月26日			
科目	定期預金	支払先	全商銀行殿
摘　　要		金　　額	
定期預金として預け入れ		*500000*	
合　　計		*500000*	

振　替　伝　票 ❷●			No. 74
令和○年１月26日			
勘定科目	借　方	勘定科目	貸　方
広　告　料	*190000*	当座預金	*190000*
合　　計	*190000*	合　　計	*190000*
摘要	島根新聞社に広告料支払い　小切手＃３を振り出し		

解説

❶ 現金を定期預金に預け入れたので，定期預金勘定（資産の勘定）で処理する。この取引は，現金の出金取引なので，出金伝票で処理する。

（借）定　期　預　金　*500,000*　（貸）現　　　　金　*500,000*

→出金伝票：科目欄には，現金勘定の相手科目である「定期預金」を記入する。

❷ 広告料を支払ったときは，広告料勘定（費用の勘定）で処理する。また，小切手を振り出して支払うので当座預金勘定で処理する。この取引は，入出金をともなわないので，振替伝票で処理する。

（借）広　告　料　*190,000*　（貸）当　座　預　金　*190,000*

→振替伝票：振替伝票の勘定科目欄には，仕訳帳と同様に記入する。

❸ 入金伝票は空欄のままとなる。

●ポイント

① ３伝票制（入金伝票，出金伝票，振替伝票）を採用している場合は，次のように考える。

・入金取引（現金勘定が増加する取引）

→（借）現　　金　×××　（貸）相手科目　×××

→入金伝票へ記入する。

入金伝票に記入する場合は，日付・伝票番号・科目・入金先・金額・合計金額・摘要の記入もれに注意すること。

・出金取引（現金勘定が減少する取引）

→（借）相手科目　×××　（貸）現　　金　×××

→出金伝票へ記入する。

出金伝票に記入する場合は，日付・伝票番号・科目・支払先・金額・合計金額・摘要の記入もれに注意すること。

・上記以外の取引（現金取引以外の取引）→仕訳のとおりに，振替伝票へ記入する。

振替伝票に記入する場合は，日付・伝票番号・借方科目・貸方科目・金額・合計金額・摘要の記入もれに注意すること。

② それぞれの伝票に記入する摘要は，取引内容がわかるように簡潔に表現すること。

3

●印@3点×14=42点

(1) （仕訳帳の摘要欄に記入する勘定科目に（　）を付けてもよい。）
（諸口を記入してもよい。）

仕 訳 帳　　1

令和○年		摘要	元丁❶	借方	貸方
1	1	前期繰越高	√	190,100	190,100
●	4	仕入	11	20,000	
		買掛金	6		20,000
●	5	売掛金	3	26,000	
		売上	10		26,000
	9	仕入	11	❷ 85,000	
		買掛金	6		85,000
	10	現金	1	30,000	
		売掛金	3		30,000
	11	現金	1	113,000	
		売上	10		113,000
	12	水道光熱費	14	7,800	
		当座預金	2		7,800
●	15	仕入	11	❸ 24,600	
		買掛金	6		24,000
		現金	1		600
	18	売掛金	3	57,500	
		売上	10		57,500
	19	保険料	13	900	
		当座預金	2		900
●	25	給料	12	30,000	
		❹ 所得税預り金	8		1,500
		現金	1		28,500
	29	当座預金	2	43,000	
		売掛金	3		43,000
●	30	買掛金	6	24,100	
		当座預金	2		❺ 24,100
	31	消耗品費	15	❻ 300	
		現金	1		300

総 勘 定 元 帳 ❼

現金　1

借方		貸方	
1/1	8,700	1/15	600
● 10	····30,000	25	28,500
11	113,000	31	300

当座預金　2

借方		貸方	
1/1	64,800	1/12	7,800
29	43,000	19	900
		30	24,100

売掛金　3

借方		貸方	
1/1	73,000	1/10	30,000
5	26,000	29	43,000
18	57,500		

繰越商品　4

借方		貸方	
1/1	7,600		

備品　5

借方		貸方	
1/1	36,000		

買掛金　6

借方		貸方	
1/30	24,100	1/1	24,100
		4	····20,000 ●
		9	85,000
		15	24,000

借入金　7

借方		貸方	
		1/1	26,000

所得税預り金　8

借方		貸方	
		1/25	1,500

資本金　9

借方		貸方	
		1/1	140,000

売上　10

借方		貸方	
		1/5	26,000
		11	113,000
		18	57,500

仕入　11

借方		貸方	
1/4	20,000		
● 9	····85,000		
15	24,600		

給料　12

借方		貸方	
1/25	30,000		

保険料　13

借方		貸方	
1/19	900		

水道光熱費　14

借方		貸方	
1/12	7,800		

消耗品費　15

借方		貸方	
● 1/31	·······300		

(2) 売 掛 金 元 帳 ❽

宮城商店　1

借方		貸方	
1/1	30,000	1/10	·······30,000 ●
5	26,000	31	26,000
	56,000		56,000

山形商店　2

借方		貸方	
1/1	43,000	1/29	·······43,000 ●
18	57,500	31	57,500
	100,500		100,500

(3) 合 計 試 算 表 ❾

令和○年1月31日

借方	元丁	勘定科目	貸方
● 151,700	1	現金	29,400
107,800	2	当座預金	● 32,800
156,500	3	売掛金	73,000
7,600	4	繰越商品	
36,000	5	備品	
24,100	6	買掛金	153,100
	7	借入金	26,000
	8	所得税預り金	1,500
	9	資本金	140,000
	10	売上	196,500
129,600	11	仕入	
30,000	12	給料	
900	13	保険料	
● 7,800	14	水道光熱費	
300	15	消耗品費	
● 652,300		······························	652,300

解説

〈仕訳帳〉

❶ 仕訳帳の元丁欄にはそれぞれの勘定科目のページ数「1」から「15」を記入する。
❷ 納品書の金額￥*85,000*で処理する。
❸ 商品を仕入れたときの引取運賃￥*600*は仕入勘定（費用の勘定）に含めて処理する。
❹ 給料支払い時の所得税は，所得税預り金勘定（負債の勘定）で処理する。
❺ 小切手の金額￥*24,100*で処理する。
❻ 領収証の金額￥*300*で処理する。

〈総勘定元帳〉

❼ 総勘定元帳には，日付と金額のみを記入する。

〈売掛金元帳〉

❽ 売掛金勘定に記入した取引を，該当する商店ごとに日付と金額を記入する。また，月末の残高を貸方に記入して締め切る。

〈合計試算表〉

❾ 総勘定元帳の各勘定の借方合計金額と貸方合計金額を記入する。
借方合計金額と貸方合計金額とが一致することを確認する。

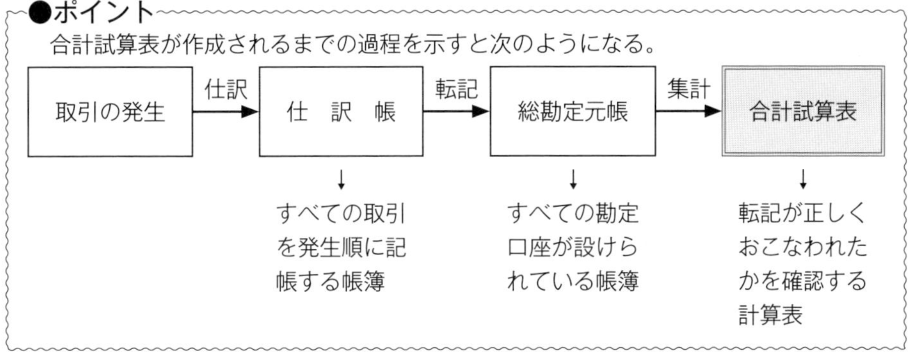

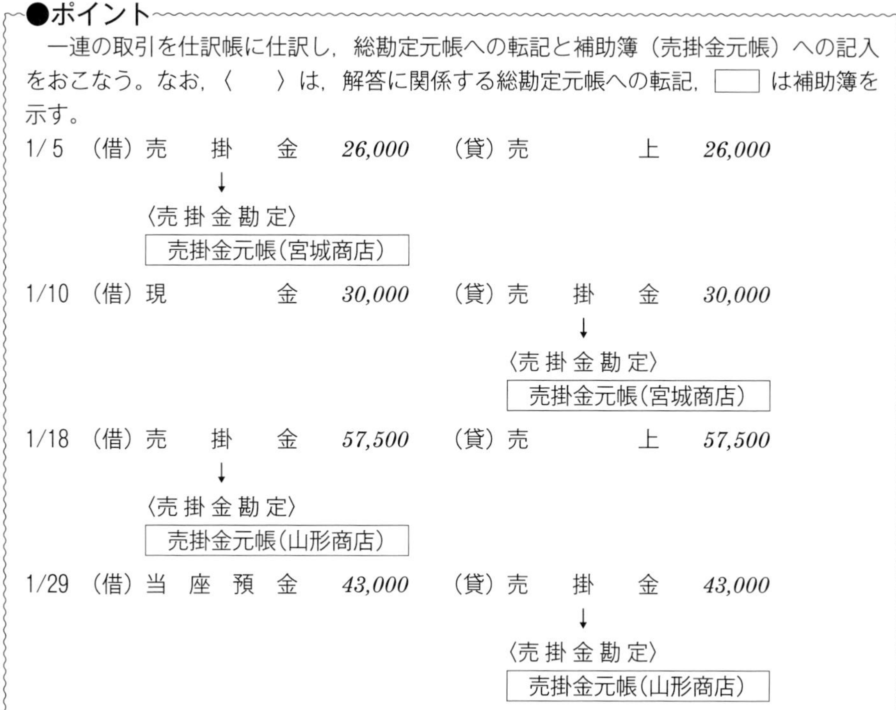

4

@2点×5＝10点

(1)

a	2

b	ア	2	イ	3

解説

a.

Assets	Bookkeeping	Account
資産	簿記	勘定

b. 企業は一定時点の財政状態を明らかにするために，資産・負債・純資産（資本等）の各項目を示す報告書を作成する。この報告書を貸借対照表といい，英語ではBalance Sheetという。

(2)

a	¥ 485,000	b	¥ 3,621,000

解説

a. 損益計算書

費用 3,780,000	収益 4,265,000
当期純利益 (　)	

損益計算書から
当期の収益総額¥4,265,000－当期の費用総額¥3,780,000
＝当期純利益¥485,000

b. 期首貸借対照表

期首資産 6,871,000	期首負債 3,490,000
	期首資本 ①3,381,000

②

期末貸借対照表

期末資産 7,261,000	期末負債 ③(　)
	期末資本：期首資本 3,381,000
	期末資本：当期純利益 259,000

① 期首貸借対照表から
期首の資産総額¥6,871,000－期首の負債総額¥3,490,000＝期首の資本(純資産)¥3,381,000

② 期首の資本¥3,381,000を期末貸借対照表の貸方に書き移す。

③ 期末貸借対照表から
期末の資産総額¥7,261,000－期首の資本¥3,381,000－当期純利益¥259,000
＝期末の負債総額¥3,621,000

5

●印@4点×6＝24点

(1)

精　算　表

令和○年12月31日

勘定科目	残高試算表		整理記入		損益計算書		貸借対照表	
	借方	貸方	借方	貸方	借方	貸方	借方	貸方
現金	195,000						● 195,000	
当座預金	1,581,000						1,581,000	
売掛金	350,000						350,000	
貸倒引当金		2,000		❷ 5,000				● 7,000
繰越商品	290,000		❶ 380,000	290,000			380,000	
備品	320,000			❸ 80,000			240,000	
買掛金		764,000						764,000
資本金		1,680,000						1,680,000
売上		4,890,000				4,890,000		
受取手数料		46,000				46,000		
仕入	3,680,000		❶ 290,000	380,000	3,590,000 ●			
給料	621,000				621,000			
支払家賃	210,000				210,000			
水道光熱費	108,000				108,000			
雑費	27,000				27,000			
	7,382,000	7,382,000						
貸倒引当金繰入			❷ 5,000		5,000			
減価償却費			❸ 80,000		80,000			
当期純利益					295,000		●	295,000
			755,000	755,000	4,936,000	4,936,000	2,746,000	2,746,000

（損益計算書欄の当期純利益295,000は赤記でもよい。）

(2)

備　品 ❹　6

1/1	前期繰越	320,000	12/31	減価償却費	80,000
			〃	次期繰越	240,000●
		320,000			320,000

受取手数料 ❺　10

●12/31	損益	46,000			46,000

解説

精算表の作成と勘定記入に関する問題である。本問では，残高試算表欄は記入してあるので，整理記入欄および損益計算書欄・貸借対照表欄の記入を問われている。

❶ 売上原価を算定するための決算整理である。

（借）仕　　入 *290,000*　（貸）繰越商品 *290,000*→期首商品棚卸高（残高試算表欄の繰越商品勘定借方残高）

（借）繰越商品 *380,000*　（貸）仕　　入 *380,000*→期末商品棚卸高（決算整理事項ａ）

精　　　算　　　表

令和○年*12*月*31*日

勘定科目	残高試算表		整理記入		損益計算書		貸借対照表	
	借方	貸方	借方	貸方	借方	貸方	借方	貸方
繰越商品	290,000	→	⊕380,000	⊖290,000	→	→	380,000	
仕入	3,680,000	→	⊕290,000	⊖380,000→	3,590,000			

❷ 売掛金に対する貸倒引当金を見積もるための決算整理である。

貸倒引当金見積額＝売掛金残高¥*350,000*×２％＝¥*7,000*

貸倒引当金繰入額＝¥*7,000*－貸倒引当金勘定残高¥*2,000*＝¥*5,000*（差額計上額）

（借）貸倒引当金繰入　*5,000*　（貸）貸倒引当金　*5,000*

精　　　算　　　表

令和○年*12*月*31*日

勘定科目	残高試算表		整理記入		損益計算書		貸借対照表	
	借方	貸方	借方	貸方	借方	貸方	借方	貸方
貸倒引当金		2,000	→	⊕5,000	→	→	→	7,000
貸倒引当金繰入			5,000	→	5,000			

❸ 備品の減価償却費を計上するための決算整理である。直接法による記帳法では，備品勘定（資産の勘定）を減少させる。なお，減価償却費は次の方法で計算する。

$$\text{減価償却費}=\frac{\text{取得原価¥}480{,}000-\text{残存価額¥}0}{\text{耐用年数}6\text{年}}=\text{¥}80{,}000$$

（借）減価償却費　*80,000*　（貸）備　　品　*80,000*

精　　　算　　　表

令和○年*12*月*31*日

勘定科目	残高試算表		整理記入		損益計算書		貸借対照表	
	借方	貸方	借方	貸方	借方	貸方	借方	貸方
備品	320,000	→	→	⊖80,000	→	→	240,000	
減価償却費			80,000	→	80,000			

❹ 備品勘定は，ｃ．の決算整理仕訳を転記し，差額を「次期繰越」として締め切る。

❺ 受取手数料勘定は残高を損益勘定に振り替えるための仕訳をおこない，転記して締め切る。

（借）受取手数料　*46,000*　（貸）損　　益　*46,000*

●ポイント

精算表を作成するポイントは，以下のとおりである。

① 整理記入欄の記入
- 決算整理事項を正しく仕訳する。
- 決算整理仕訳を整理記入欄に正しく記入する。
- 借方合計金額と貸方合計金額が一致することを確認する。

② 整理記入欄の記入に続き，次のように修正をおこなう。
- 残高試算表欄の借方に金額がある勘定→整理記入欄の借方に記入があるときはプラスし，貸方に記入があるときはマイナスする。
- 残高試算表欄の貸方に金額がある勘定→整理記入欄の借方に記入があるときはマイナスし，貸方に記入があるときはプラスする。

③ 修正が終わった勘定の金額は，次の要領で損益計算書欄と貸借対照表欄に書き移す。
- 資産の勘定の金額は，貸借対照表欄の借方に書き移す。
- 負債・純資産の勘定の金額は，貸借対照表欄の貸方に書き移す。
- 収益の勘定の金額は，損益計算書欄の貸方に書き移す。
- 費用の勘定の金額は，損益計算書欄の借方に書き移す。

④ 当期純利益または当期純損失を算出する。
- 貸借対照表欄では，資産総額から負債および資本の総額を差し引いて，差額を計算する。差額が貸方に生じた場合は当期純利益を示し，借方の場合は当期純損失を示す。
- 損益計算書欄では，収益総額から費用総額を差し引いて，差額を計算する。差額が借方に生じた場合は当期純利益を示し，貸方の場合は当期純損失を示す。

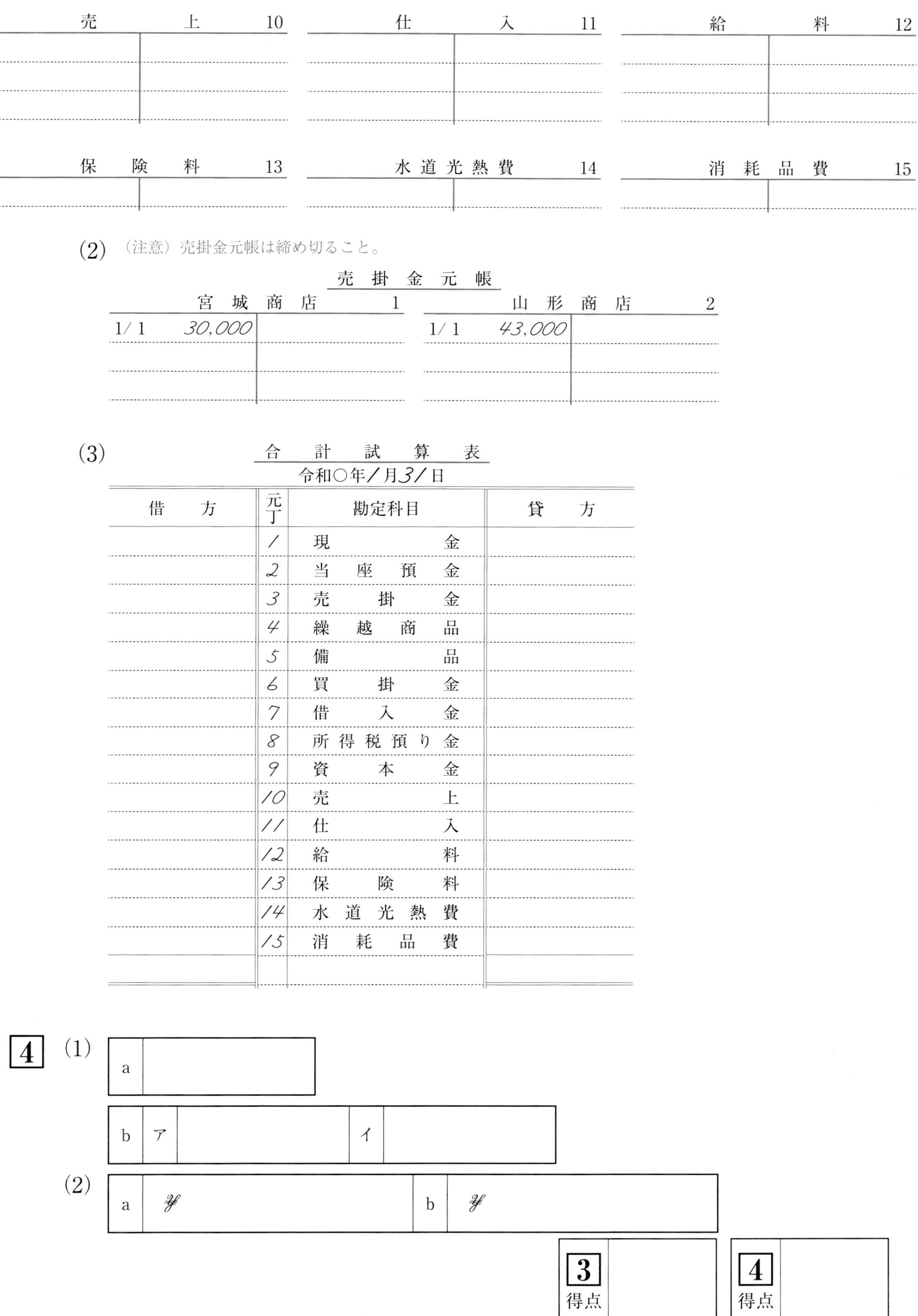

売　上　10

仕　入　11

給　料　12

保　険　料　13

水道光熱費　14

消耗品費　15

(2) （注意）売掛金元帳は締め切ること。

売掛金元帳

宮城商店　1

1/1	30,000	

山形商店　2

1/1	43,000	

(3)

合計試算表

令和○年1月31日

借方	元丁	勘定科目	貸方
	1	現金	
	2	当座預金	
	3	売掛金	
	4	繰越商品	
	5	備品	
	6	買掛金	
	7	借入金	
	8	所得税預り金	
	9	資本金	
	10	売上	
	11	仕入	
	12	給料	
	13	保険料	
	14	水道光熱費	
	15	消耗品費	

4

(1) a

b　ア　　イ

(2) a ¥　　b ¥

3 得点

4 得点

5

(1)

精　算　表

令和○年12月31日

勘定科目	残高試算表		整理記入		損益計算書		貸借対照表	
	借方	貸方	借方	貸方	借方	貸方	借方	貸方
現金	195,000							
当座預金	1,581,000							
売掛金	350,000							
貸倒引当金		2,000						
繰越商品	290,000							
備品	320,000							
買掛金		764,000						
資本金		1,680,000						
売上		4,890,000						
受取手数料		46,000						
仕入	3,680,000							
給料	621,000							
支払家賃	210,000							
水道光熱費	108,000							
雑費	27,000							
	7,382,000	7,382,000						
貸倒引当金繰入								
減価償却費								
当期純利益								

(2) （注意）i　受取手数料勘定の記録は，合計額で示してある。
ii　勘定には，日付・相手科目・金額を記入し，締め切ること。

備　品　6

借方			貸方
1/1	前期繰越	320,000	

受取手数料　10

借方	貸方
	46,000

5 得点	

15日　仕入先 岩手商店から次の商品を仕入れ，代金は掛けとした。なお，引取運賃 ¥600 は現金で支払った。

B品	300個	@¥ 80	¥ 24,000

18日　得意先 山形商店に次の商品を売り渡し，代金は掛けとした。

A品	100個	@¥250	¥ 25,000
B品	250〃	〃〃130	¥ 32,500

19日　保険料 ¥900 が当座預金口座から引き落とされた。

25日　本月分の給料 ¥30,000 の支払いにあたり，所得税額 ¥1,500 を差し引いて，従業員の手取額を現金で支払った。

29日　得意先 山形商店に対する売掛金の一部 ¥43,000 を現金で受け取り，ただちに当座預金に預け入れた。

30日　仕入先 秋田商店に対する買掛金の一部について，次の小切手を振り出して支払った。

ZS00009
令和○年1月30日

金額	¥24100
渡先	秋田商店
摘要	買掛金支払い
残高	¥75000

青森

ZS00009　小　切　手　全国 5001 0914-003

支払地　青森県青森市新町一丁目3-7
株式会社 全商銀行　青森支店

金 額　¥24,100※

上記の金額をこの小切手と引き替えに
持参人へお支払いください
拒絶証書不要

振出日　令和○年1月30日
振出地　青森県青森市　振出人　青森市戸山字安原7-1　青森商店　青 森 健 一 郎　青森

31日　八戸文具店から事務用の文房具を現金で購入し，次のレシートを受け取った。

八戸文具店

八戸市十日市塚ノ下3－1
電話：0178-96-****

領　収　証

20XX年1月31日	No.197
文房具	¥300
合 計	**¥300**
お預り	¥300
お釣り	¥0

上記正に領収いたしました

4 次の各問いに答えなさい。

(1) 次の文の [　　] にあてはまるもっとも適当な語を，下記の語群のなかから選び，その番号を記入しなさい。

a．企業は，日々の経営活動について，一定の記帳方法にしたがい，帳簿に記録・計算・整理している。この技術のことを簿記といい，英語では [　　] という。

1. Assets　　2. Bookkeeping　　3. Account

b．企業は一定時点の [ア] を明らかにするために，資産・負債・純資産（資本等）の各項目を示す報告書を作成する。この報告書を [イ] といい，英語では Balance Sheet という。

1. 経営成績　　2. 財政状態　　3. 貸借対照表　　4. 損益計算書

(2) 次の各文の [　　] に入る金額を求めなさい。

a．山口商店（個人企業）の当期の収益総額は ¥4,265,000 で，費用総額が ¥3,780,000 であるとき，当期純利益は ¥ [　　] である。

b．鳥取商店（個人企業）の期首の資産総額は ¥6,871,000 負債総額は ¥3,490,000 であった。なお，この期間中の当期純利益が ¥259,000 で，期末の資産総額が ¥7,261,000 であるとき，期末の負債総額は ¥ [　　] である。

5 沖縄商店（個人企業　決算年1回　12月31日）の決算整理事項は，次のとおりであった。よって，

(1) 精算表を完成しなさい。

(2) 備品勘定および受取手数料勘定に必要な記入をおこない，締め切りなさい。ただし，勘定記入は，日付・相手科目・金額を示すこと。

決算整理事項

a．期末商品棚卸高　¥380,000

b．貸倒見積高　売掛金残高の2％と見積もり，貸倒引当金を設定する。

c．備品減価償却高　取得原価 ¥480,000　残存価額は零（0）　耐用年数は6年とし，定額法により計算し，直接法で記帳している。

$$\text{定額法による年間の減価償却費} = \frac{\text{取得原価} - \text{残存価額}}{\text{耐用年数}}$$

令和６年版　全商簿記実務検定

模擬試験問題集　第３級

解答編

出題形式別練習問題――――解答・解説
模擬試験問題――――――解答・解説・採点基準
検定試験問題――――――解答・解説・採点基準*
＊採点基準は当社の設定によるものです。

実教出版

出題形式別練習問題　仕訳の問題

1

	借方		貸方		
a	現金	600,000	資本金	600,000	❶
b	小口現金	70,000	当座預金	70,000	❷
c	仕入	482,000	買掛金 現金	470,000 12,000	❸
d	現金	62,000	前受金	62,000	❹
e	土地	5,350,000	当座預金	5,350,000	❺
f	貸付金	250,000	現金	250,000	❻
g	仮払金	70,000	現金	70,000	❼
h	従業員立替金	38,000	現金	38,000	❽
i	広告料	82,000	現金	82,000	❾
j	車両運搬具	1,200,000	未払金	1,200,000	❿

解説

❶ 現金の出資を受けたので現金勘定（資産の勘定）が増加し，資本金勘定（資本の勘定）が増加する。

❷ 少額の支払いにあてるための小口現金は，現金勘定（資産の勘定）と区別して小口現金勘定（資産の勘定）で処理する。

❸ 商品を仕入れるときに支払った引取運賃は，仕入勘定（費用の勘定）に含める。

❹ 商品の注文を受けただけなので，売上勘定（収益の勘定）は使用しない。商品を販売する前に**前**もって**受**け取った内**金**なので，前受金勘定（負債の勘定）で処理する。

❺ 土地などの固定資産を取得したときは，取得したさいに生じる諸費用（付随費用）も取得原価に含める。

❻ 借用証書によって現金を貸し付けた場合は，貸付金勘定（資産の勘定）で処理する。

❼ 旅費の概算額は，旅費の金額が確定していないので一時的に仮払金勘定（資産の勘定）で処理する。

❽ 立替金勘定とは区別して，従業員立替金勘定（資産の勘定）で処理する。

❾ 折り込み広告代金は，広告料勘定（費用の勘定）で処理する。

❿ 営業用の乗用車，トラックなどの車両を買い入れたときは，車両運搬具勘定（資産の勘定）の借方に記入する。商品以外の売買取引によって生じた未払額は，未払金勘定（負債の勘定）の貸方に記入する。

●ポイント

仕訳の問題では，取引文をよく読んで，その内容を理解し，「どの勘定科目に」「どれだけの金額の増減が生じたのか」をしっかりと把握しよう。また，勘定科目は指定されたものを用いること。

a．開業のために事業主から現金の出資を受けたときは資本金勘定（資本の勘定）で処理する。

b．定額資金前渡法（インプレスト・システム）によれば，月初めや週の初めに庶務係はつねに一定の資金を小口現金として保有する。

① 庶務係に一定額（本問の¥70,000を使用）を前渡ししたときの仕訳

（借）小口現金 70,000　（貸）当座預金 70,000

② 庶務係より一定期間の支払いの報告を受けたときの仕訳

（借）費用の勘定など ×××　（貸）小口現金 ×××

③ 支払った額を補給したときの仕訳

（借）小口現金 ×××　（貸）当座預金 ×××

なお，②と③をまとめて次のように仕訳してもよい。

（借）費用の勘定など ×××　（貸）当座預金 ×××

d．商品の注文を受けただけなので，売上勘定（収益の勘定）は使用しない。

e．固定資産の取得に要した諸費用は，取得原価に含める。

g．後日，従業員が帰店し，仮払金の精算をおこなうと，旅費の金額が確定するので，そのときに旅費勘定（費用の勘定）に振り替える。

h．従業員のために立て替えた場合は，立替金勘定とは区別して処理する。

2

	借方		貸方		
a	定期預金	620,000	現金	620,000	❶
b	現金	18,000	受取手数料	18,000	❷
c	支払家賃	104,000	現金	104,000	❸
d	旅費 現金	38,000 2,000	仮払金	40,000	❹
e	現金	670,000	貸付金 受取利息	650,000 20,000	❺
f	貸倒引当金	82,000	売掛金	82,000	❻
g	前受金 売掛金	30,000 250,000	売上	280,000	❼
h	備品	298,000	現金	298,000	❽
i	所得税預り金	39,000	現金	39,000	❾

解説

❶ 定期預金も当座預金と同様に，預金の名称を勘定科目として用いる。

❷ 商品売買の仲介をおこない，手数料を受け取った場合は，受取手数料勘定(収益の勘定)を用いる。

❸ 家賃を支払った場合は，支払家賃勘定（費用の勘定）を用いる。

❹ 旅費の仮払いをしたときに，次の仕訳がしてある。

（借）仮　払　金　40,000　（貸）現 金 な ど　40,000

¥2,000を現金で受け取ったので，¥40,000から差し引いた金額を旅費勘定(費用の勘定)で処理する。

❺ 借用証書で貸し付けたときに，次の仕訳がしてある。

（借）貸　付　金　650,000　（貸）現 金 な ど　650,000

返済を受けたときの利息は，受取利息勘定（収益の勘定）で処理する。

❻ 貸し倒れが発生したときは，まず貸倒引当金勘定を取り崩す。

❼ さきに受け取っていた内金は，前受金勘定（負債の勘定）で処理している。

❽ 事務用のパーソナルコンピュータ・営業用の金庫・事務用机・商品陳列用ケースなどを買い入れたときは，備品勘定（資産の勘定）の借方に記入する。

❾ 給料を支払ったさいに預かった所得税は，所得税預り金勘定（負債の勘定）で処理している。

●ポイント

仕訳の問題では，取引文をよく読んで，その内容を理解し，「どの勘定科目に」「どれだけの金額の増減が生じたのか」をしっかりと把握しよう。また，勘定科目は指定されたものを用いること。

a．普通預金・定期預金も当座預金と同様に，預金の名称を勘定科目として用いる。

d．仮払金勘定（資産の勘定）は，支出があったときに，勘定科目や金額がはっきりしていない場合に用いられる一時的な勘定科目である。

f．前期に発生した売掛金が貸し倒れになった場合，設定されている貸倒引当金勘定の残高によって仕訳が異なるので，本問のケースと合わせて確認しておくこと。

ア．貸し倒れ額＜貸倒引当金残高（本問のケース）

（借）貸倒引当金　×××　（貸）売　掛　金　×××

イ．貸し倒れ額＞貸倒引当金残高

（借）貸倒引当金　×××　（貸）売　掛　金　×××
貸倒損失(費用の勘定)　×××

ウ．貸倒引当金の残高がない場合

（借）貸　倒　損　失　×××　（貸）売　掛　金　×××

g．内金は，商品を売り渡す前に受け取る金銭のことで，受け取ったときに次の仕訳をおこなっている。

（借）現 金 な ど　30,000　（貸）前　受　金　30,000

h．固定資産の取得に要した諸費用は，取得原価に含める。

i．給料を支払ったさいに，次の仕訳がしてある。

（借）給　　料　×××　（貸）所得税預り金　39,000
現 金 な ど　×××

3

	借	方	貸	方	
a	買　掛　金	90,000	当　座　預　金	90,000	❶
b	通　信　費 交　通　費 消　耗　品　費 雑　費 小　口　現　金	16,000 20,000 8,000 3,000 47,000	小　口　現　金 当　座　預　金	47,000 47,000	❷
c	保　険　料	62,000	当　座　預　金	62,000	❸
d	給　料	250,000	所得税預り金 現　金	20,000 230,000	❹
e	仮　受　金	120,000	売　掛　金	120,000	❺
f	建　物	5,460,000	当　座　預　金 現　金	5,300,000 160,000	❻
g	当　座　預　金	260,000	売　掛　金	260,000	❼
h	仕　入	340,000	前　払　金 買　掛　金	30,000 310,000	❽
i	通　信　費	43,000	当　座　預　金	43,000	❾

b．別解　（借）通　信　費　16,000　（貸）当　座　預　金　47,000
　　　　　　　交　通　費　20,000
　　　　　　　消　耗　品　費　8,000
　　　　　　　雑　費　3,000

解説

❶ 小切手を振り出して支払ったときは，当座預金勘定（資産の勘定）の減少で処理する。

❷ 少額の支払いにあてるための小口現金は，現金勘定（資産の勘定）と区別して小口現金勘定（資産の勘定）で処理する。

❸ 保険料を支払ったときは，保険料勘定（費用の勘定）で処理する。

❹ 給料を支払うときに，所得税等を差し引く。これはいったん会社が預かるので，所得税預り金勘定（負債の勘定）で処理する。なお，所得税額を差し引いた金額が従業員の手取額となる。

❺ 仮受金勘定で処理していたときに，次の仕訳がしてある。

　（借）当座預金など　120,000　（貸）仮　受　金　120,000

不明だった受取額の内容が判明したので，該当する売掛金勘定（資産の勘定）に振り替える。

❻ 営業用や店舗用の建物を買い入れたときは，建物勘定（資産の勘定）で処理する。

❼ 他店（千葉商店）が振り出した小切手を受け取ったときは現金勘定（資産の勘定）で処理するが，ただちに当座預金に預け入れたときは，当座預金勘定（資産の勘定）で処理する。

❽ さきに支払っていた内金は，前払金勘定（資産の勘定）で処理している。

❾ 電話料金・インターネット利用料金は通信費勘定（費用の勘定）で処理する。

●ポイント

仕訳の問題では，取引文をよく読んで，その内容を理解し，「どの勘定科目に」「どれだけの金額の増減が生じたのか」をしっかりと把握しよう。また，勘定科目は指定されたものを用いること。

b．定額資金前渡法（インプレスト・システム）によれば，月初めや週の初めに庶務係はつねに一定の資金を小口現金として保有する。

① 庶務係に一定額（本問の¥50,000を使用）を前渡ししたときの仕訳

　（借）小　口　現　金　50,000　（貸）当　座　預　金　50,000

② 庶務係より一定期間の支払いの報告を受けたときの仕訳

　（借）費用の勘定など　47,000　（貸）小　口　現　金　47,000

③ 支払った額を補給したときの仕訳

　（借）小　口　現　金　47,000　（貸）当　座　預　金　47,000

なお，②と③をまとめて次のように仕訳してもよい。

　（借）費用の勘定など　47,000　（貸）当　座　預　金　47,000

d．従業員の給料に対して課税される所得税は，給料を支払うときに差し引き，後日，税務署に納付する。これを所得税の源泉徴収という。この金額は，所得税預り金勘定（負債の勘定）で処理する。

e．仮受金勘定（負債の勘定）は，受け取ったときに，勘定科目や金額がはっきりしていない場合に用いられる一時的な勘定科目である。

f．固定資産の取得に要した諸費用は，取得原価に含める。

h．内金は，商品を仕入れる前に支払う金銭のことで，支払ったときに次の仕訳をおこなっている。

　（借）前　払　金　30,000　（貸）現　金　な　ど　30,000

4

	借方		貸方		
a	普通預金	490,000	現金	490,000	❶
b	前払金	25,000	当座預金	25,000	❷
c	売掛金 発送費	920,000 10,000	売上 現金	920,000 10,000	❸
d	貸倒引当金 貸倒損失	75,000 16,000	売掛金	91,000	❹
e	現金	330,000	借入金	330,000	❺
f	借入金 支払利息	400,000 12,000	現金	412,000	❻
g	当座預金	34,000	仮受金	34,000	❼
h	消耗品費	49,000	未払金	49,000	❽
i	水道光熱費	52,000	現金	52,000	❾

解説

❶ 普通預金も当座預金と同様に，預金の名称を勘定科目として用いる。
❷ 商品を注文し，内金を支払ったときは，前払金勘定（資産の勘定）で処理する。
❸ 商品を売り渡したときの発送に関する費用は，発送費勘定（費用の勘定）で処理する。
❹ 貸し倒れが発生したときは，まず貸倒引当金勘定を取り崩す。
❺ 借用証書によって現金を借り入れたときは，借入金勘定（負債の勘定）で処理する。
❻ 借用証書で借り入れたときに，次の仕訳がしてある。
　（借）現金など 400,000　（貸）借入金 400,000
　返済時の利息は，支払利息勘定（費用の勘定）で処理する。
❼ 内容不明の振込額は，仮受金勘定（負債の勘定）で処理する。
❽ 事務用消耗品を購入したときは，消耗品費勘定（費用の勘定）で処理し，その金額を翌月末に支払う場合は，未払金勘定（負債の勘定）で処理する。
❾ 電気料金は水道光熱費勘定（費用の勘定）で処理する。

●ポイント

仕訳の問題では，取引文をよく読んで，その内容を理解し，「どの勘定科目に」「どれだけの金額の増減が生じたのか」をしっかりと把握しよう。また，勘定科目は指定されたものを用いること。

a．普通預金・定期預金も当座預金と同様に，預金の名称を勘定科目として用いる。

d．前期に発生した売掛金などの売上債権が貸し倒れになった場合，設定されている貸倒引当金勘定の残高によって仕訳が異なるので，本問のケースと合わせて確認しておくこと。

ア．貸し倒れ額＜貸倒引当金残高
　（借）貸倒引当金 ×××　（貸）売掛金 ×××

イ．貸し倒れ額＞貸倒引当金残高（本問のケース）
　（借）貸倒引当金 ×××　（貸）売掛金 ×××
　　　貸倒損失(費用の勘定) ×××

ウ．貸倒引当金の残高がない場合
　（借）貸倒損失 ×××　（貸）売掛金 ×××

出題形式別練習問題　伝票の問題

1

入　金　伝　票 ❸　　令和○年２月５日　　No. 51

科目	受取手数料	入金先	滋 賀 商 店 殿
摘　　要		金　　額	
仲介手数料受け取り		140000	
合　　計		140000	

出　金　伝　票 ❷　　令和○年２月５日　　No. 43

科目	前 払 金	支払先	三 重 商 店 殿
摘　　要		金　　額	
商品代金の内金支払い		210000	
合　　計		210000	

振　替　伝　票 ❶　　令和○年２月５日　　No. 32

勘定科目	借　方	勘定科目	貸　方
買　掛　金	360000	当　座　預　金	360000
合　　計	360000	合　　計	360000
摘要	愛知商店に買掛金支払い　小切手＃15振り出し		

解説

❶　２月５日　小切手を振り出して支払ったので，当座預金勘定の貸方に仕訳する。この取引は現金の入出金をともなわないので，振替伝票で処理する。

（借）買　掛　金　360,000　（貸）当　座　預　金　360,000

→振替伝票：勘定科目欄には，仕訳と同様に記入する。

❷　〃　商品の注文にさいして支払った内金は前払金勘定で処理する。この取引は，現金の出金取引なので出金伝票で処理する。

（借）前　払　金　210,000　（貸）現　　　金　210,000

→出金伝票：科目欄には，現金勘定の相手科目である「前払金」を記入する。

❸　２月５日　仲介手数料を受け取ったので，受取手数料勘定で処理する。この取引は，現金の入金取引なので，入金伝票で処理する。

（借）現　　　金　140,000　（貸）受 取 手 数 料　140,000

→入金伝票：科目欄には，現金勘定の相手科目である「受取手数料」を記入する。

2

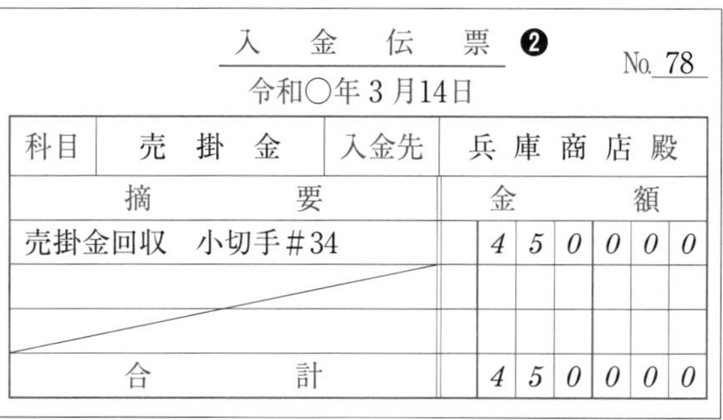

入　金　伝　票 ❷　　令和○年３月14日　　No. 78

科目	売 掛 金	入金先	兵 庫 商 店 殿
摘　　要		金　　額	
売掛金回収　小切手＃34		450000	
合　　計		450000	

出　金　伝　票 ❶　　令和○年３月14日　　No. 44

科目	通 信 費	支払先	大 阪 郵 便 局 殿
摘　　要		金　　額	
切手・はがき購入		14700	
合　　計		14700	

振　替　伝　票 ❸　　令和○年３月14日　　No. 32

勘定科目	借　方	勘定科目	貸　方
建　　物	5230000	当　座　預　金	5230000
合　　計	5230000	合　　計	5230000
摘要	奈良不動産から建物購入　小切手＃16振り出し		

解説

❶　3月14日　切手・はがき代金は通信費勘定で処理する。この取引は，現金の出金取引なので出金伝票で処理する。

（借）通　信　費　*14,700*　（貸）現　　　金　*14,700*

→出金伝票：科目欄には，現金勘定の相手科目である「通信費」を記入する。

❷　〃　他店（兵庫商店）振り出しの小切手を受け取ったときは，現金勘定で処理する。この取引は現金の入金取引なので入金伝票で処理する。

（借）現　　　金　*450,000*　（貸）売　掛　金　*450,000*

→入金伝票：科目欄には，現金勘定の相手科目である「売掛金」を記入する。

❸　〃　建物などの固定資産を取得したときは，取得したさいに生じる諸費用（付随費用）も取得原価に含める。この取引は現金の入出金をともなわないので，振替伝票で処理する。

（借）建　　　物　*5,230,000*　（貸）当 座 預 金　*5,230,000*

→振替伝票：勘定科目欄には，仕訳と同様に記入する。

3

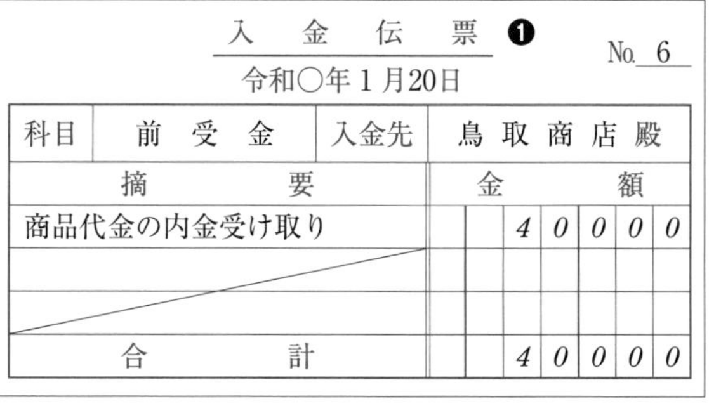

入　金　伝　票 ❶　　No. 6

令和○年1月20日

科目	前 受 金	入金先	鳥取商店殿
摘　要		金　額	
商品代金の内金受け取り		*40000*	
合　計		*40000*	

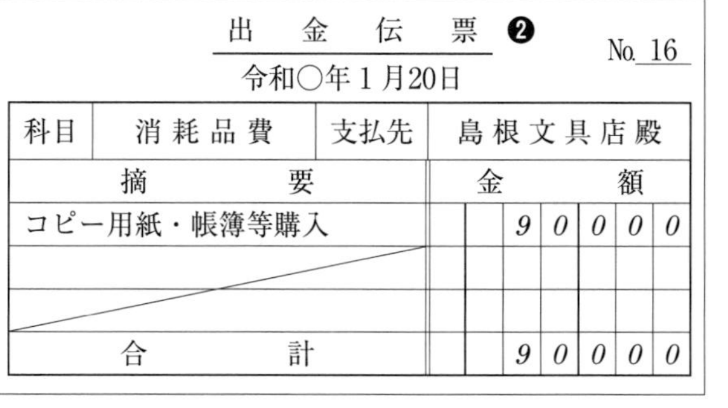

出　金　伝　票 ❷　　No. 16

令和○年1月20日

科目	消耗品費	支払先	島根文具店殿
摘　要		金　額	
コピー用紙・帳簿等購入		*90000*	
合　計		*90000*	

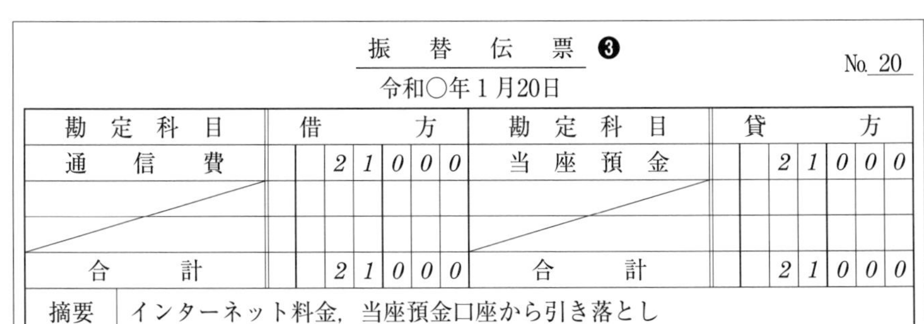

振　替　伝　票 ❸　　No. 20

令和○年1月20日

勘定科目	借　方	勘定科目	貸　方
通 信 費	*21000*	当座預金	*21000*
合　計	*21000*	合　計	*21000*
摘要	インターネット料金，当座預金口座から引き落とし		

解説

❶　1月20日　商品の注文にさいして受け取った内金は前受金勘定で処理する。この取引は，現金の入金取引なので入金伝票で処理する。

（借）現　　　金　*40,000*　（貸）前　受　金　*40,000*

→入金伝票：科目欄には，現金勘定の相手科目である「前受金」を記入する。

❷　〃　コピー用紙・帳簿等は消耗品費勘定で処理する。この取引は，現金の出金取引なので，出金伝票で処理する。

（借）消 耗 品 費　*90,000*　（貸）現　　　金　*90,000*

→出金伝票：科目欄には，現金勘定の相手科目である「消耗品費」を記入する。

❸　〃　インターネット料金は，通信費勘定で処理する。この取引は，現金の入出金をともなわないので，振替伝票で処理する。

（借）通　信　費　*21,000*　（貸）当 座 預 金　*21,000*

→振替伝票：勘定科目欄には，仕訳と同様に記入する。

●ポイント

［3伝票制］

取引を，①入金取引，②出金取引，③その他の取引，に分ける。

① 入金取引…………入金伝票
② 出金取引…………出金伝票
③ その他の取引……振替伝票　に記入する。

［起票の仕方］

① 入金伝票（入金取引）

入金取引は，すべて**借方科目が「現金」**であるから，入金伝票には「現金」の科目は省略する。科目欄には相手科目（貸方科目）を記入する。この伝票はふつう，赤色で印刷されている。

② 出金伝票（出金取引）

出金取引は，すべて**貸方科目が「現金」**であるから，出金伝票には「現金」の科目は省略する。科目欄には相手科目（借方科目）を記入する。この伝票はふつう，青色で印刷されている。

③ 振替伝票（その他の取引）

仕訳の借方を振替伝票の借方へ，貸方を振替伝票の貸方へそのまま記入する。

〈参考〉伝票の記入方法

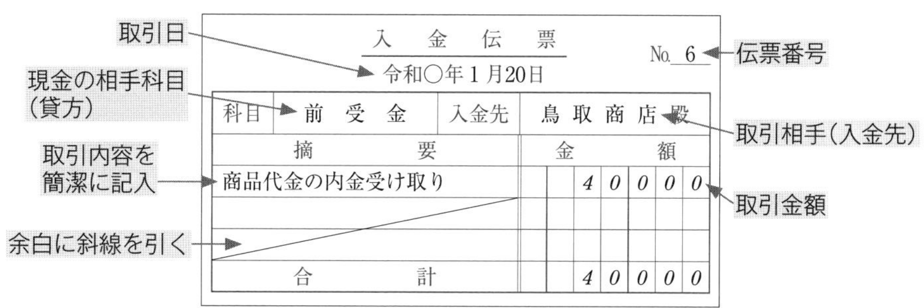

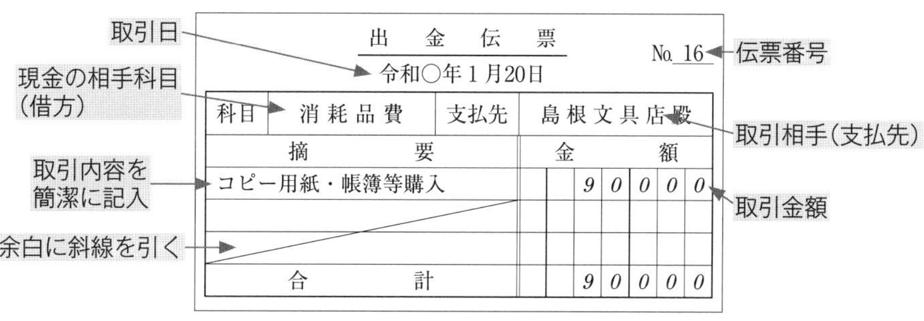

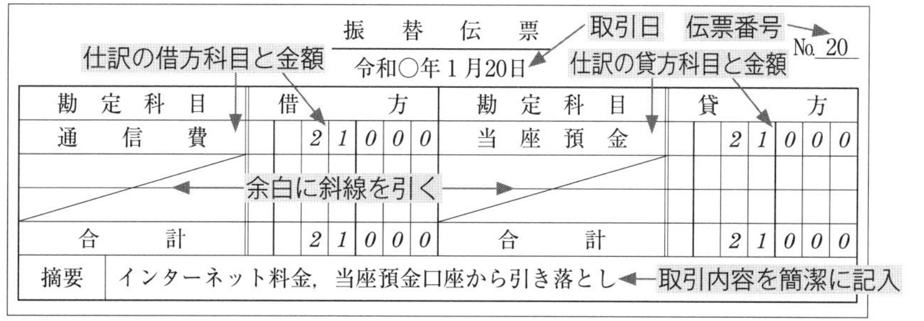

出題形式別練習問題　帳簿の問題

1

(参考)●印を採点箇所とする。

(1)

仕　訳　帳　　1

	令和○年		摘要		元丁❶	借方	貸方
	/	/	前期繰越高		√	4,260,000	4,260,000
		4	売掛金		3	330,000	
				売上	10		330,000
●		6	消耗品費		14	26,000	
				現金	1		26,000
		8	買掛金		7	140,000	
				現金	1		140,000
		10	仕入		11	❷ 308,000	
				買掛金	7		308,000
		12	通信費		13	❸ 18,000	
				当座預金	2		18,000
●		15	売掛金		3	495,000	
				売上	10		495,000
		17	買掛金		7	❹ 232,000	
				当座預金	2		232,000
●		19	仕入		11	264,000	
				現金	1		90,000
				買掛金	7		174,000
		22	現金		1	520,000	
				売掛金	3		520,000
		24	仕入		11	231,000	
				買掛金	7		231,000
●		25	給料		12	210,000	
				所得税預り金	8		14,000
				現金	1		196,000
		26	貸付金		5	250,000	
				現金	1		250,000
		28	当座預金		2	648,000	
				売掛金	3		648,000
●		30	水道光熱費		15	98,000	
				当座預金	2		98,000

総　勘　定　元　帳 ❺

現　金　1

1/1	315,000	1/6	26,000
22	520,000	● 8	140,000
		19	90,000
		25	196,000
		26	250,000

当座預金　2

1/1	1,646,000	1/12	18,000
● 28	648,000	17	232,000
		30	98,000

売掛金　3

1/1	1,626,000	1/22	520,000
4	330,000	28	648,000
15	495,000		

繰越商品　4

1/1	363,000		

貸付金　5

● 1/26	250,000		

備　品　6

1/1	310,000		

買掛金　7

1/8	140,000	1/1	1,760,000
17	232,000	10	308,000
		19	174,000
		24	231,000

所得税預り金　8

		1/25	14,000

資本金　9

		1/1	2,500,000

売　上　10

		1/4	330,000
		15	495,000

仕　入　11

● 1/10	308,000		
19	264,000		
24	231,000		

給　料　12

1/25	210,000		

通信費　13

1/12	18,000		

消耗品費　14

1/6	26,000		

水道光熱費　15

1/30	98,000		

(2)　(注意) 売掛金元帳は締め切ること。

売　掛　金　元　帳 ❻

大分商店　1

1/1	762,000	1/22	520,000
● 4	330,000	31	572,000
	1,092,000		1,092,000

宮崎商店　2

1/1	864,000	1/28	648,000
15	495,000	31	711,000 ●
	1,359,000		1,359,000

(3)

残　高　試　算　表 ❼

令和○年/月3/日

借　　方	元丁	勘定科目	貸　　方
133,000	1	現　　　金	
1,946,000	2	当　座　預　金	
1,283,000	3	売　　掛　　金	
363,000	4	繰　越　商　品	
250,000	5	貸　　付　　金	
310,000	6	備　　　品	
	7	買　　掛　　金	● 2,101,000
	8	所得税預り金	14,000
	9	資　　本　　金	2,500,000
	10	売　　　上	825,000
803,000	11	仕　　　入	
210,000	12	給　　　料	
● 18,000	13	通　　信　　費	
26,000	14	消　耗　品　費	
98,000	15	水　道　光　熱　費	
● 5,440,000			5,440,000

解説

〈仕訳帳〉

❶ 仕訳帳の元丁欄にはそれぞれの勘定科目のページ数「1」から「15」を記入する。

❷ 納品書の金額¥308,000で処理する。

❸ 領収証の金額¥18,000で処理する。

❹ 買掛金の支払代金は，小切手の金額¥232,000で処理する。

〈総勘定元帳〉

❺ 総勘定元帳には，日付と金額のみを記入する。

〈売掛金元帳〉

❻ 売掛金勘定に記入した取引を，該当する商店ごとに日付と金額を記入する。また，月末の残高は貸方に記入して締め切る。

〈残高試算表〉

❼ 総勘定元帳の各勘定残高を計算する。

貸借対照表

資　産	負　債
	資　本

損益計算書

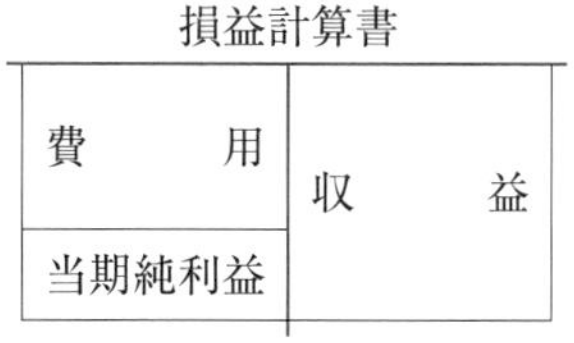

貸借対照表の各項目は，資産は借方に，負債と資本は貸方に残高が生じる。

損益計算書の各項目は，費用は借方に，収益は貸方に残高が生じる。

したがって，資産と費用は借方の合計金額から貸方の合計金額を差し引いて残高を求める。

負債と資本，収益は貸方の合計金額から借方の合計金額を差し引いて残高を求める。

残高試算表の借方合計金額と貸方合計金額が一致することを確認する。

●ポイント

残高試算表が作成されるまでの過程を示すと次のようになる。

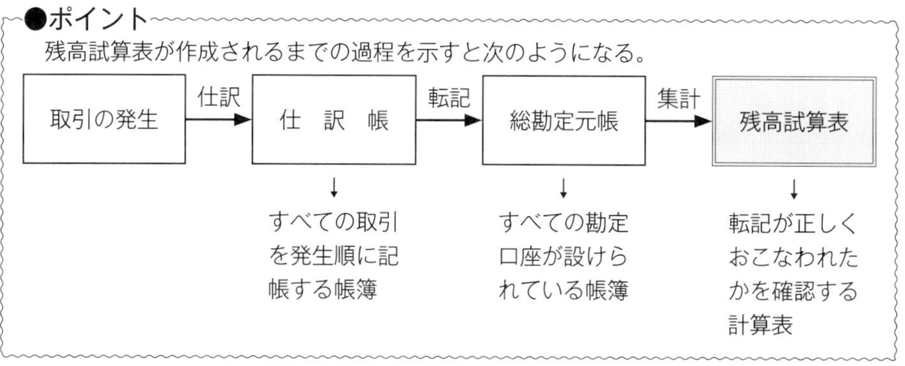

●ポイント

一連の取引を仕訳帳に仕訳し，総勘定元帳への転記と補助簿（売掛金元帳）への記入をおこなう。なお，〈　〉は，解答に関係する総勘定元帳への転記，□は補助簿を示す。

1/4 （借）売　掛　金　330,000　（貸）売　　上　330,000
↓
〈売掛金勘定〉
売掛金元帳(大分商店)

1/15 （借）売　掛　金　495,000　（貸）売　　上　495,000
↓
〈売掛金勘定〉
売掛金元帳(宮崎商店)

1/22 （借）現　　金　520,000　（貸）売　掛　金　520,000
↓
〈売掛金勘定〉
売掛金元帳(大分商店)

1/28 （借）当座預金　648,000　（貸）売　掛　金　648,000
↓
〈売掛金勘定〉
売掛金元帳(宮崎商店)

2

(1)

仕訳帳　1

令和○年		摘要	元丁❶	借方	貸方
/	/	前期繰越高	√	4,600,000	4,600,000
	5	仕入	11	396,000	
		買掛金	6		396,000
●	7	備品	5	❷ 287,000	
		当座預金	2		287,000
	8	買掛金	6	160,000	
		現金	1		160,000
	12	売掛金	3	495,000	
		売上	10		495,000
●	13	支払家賃	13	280,000	
		当座預金	2		280,000
	15	売掛金	3	924,000	
		売上	10		924,000
●	18	広告料	14	❸ 120,000	
		現金	1		120,000
	20	買掛金	6	❹ 420,000	
		当座預金	2		420,000
●	21	仕入	11	❺ 363,000	
		当座預金	2		250,000
		買掛金	6		113,000
	23	現金	1	520,000	
		売掛金	3		520,000
	25	給料	12	310,000	
		所得税預り金	8		21,000
		現金	1		289,000
	27	現金	1	190,000	
		売掛金	3	184,000	
		売上	10		374,000
	29	当座預金	2	610,000	
		売掛金	3		610,000
❻●	30	借入金	7	400,000	
		支払利息	15	9,000	
		当座預金	2		409,000

総勘定元帳 ❼

現金　1

日付	借方	日付	貸方
1/1	390,000	1/8	160,000
23	520,000	18	120,000
● 27	190,000	25	289,000

当座預金　2

日付	借方	日付	貸方
1/1	1,910,000	1/7	287,000
● 29	610,000	13	280,000
		20	420,000 ●
		21	250,000
		30	409,000

売掛金　3

日付	借方	日付	貸方
1/1	1,630,000	1/23	520,000
12	495,000	29	610,000
15	924,000		
27	184,000		

繰越商品　4

日付	借方	日付	貸方
1/1	520,000		

備品　5

日付	借方	日付	貸方
1/1	150,000		
7	287,000		

買掛金　6

日付	借方	日付	貸方
1/8	160,000	1/1	1,700,000
20	420,000	5	396,000
		21	113,000

借入金　7

日付	借方	日付	貸方
1/30	400,000	1/1	400,000

所得税預り金　8

日付	借方	日付	貸方
		1/25	21,000 ●

資本金　9

日付	借方	日付	貸方
		1/1	2,500,000

売上　10

日付	借方	日付	貸方
		1/12	495,000
		15	924,000
		27	374,000

仕入　11

日付	借方	日付	貸方
● 1/5	396,000		
21	363,000		

給料　12

日付	借方	日付	貸方
1/25	310,000		

支払家賃　13

日付	借方	日付	貸方
1/13	280,000		

広告料　14

日付	借方	日付	貸方
1/18	120,000		

支払利息　15

日付	借方	日付	貸方
1/30	9,000		

(2)　(注意) 買掛金元帳は締め切ること。

買掛金元帳 ❽

広島商店　1

日付	借方	日付	貸方
1/8	160,000	1/1	760,000
● 31	996,000	5	396,000
	1,156,000		1,156,000

徳島商店　2

日付	借方	日付	貸方
1/20	420,000	1/1	940,000
31	633,000	21	113,000 ●
	1,053,000		1,053,000

(3)

合 計 残 高 試 算 表 ❾

令和○年/月3/日

借方 残高	借方 合計	元丁	勘定科目	貸方 合計	貸方 残高
531,000	1,100,000	1	現金	569,000	
874,000	2,520,000	2	当座預金	1,646,000	
● 2,103,000	3,233,000	3	売掛金	1,130,000	
520,000	520,000	4	繰越商品		
437,000	437,000	5	備品		
	580,000	6	買掛金	2,209,000	1,629,000
	400,000	7	借入金	400,000	
		8	所得税預り金	21,000	21,000
		9	資本金	2,500,000	2,500,000
		10	売上	1,793,000	● 1,793,000
759,000	759,000	11	仕入		
310,000	310,000	12	給料		
280,000	280,000	13	支払家賃		
120,000	120,000	14	広告料		
9,000	9,000	15	支払利息		
5,943,000	10,268,000			10,268,000	5,943,000

解説

〈仕訳帳〉

❶ 仕訳帳の元丁欄にはそれぞれの勘定科目のページ数「1」から「15」を記入する。

❷ 固定資産を買い入れたときは，付随費用を含めて仕訳する。

❸ 広告代金は領収証の金額¥120,000で処理する。

❹ 買掛金の支払代金は，小切手の金額¥420,000で処理する。

❺ 納品書の金額¥363,000のうち，¥250,000は当座預金勘定で，残額は買掛金勘定で処理する。

❻ 借り入れたときに，次の仕訳がしてある。

（借）現 金 な ど 400,000　（貸）借 入 金 400,000

利息の支払いは，支払利息勘定（費用の勘定）で処理する。

〈総勘定元帳〉

❼ 総勘定元帳には，日付と金額のみを記入する。

〈買掛金元帳〉

❽ 買掛金勘定に記入した取引を，該当する商店ごとに日付と金額を記入する。また，月末の残高は借方に記入して締め切る。

〈合計残高試算表〉

❾ 総勘定元帳の各勘定の借方合計金額と貸方合計金額を合計欄に記入する。合計欄の借方合計金額と貸方合計金額とが一致することを確認する。

資産と費用は借方の合計金額から貸方の合計金額を差し引いて残高を求める。

負債と資本，収益は貸方の合計金額から借方の合計金額を差し引いて残高を求める。

残高欄の借方合計金額と貸方合計金額が一致することを確認する。

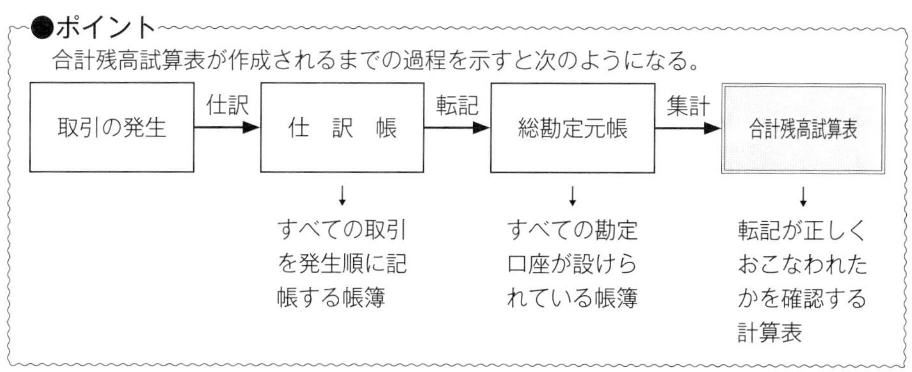

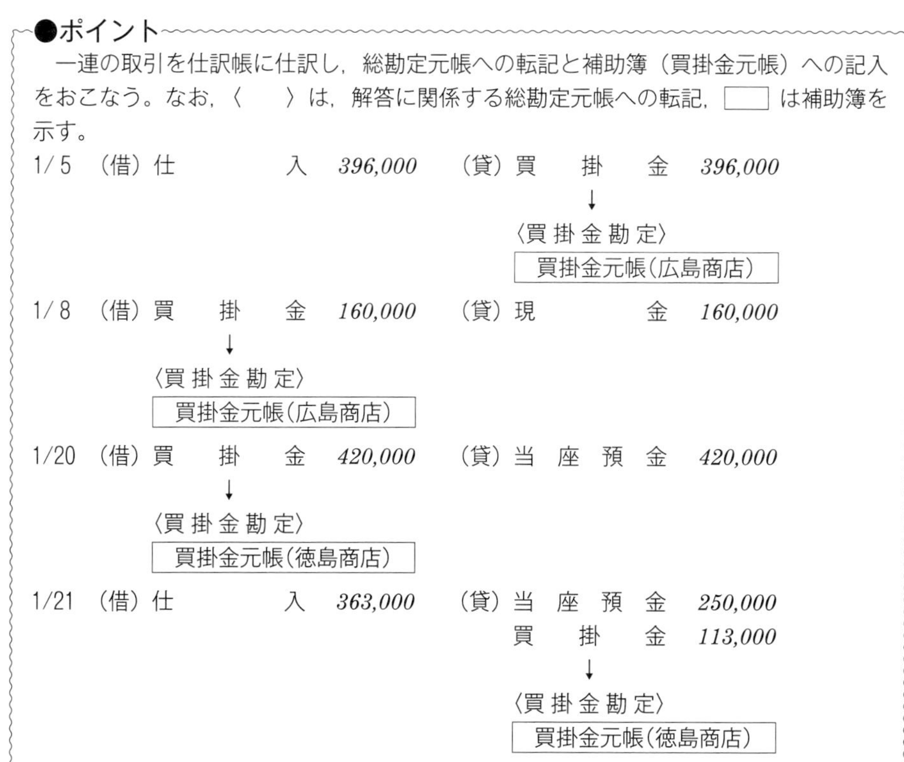

●ポイント

一連の取引を仕訳帳に仕訳し，総勘定元帳への転記と補助簿（買掛金元帳）への記入をおこなう。なお，〈　〉は，解答に関係する総勘定元帳への転記，□は補助簿を示す。

1/5 （借）仕入 396,000　（貸）買掛金 396,000
↓ 〈買掛金勘定〉 買掛金元帳(広島商店)

1/8 （借）買掛金 160,000　（貸）現金 160,000
↓ 〈買掛金勘定〉 買掛金元帳(広島商店)

1/20 （借）買掛金 420,000　（貸）当座預金 420,000
↓ 〈買掛金勘定〉 買掛金元帳(徳島商店)

1/21 （借）仕入 363,000　（貸）当座預金 250,000
買掛金 113,000
↓ 〈買掛金勘定〉 買掛金元帳(徳島商店)

■各帳簿の関係について

〈参考〉各帳簿の関係を示すと，次のようになる。

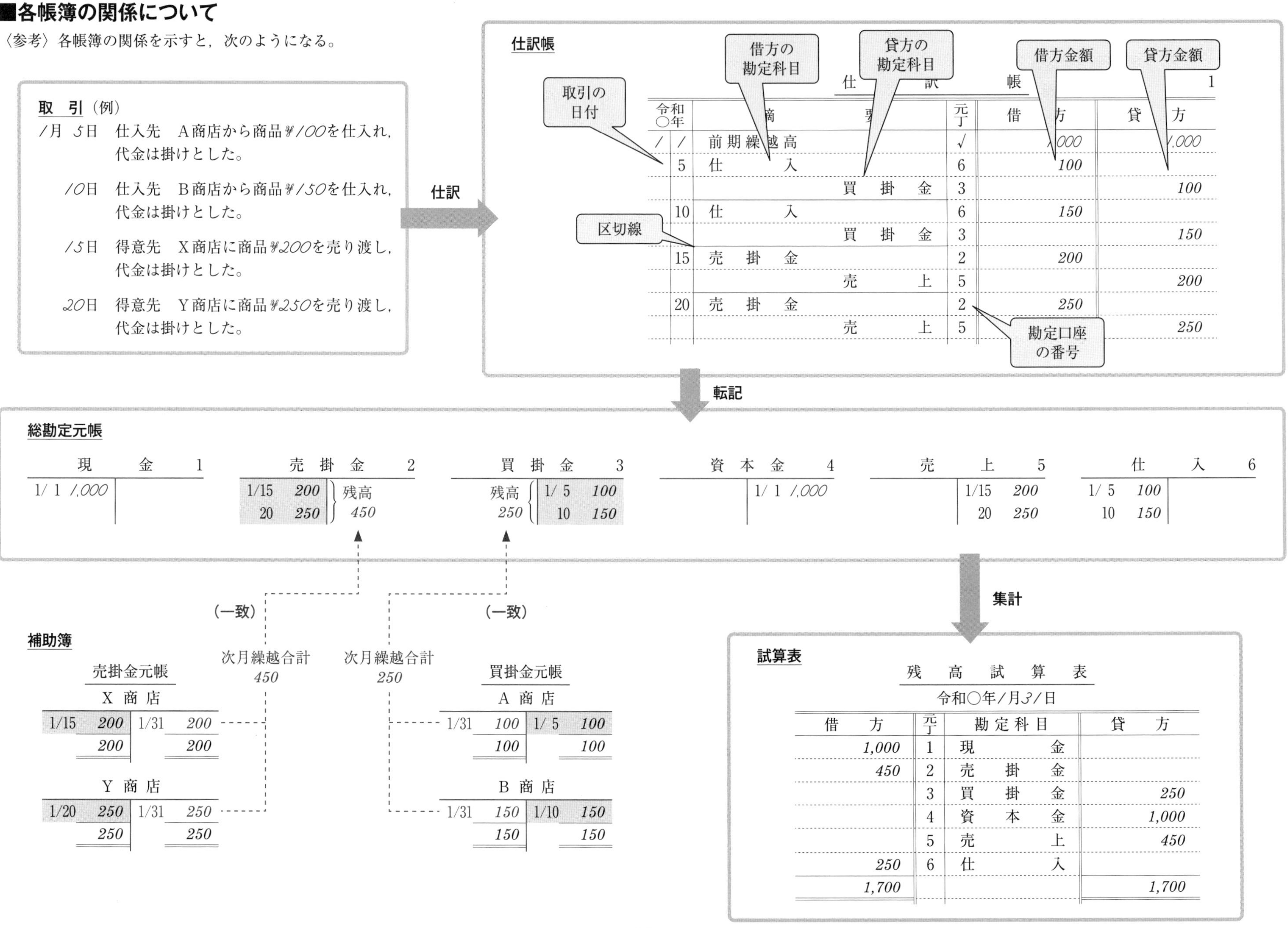

取　引（例）

/月　5日　仕入先　A商店から商品¥/00を仕入れ，代金は掛けとした。

/0日　仕入先　B商店から商品¥/50を仕入れ，代金は掛けとした。

/5日　得意先　X商店に商品¥200を売り渡し，代金は掛けとした。

20日　得意先　Y商店に商品¥250を売り渡し，代金は掛けとした。

仕訳帳

仕　訳　帳　1

令和○年		摘　要		元丁	借　方	貸　方
/	/	前期繰越高		√	/,000	/,000
	5	仕　入		6	100	
			買掛金	3		100
	10	仕　入		6	150	
			買掛金	3		150
	15	売掛金		2	200	
			売　上	5		200
	20	売掛金		2	250	
			売　上	5		250

総勘定元帳

現　金　1	
1/ 1 /,000	

売掛金　2	
1/15 200	残高
20 250	450

買掛金　3	
残高	1/ 5 100
250	10 150

資本金　4	
	1/ 1 /,000

売　上　5	
	1/15 200
	20 250

仕　入　6	
1/ 5 100	
10 150	

試算表

残　高　試　算　表

令和○年/月3/日

借　方	元丁	勘定科目	貸　方
1,000	1	現　金	
450	2	売掛金	
	3	買掛金	250
	4	資本金	1,000
	5	売　上	450
250	6	仕　入	
1,700			1,700

出題形式別練習問題　計算・英語表記の問題

1

ア ❶	イ ❷	ウ ❸	エ ❹
¥ 1,260,000	¥ 1,418,000	¥ 4,660,000	¥ 800,000
オ ❺	**カ ❻**	**キ ❼**	**ク ❽**
¥ 4,850,000	¥ 370,000	¥ 260,000	¥ 3,110,000

解説

❶ 売上高¥2,500,000－商品売買益¥1,240,000＝¥1,260,000
❷ 売上高¥2,500,000＋その他の収益¥340,000－売上原価¥1,260,000
　－当期純利益¥162,000＝¥1,418,000
❸ 収益総額＝費用総額¥3,810,000＋当期純利益¥850,000＝¥4,660,000
❹ 期首資本と当期純利益の金額を期末貸借対照表の貸方に書き移す。
　期末資本＝期首資本¥1,700,000＋当期純利益¥850,000＝¥2,550,000
　期末負債＝期末資産¥3,350,000－期末資本¥2,550,000＝¥800,000
❺ 売上高¥6,250,000－商品売買益¥1,400,000＝¥4,850,000
❻ 期首商品棚卸高¥320,000＋当期商品仕入高¥4,900,000－売上原価¥4,850,000
　＝¥370,000
❼ 当期純利益＝収益総額－費用総額　　¥4,290,000－¥4,030,000＝¥260,000
❽ 期末資本＝期首資本＋当期純利益　　¥1,000,000＋¥260,000＝¥1,260,000
　期末資産＝期末負債＋期末資本　　¥1,850,000＋¥1,260,000＝¥3,110,000

図解すると，

a．損益計算書(一部)

借方	貸方
売上原価（ア）	売上高 2,500,000
商品売買益 1,240,000	

損益計算書

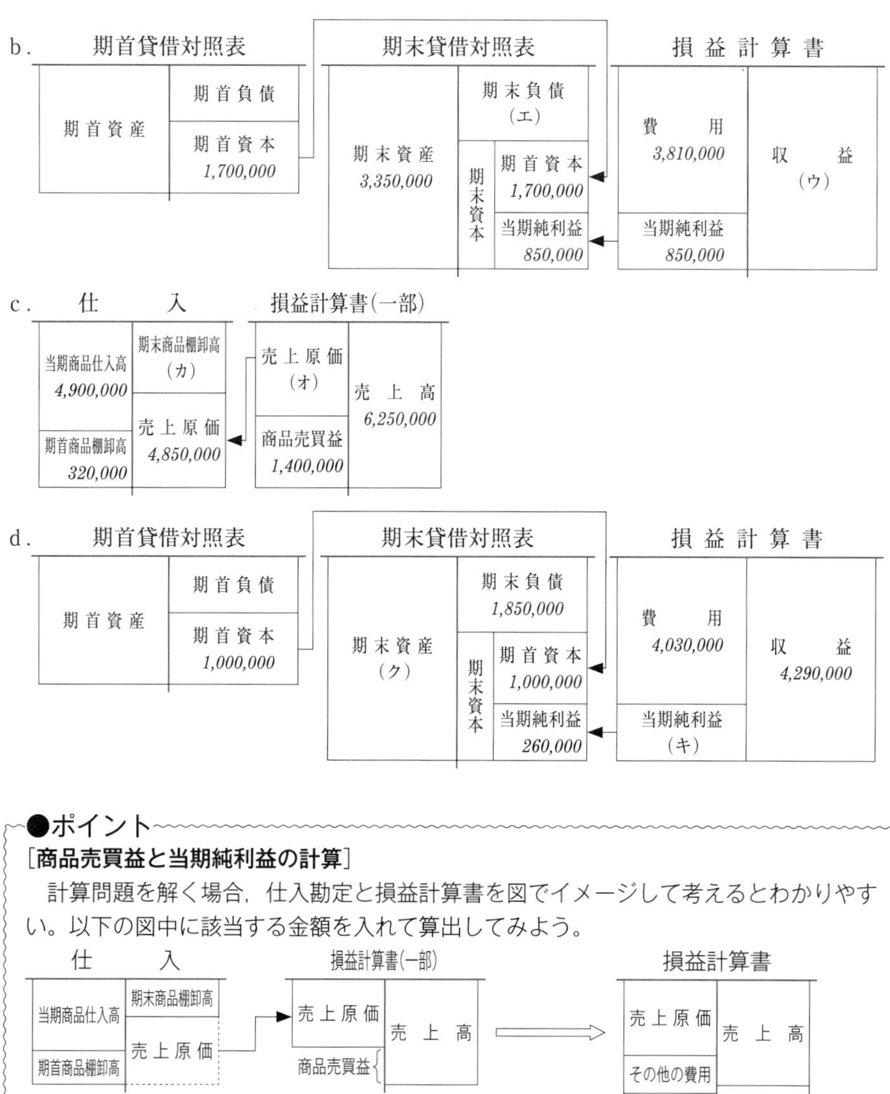

2

(1)

a ❶	b ❷
¥ 7,440,000	¥ 3,440,000

解説

期首貸借対照表

期首資産 8,500,000	期首負債 ④(b)
	期首資本 5,060,000

期末貸借対照表

期末資産 10,530,000	期末負債 4,510,000	
	期末資本	期首資本 ②5,060,000
		当期純利益 960,000

損益計算書

費用 ①(a)	収益 8,400,000
当期純利益 960,000	

① 損益計算書から
収益総額¥8,400,000－当期純利益¥960,000＝費用総額¥7,440,000❶
② 期末の貸借対照表から
期末の資産総額¥10,530,000－期末の負債総額¥4,510,000－当期純利益¥960,000
＝期首の資本(純資産)¥5,060,000
③ 期首の資本（純資産）¥5,060,000を期首貸借対照表の貸方に書き移す。
④ 期首の貸借対照表から
期首の資産総額¥8,500,000－期首の資本(純資産)¥5,060,000
＝期首の負債総額¥3,440,000❷

(2)

a ❶	b ❷
¥ 2,615,000	¥ 708,000

解説

期首貸借対照表

期首資産 2,300,000	期首負債 728,000
	期首資本 ②1,572,000

期末貸借対照表

期末資産 2,395,000	期末負債 ④(b)	
	期末資本	期首資本 1,572,000
		当期純利益 115,000

損益計算書

費用 ①(a)	収益 2,730,000
当期純利益 115,000	

① 損益計算書から
収益総額¥2,730,000－当期純利益¥115,000＝費用総額¥2,615,000❶
② 期首の貸借対照表から
期首の資産総額¥2,300,000－期首の負債総額¥728,000＝期首の資本(純資産)¥1,572,000
③ 期首の資本（純資産）¥1,572,000を期末貸借対照表の貸方に書き移す。
④ 期末の貸借対照表から
期末の資産総額¥2,395,000－期首の資本(純資産)¥1,572,000－当期純利益¥115,000
＝期末の負債総額¥708,000❷

(3)

a ❶	b ❷
¥ 7,120,000	¥ 3,010,000

解説

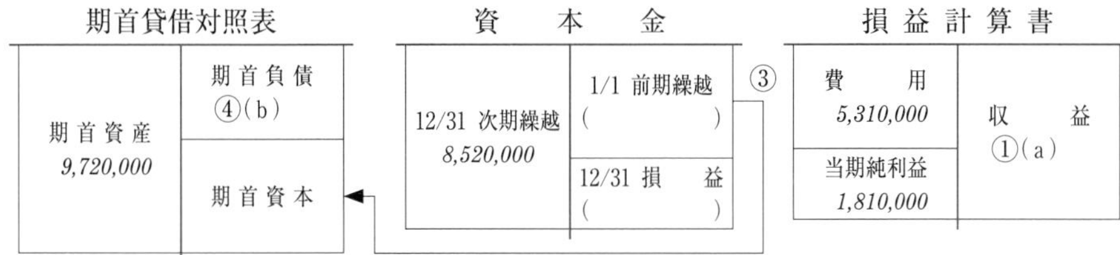

① 損益計算書から

費用総額¥5,310,000＋当期純利益¥1,810,000＝収益総額¥7,120,000❶

② 資本金勘定から

当期純利益¥1,810,000は次の仕訳により，資本金勘定の貸方に振り替えられるため，12/31の貸方の金額は¥1,810,000となる。

（借）損　　　益　1,810,000　（貸）資　本　金　1,810,000

資本金勘定の前期繰越額(期首の資本)は，次期繰越額¥8,520,000－当期純利益¥1,810,000＝¥6,710,000

③ 期首の資本（純資産）¥6,710,000を期首貸借対照表の貸方に書き移す。

④ 期首の資産総額¥9,720,000－期首の資本¥6,710,000＝期首の負債総額¥3,010,000❷

3

(1)

ア	イ	ウ
4	2	3

解説

account	work sheet	posting	assets	imprest system	credit
勘定	精算表	転記	資産	定額資金前渡法	貸方

(2)

ア	イ	ウ
4	6	1

解説

profit and loss statement	slip	checking account	capital	revenues	closing books
損益計算書	伝票	当座預金	資本	収益	決算

(3)

ア	イ	ウ
6	2	5

解説

transactions	trial balance	purchases book	cost of goods sold	journalizing	balance sheet
取引	試算表	仕入帳	売上原価	仕訳	貸借対照表

■英語表記について

〈練習問題〉（　　　）のなかに簿記用語の英語表記を記入してみよう。

・簿　記　（　　　　）

・仕訳帳　（　　　　）
・仕　訳　（　　　　）
・借方（　　　　）　・貸方（　　　　）

↓ ・転　記（　　　　）

・総勘定元帳（　　　　）
・勘　定（　　　　）
・現　金（　　　　）
・当座預金（　　　　）
・売掛金（　　　　）
・買掛金（　　　　）
・売　上（　　　　）
・仕　入（　　　　）

↓

・試算表（　　　　）
・貸借平均の原理（　　　　）

↓ ・決　算（　　　　）
・精算表（　　　　）

・損益計算書（　　　　）
・費　用（　　　　）　・収　益（　　　　）

・貸借対照表（　　　　）
・資　産（　　　　）　・負　債（　　　　）
・資　本（　　　　）
・純資産（　　　　）

〈練習問題解答〉

・簿　記　（ bookkeeping ）

・仕訳帳　（ journal ）
・仕　訳　（ journalizing ）
・借方（ debit, debtor ; Dr. ）　・貸方（ credit, creditor ; Cr. ）

↓ ・転　記（ posting ）

・総勘定元帳（ general ledger ）
・勘　定（ account ; a/c ）
・現　金（ cash ）
・当座預金（ checking account ）
・売掛金（ accounts receivable ）
・買掛金（ accounts payable ）
・売　上（ sales ）
・仕　入（ purchases ）

↓

・試算表（ trial balance ; T/B ）
・貸借平均の原理（ principle of equilibrium ）

↓ ・決　算（ closing books ）
・精算表（ work sheet ; W/S ）

・損益計算書（ profit and loss statement ; P/L ）
・費　用（ expenses ）　・収　益（ revenues ）

・貸借対照表（ balance sheet ; B/S ）
・資　産（ assets ）　・負　債（ liabilities ）
・資　本（ capital ）
・純資産（ net assets ）

出題形式別練習問題　決算の問題

1

（参考）●印を採点箇所とする。

(1)

	借方		貸方		
a	仕入	420,000	繰越商品	420,000	❶
	繰越商品	470,000	仕入	470,000	
b	貸倒引当金繰入	53,000	貸倒引当金	53,000	❷
c	減価償却費	140,000	備品	140,000	❸●

(2)（注意）i　売上勘定の記録は，合計額で示してある。
　　　　ii　勘定には，日付・相手科目・金額を記入し，締め切ること。

売上 ❹● 11

借方			貸方
12/31	損益	8,146,000	8,146,000

(3)

損益計算書

沖縄商店　令和○年1月1日から令和○年12月31日まで　（単位：円）

費用	金額	収益	金額
売上原価	● 5,653,000	売上高	8,146,000
給料	1,380,000	受取手数料	90,000
貸倒引当金繰入	53,000		
減価償却費	140,000		
支払家賃	540,000		
消耗品費	56,000		
雑費	19,000		
支払利息	24,000		
（当期純利益）	● 371,000		
	8,236,000		8,236,000

貸借対照表

沖縄商店　令和○年12月31日　（単位：円）

資産		金額	負債および純資産	金額
現金		469,000	買掛金	978,000
当座預金		915,000	借入金	600,000
売掛金	（1,900,000）		資本金	2,500,000
貸倒引当金	（57,000）	● 1,843,000	（当期純利益）	371,000
（商品）		● 470,000		
前払金		192,000		
備品		560,000		
		4,449,000		4,449,000

解説

❶ 売上原価を算定するための決算整理である。

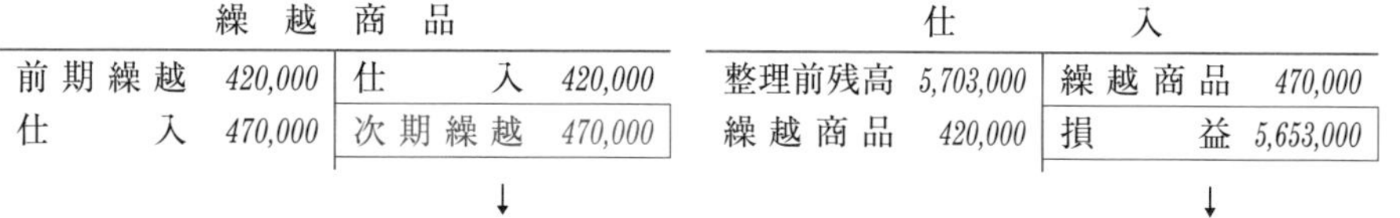

繰越商品

借方		貸方	
前期繰越	420,000	仕入	420,000
仕入	470,000	次期繰越	470,000

↓ 貸借対照表(借方)へ

仕入

借方		貸方	
整理前残高	5,703,000	繰越商品	470,000
繰越商品	420,000	損益	5,653,000

↓ 損益計算書(借方)へ

❷ 売掛金に対する貸倒引当金を見積もるための決算整理である。

貸倒引当金見積額＝売掛金残高￥1,900,000×3％＝￥57,000

貸倒引当金繰入額＝￥57,000－貸倒引当金勘定残高￥4,000＝￥53,000（差額計上額）

貸倒引当金

借方		貸方	
次期繰越	57,000	整理前残高	4,000
		貸倒引当金繰入	53,000

↓ 貸借対照表(借方の売掛金勘定から控除)へ

貸倒引当金繰入

借方		貸方	
貸倒引当金	53,000	損益	53,000

↓ 損益計算書(借方)へ

❸ 備品の減価償却費を計上するための決算整理である。直接法による記帳法では，備品勘定（資産の勘定）を減少させる。なお，減価償却費は次の方法で計算する。

$$減価償却費＝\frac{取得原価￥840,000－残存価額￥0}{耐用年数6年}＝￥140,000$$

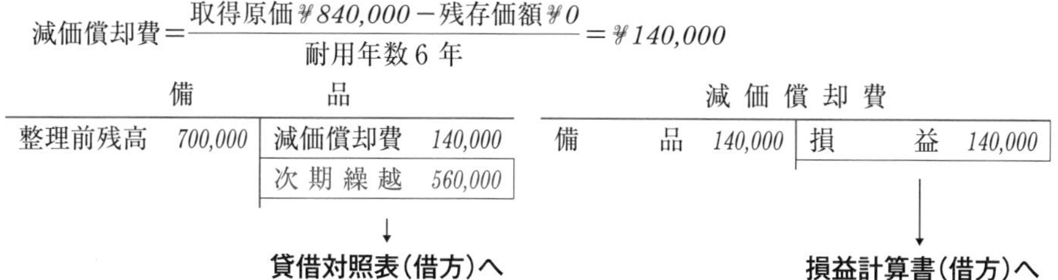

備品

借方		貸方	
整理前残高	700,000	減価償却費	140,000
		次期繰越	560,000

↓ 貸借対照表(借方)へ

減価償却費

借方		貸方	
備品	140,000	損益	140,000

↓ 損益計算書(借方)へ

❹ 売上勘定は損益勘定への振替仕訳をしてから，締め切る。

●ポイント

損益計算書・貸借対照表を作成する手順およびポイントは，以下のとおりである。

① 決算整理事項を正しく仕訳する。

a．**3分法による商品に関する勘定の整理**

(借) 仕　　　入　×××　(貸) 繰 越 商 品　×××

期首棚卸高を仕入勘定へ

(借) 繰 越 商 品　×××　(貸) 仕　　　入　×××

期末棚卸高を繰越商品勘定へ

→仕入勘定で，売上原価が算出される。

b．**貸倒引当金**は，当期の設定額から決算整理前の元帳勘定残高を差し引いて，補充分のみを計上すること。

c．**減価償却費**は，直接法なので，備品勘定を直接減少させる。

② 損益計算書

・売上勘定→当期の売上高を貸方へ記載する。なお，売上勘定の残高は「売上高」と表示する。

・仕入勘定→売上原価に修正し，借方へ記載する。なお，決算整理後の仕入勘定の残高は「売上原価」と表示する。

・貸倒引当金繰入勘定→決算時に見積もった貸倒引当金の額と決算整理前の貸倒引当金の残高との差額を借方へ記載する。

・減価償却費勘定→決算時に計上した当期償却分を借方へ記載する。

・収益総額から費用総額を差し引いて，当期純利益または当期純損失を算出する。

③ 貸借対照表

・繰越商品勘定→期末商品棚卸高に修正し，借方へ記載する。なお，繰越商品勘定の残高は「商品」と表示する。

・貸倒引当金勘定→当期の設定額に修正し，売掛金勘定から控除する形式で記載する。

・備品勘定→決算時に計上した当期償却分を帳簿価額から差し引き，借方へ記載する。

・他の資産の金額は借方へ，負債および純資産（資本）の金額は貸方へ記載する。

・資産総額から負債および純資産の総額を差し引いて，当期純利益または当期純損失を算出する。

2

(1)

精　算　表

令和○年12月31日

勘定科目	残高試算表 借方	残高試算表 貸方	整理記入 借方	整理記入 貸方	損益計算書 借方	損益計算書 貸方	貸借対照表 借方	貸借対照表 貸方
現金	980,000						980,000	
当座預金	1,673,000						1,673,000	
売掛金	2,300,000						2,300,000	
貸倒引当金		6,000		❷ 40,000		●		46,000
繰越商品	690,000		❶ 730,000	690,000			● 730,000	
備品	750,000			❸ 150,000		●	600,000	
買掛金		1,192,000						1,192,000
借入金		950,000						950,000
前受金		360,000						360,000
資本金		3,500,000						3,500,000
売上		9,400,000				9,400,000		
受取手数料		32,000				32,000		
仕入	6,554,000		❶ 690,000	730,000	6,514,000	●		
給料	1,386,000				1,386,000			
支払家賃	816,000				816,000			
水道光熱費	247,000				247,000			
雑費	41,000				41,000			
支払利息	3,000				3,000			
	15,440,000	15,440,000						
貸倒引当金繰入			❷ 40,000		40,000			
減価償却費			❸ 150,000		150,000			
(当期純利益)					235,000		●	235,000
			1,610,000	1,610,000	9,432,000	9,432,000	6,283,000	6,283,000

(2)（注意）勘定には，日付・相手科目・金額を記入し，締め切ること。

繰　越　商　品 ❹●　　5

日付	摘要	金額	日付	摘要	金額
1/1	前期繰越	690,000	12/31	仕入	690,000
12/31	仕入	730,000	〃	次期繰越	730,000
		1,420,000			1,420,000

解説

❶ 売上原価を算定するための決算整理である。

（借）仕　　入 690,000　（貸）繰越商品 690,000→期首商品棚卸高（残高試算表欄の繰越商品勘定借方残高）

（借）繰越商品 730,000　（貸）仕　　入 730,000→期末商品棚卸高（決算整理事項ａ）

精　　算　　表

令和○年12月31日

勘定科目	残高試算表		整理記入		損益計算書		貸借対照表	
	借方	貸方	借方	貸方	借方	貸方	借方	貸方
繰越商品	690,000		⊕730,000	⊖690,000			730,000	
仕　　入	6,554,000		⊕690,000	⊖730,000	6,514,000			

❷ 売掛金に対する貸倒引当金を見積もるための決算整理である。

貸倒引当金見積額＝売掛金残高￥2,300,000×２％＝￥46,000

貸倒引当金繰入額＝￥46,000－貸倒引当金勘定残高￥6,000＝￥40,000（差額計上額）

（借）貸倒引当金繰入 40,000　（貸）貸 倒 引 当 金 40,000

精　　算　　表

令和○年12月31日

勘定科目	残高試算表		整理記入		損益計算書		貸借対照表	
	借方	貸方	借方	貸方	借方	貸方	借方	貸方
貸倒引当金		6,000		⊕40,000				46,000
貸倒引当金繰入			40,000		40,000			

❸ 備品の減価償却費を計上するための決算整理である。直接法による記帳法では，備品勘定（資産の勘定）を減少させる。なお，減価償却費は次の方法で計算する。

$$減価償却費=\frac{取得原価￥1,200,000－残存価額￥0}{耐用年数8年}=￥150,000$$

（借）減 価 償 却 費 150,000　（貸）備　　　品 150,000

精　　算　　表

令和○年12月31日

勘定科目	残高試算表		整理記入		損益計算書		貸借対照表	
	借方	貸方	借方	貸方	借方	貸方	借方	貸方
備　　品	750,000			⊖150,000			600,000	
減価償却費			150,000		150,000			

❹ 繰越商品勘定は，ａ．の決算整理仕訳を転記し，差額を「次期繰越」として締め切る。

●ポイント

精算表を作成するポイントは，以下のとおりである。

① 整理記入欄の記入
- 決算整理事項を正しく仕訳する。
- 決算整理仕訳を整理記入欄に正しく記入する。

② 整理記入欄の記入に続き，次のように修正をおこなう。
- 残高試算表欄の借方に金額がある勘定→整理記入欄の借方に記入があるときはプラスし，貸方に記入があるときはマイナスする。
- 残高試算表欄の貸方に金額がある勘定→整理記入欄の借方に記入があるときはマイナスし，貸方に記入があるときはプラスする。

③ 修正が終わった勘定の金額は，次の要領で損益計算書欄と貸借対照表欄に書き移す。
- 資産の勘定の金額は，貸借対照表欄の借方に書き移す。
- 負債・純資産の勘定の金額は，貸借対照表欄の貸方に書き移す。
- 収益の勘定の金額は，損益計算書欄の貸方に書き移す。
- 費用の勘定の金額は，損益計算書欄の借方に書き移す。

④ 当期純利益または当期純損失を算出する。
- 貸借対照表欄では，資産総額から負債および資本の総額を差し引いて，差額を計算する。差額が貸方に生じた場合は当期純利益を示し，借方の場合は当期純損失を示す。
- 損益計算書欄では，収益総額から費用総額を差し引いて，差額を計算する。差額が借方に生じた場合は当期純利益を示し，貸方の場合は当期純損失を示す。

3級模擬試験問題　第 1 回

1

@4点×4＝16点

	借方		貸方		
a	普通預金	680,000	現金	680,000	❶
b	貸倒引当金	79,000	売掛金	79,000	❷
c	土地	6,450,000	当座預金	6,450,000	❸
d	仮払金	70,000	現金	70,000	❹

解説

❶ 普通預金も当座預金と同様に，預金の名称を勘定科目として用いる。
❷ 貸し倒れが発生したときは，まず貸倒引当金勘定を取り崩す。
❸ 土地などの固定資産を取得したときは，取得したさいに生じる諸費用（付随費用）も取得原価に含める。
❹ 旅費の概算額は，旅費の金額が確定していないので一時的に仮払金勘定（資産の勘定）で処理する。

●ポイント

仕訳の問題では，取引文をよく読んで，その内容を理解し，「どの勘定科目に」「どれだけの金額の増減が生じたのか」をしっかりと把握しよう。また，勘定科目は指定されたものを用いること。

a．普通預金・定期預金も当座預金と同様に，預金の名称を勘定科目として用いる。
b．前期に発生した売掛金などの売上債権が貸し倒れになった場合，設定されている貸倒引当金勘定の残高によって仕訳が異なるので，本問のケースと合わせて確認しておくこと。

ア．貸し倒れ額＜貸倒引当金残高（本問のケース）
　（借）貸倒引当金　×××　（貸）売掛金　×××
イ．貸し倒れ額＞貸倒引当金残高
　（借）貸倒引当金　×××　（貸）売掛金　×××
　　　貸倒損失(費用の勘定)　×××
ウ．貸倒引当金の残高がない場合
　（借）貸倒損失　×××　（貸）売掛金　×××

c．固定資産の取得に要した諸費用は，取得原価に含める。
d．仮払金勘定（資産の勘定）は，支出があったときに，勘定科目や金額がはっきりしていない場合に用いられる一時的な勘定科目である。

2

●印@4点×2＝8点

入　金　伝　票 ❸

令和○年　月　日　No.

科目		入金先	殿
摘　　要		金　　額	
合　　計			

出　金　伝　票 ❷●

令和○年１月18日　No. 19

科目	支払利息	支払先	和歌山商店殿
摘　　要		金　　額	
借入金の利息支払い		4000	
合　　計		4000	

振　替　伝　票 ❶●

令和○年１月18日　No. 27

勘定科目	借　方	勘定科目	貸　方
当座預金	80000	仮受金	80000
合　計	80000	合　計	80000
摘要	内容不明の振り込み		

解説

❶　1月18日　内容不明の振り込みがあったときは，仮受金勘定で処理する。この取引は，現金の入出金をともなわないので，振替伝票で処理する。

（借）当　座　預　金　*80,000*　（貸）仮　　受　　金　*80,000*

→振替伝票：勘定科目欄には，仕訳と同様に記入する。

❷　〃　借入金の利息は支払利息勘定で処理する。この取引は，現金の出金取引なので，出金伝票で処理する。

（借）支　払　利　息　*4,000*　（貸）現　　　　　金　*4,000*

→出金伝票：科目欄には，現金勘定の相手科目である「支払利息」を記入する。

❸　入金伝票は空欄のままとなる。

●ポイント

① 3伝票制（入金伝票，出金伝票，振替伝票）を採用している場合は，次のように考える。

・入金取引（現金勘定が増加する取引）

→（借）現　　金　×××　（貸）相手科目　×××

→入金伝票へ記入する。

入金伝票に記入する場合は，日付・伝票番号・科目・入金先・金額・合計金額・摘要の記入もれに注意すること。

・出金取引（現金勘定が減少する取引）

→（借）相手科目　×××　（貸）現　　金　×××

→出金伝票へ記入する。

出金伝票に記入する場合は，日付・伝票番号・科目・支払先・金額・合計金額・摘要の記入もれに注意すること。

・上記以外の取引（現金取引以外の取引）

→仕訳のとおりに，振替伝票へ記入する。

振替伝票に記入する場合は，日付・伝票番号・借方科目・貸方科目・金額・合計金額・摘要の記入もれに注意すること。

② それぞれの伝票に記入する摘要は，取引内容がわかるように簡潔に表現すること。

3

●印@3点×14=42点

(1)

仕　訳　帳　1

	令和○年	摘要		元丁❶	借方	貸方
	/ /	前期繰越高		√	4,617,000	4,617,000
	4	仕入		11	616,000	
			買掛金	6		616,000
	6	通信費		13	32,000	
			当座預金	2		32,000
	9	売掛金		3	396,000	
			売上	10		396,000
	10	買掛金		6	120,000	
			現金	1		120,000
●	12	備品		5	370,000	
			当座預金	2		370,000
	15	現金		1	540,000	
			売掛金	3		540,000
●	17	現金		1	190,000	
		売掛金		3	250,000	
			売上	10		440,000
	19	買掛金		6	❷ 260,000	
			当座預金	2		260,000
●	22	借入金		7	600,000	
		支払利息		15	1,500	
			当座預金	2		601,500
●	24	仕入		11	❸ 352,000	
			現金	1		90,000
			買掛金	6		262,000
●	25	給料		12	380,000	
			所得税預り金	8		31,000
			現金	1		349,000
	28	売掛金		3	473,000	
			売上	10		473,000
	29	消耗品費		14	❹ 19,000	
			現金	1		19,000
	31	当座預金		2	460,000	
			売掛金	3		460,000

総勘定元帳 ❺

現金　1

1/1	210,000	1/10	120,000
● 15	540,000	24	90,000
17	190,000	25	349,000
		29	19,000

当座預金　2

1/1	1,854,000	1/6	32,000
● 31	460,000	12	370,000
		19	260,000
		22	601,500

売掛金　3

1/1	1,795,000	1/15	540,000
9	396,000	31	460,000
17	250,000		
28	473,000		

繰越商品　4

1/1	528,000		

備品　5

1/1	230,000		
12	370,000		

買掛金　6

1/10	120,000	1/1	1,087,000
19	260,000	4	616,000
		24	262,000

借入金　7

1/22	600,000	1/1	600,000

所得税預り金　8

		1/25	31,000

資本金　9

		1/1	2,930,000

売上　10

		1/9	396,000
		17	440,000
		28	473,000 ●

仕入　11

1/4	616,000		
24	352,000		

給料　12

1/25	380,000		

通信費　13

1/6	32,000		

消耗品費　14

● 1/29	19,000		

支払利息　15

1/22	1,500		

(2) (注意) 買掛金元帳は締め切ること。

買掛金元帳 ❻

大分商店　1

1/10	120,000	1/1	521,000
31	1,017,000	4	616,000 ●
	1,137,000		1,137,000

鹿児島商店　2

1/19	260,000	1/1	566,000
● 31	568,000	24	262,000
	828,000		828,000

第1回

(3)

残　高　試　算　表 ❼

令和○年1月31日

借　　方	元丁	勘定科目	貸　　方
362,000	1	現　　　金	
1,050,500	2	当 座 預 金	
● 1,914,000	3	売　掛　金	
528,000	4	繰 越 商 品	
600,000	5	備　　　品	
	6	買　掛　金	1,585,000
	7	借　入　金	
	8	所得税預り金	31,000
	9	資　本　金	2,930,000
	10	売　　　上	1,309,000
968,000	11	仕　　　入	
380,000	12	給　　　料	
32,000	13	通　信　費	
● 19,000	14	消 耗 品 費	
1,500	15	支 払 利 息	
● 5,855,000			5,855,000

解説

〈仕訳帳〉

❶ 仕訳帳の元丁欄にはそれぞれの勘定科目のページ数「1」から「15」を記入する。

❷ 小切手の金額¥260,000で処理する。

❸ 納品書の金額¥352,000のうち，¥90,000は現金勘定で，残額は買掛金勘定で処理する。

❹ 領収証の金額¥19,000で処理する。

〈総勘定元帳〉

❺ 総勘定元帳には，日付と金額のみを記入する。

〈買掛金元帳〉

❻ 買掛金勘定に記入した取引を，該当する商店ごとに日付と金額を記入する。また，月末の残高は借方に記入して締め切る。

〈残高試算表〉

❼ 総勘定元帳の各勘定残高を計算する。

貸 借 対 照 表

資　　産	負　　債
	資　　本

損 益 計 算 書

費　　用	収　　益
当期純利益	

貸借対照表の各項目は，資産は借方に，負債と資本は貸方に残高が生じる。

損益計算書の各項目は，費用は借方に，収益は貸方に残高が生じる。

したがって，資産と費用は借方の合計金額から貸方の合計金額を差し引いて残高を求める。

負債と資本，収益は貸方の合計金額から借方の合計金額を差し引いて残高を求める。

残高試算表の借方合計金額と貸方合計金額が一致することを確認する。

●ポイント

残高試算表が作成されるまでの過程を示すと次のようになる。

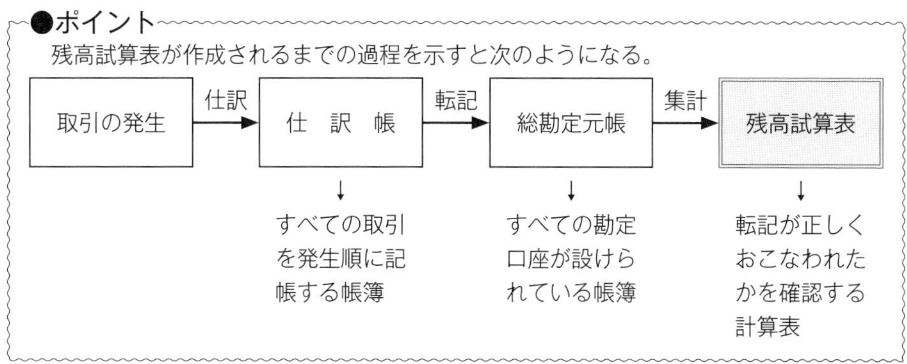

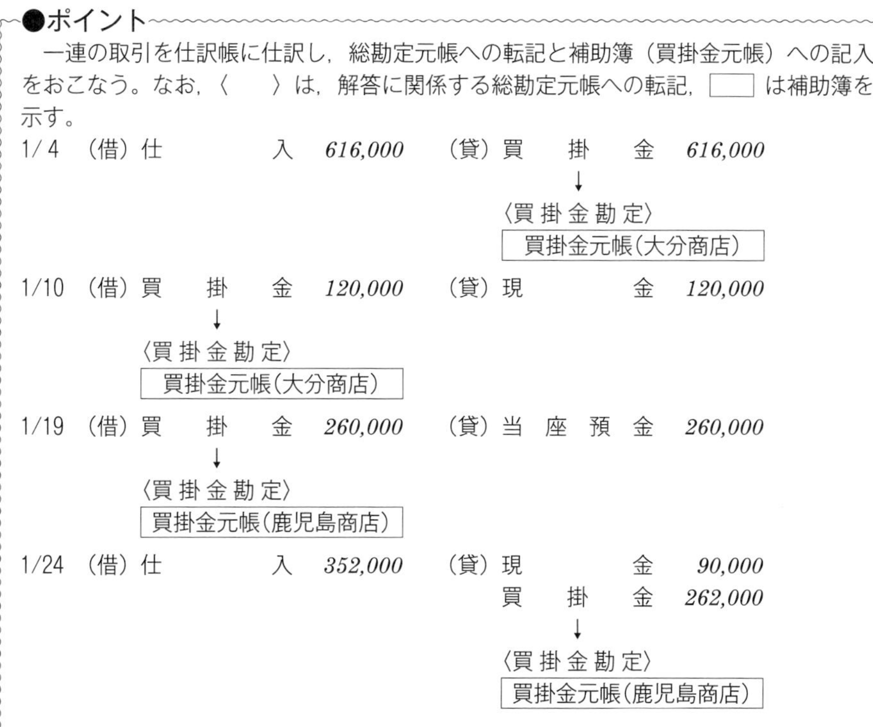

●ポイント

一連の取引を仕訳帳に仕訳し，総勘定元帳への転記と補助簿（買掛金元帳）への記入をおこなう。なお，〈　〉は，解答に関係する総勘定元帳への転記，［　］は補助簿を示す。

1/4　（借）仕　　入　616,000　（貸）買　掛　金　616,000
　　　→〈買 掛 金 勘 定〉［買掛金元帳(大分商店)］

1/10　（借）買　掛　金　120,000　（貸）現　　金　120,000
　　　→〈買 掛 金 勘 定〉［買掛金元帳(大分商店)］

1/19　（借）買　掛　金　260,000　（貸）当 座 預 金　260,000
　　　→〈買 掛 金 勘 定〉［買掛金元帳(鹿児島商店)］

1/24　（借）仕　　入　352,000　（貸）現　　金　90,000
　　　　　　　　　　　　　　　　　　　　買　掛　金　262,000
　　　→〈買 掛 金 勘 定〉［買掛金元帳(鹿児島商店)］

4　　@2点×5＝10点

(1)

ア	2	イ	6	ウ	1

解説

imprest system	sales account	cost of goods sold	capital	posting	trial balance
定額資金前渡法	売上勘定	売上原価	資本	転記	試算表

(2)

a	¥ 5,890,000 ❶	b	¥ 3,320,000 ❷

解説

期首貸借対照表
期首資産 7,620,000｜期首負債 ④(b)／期首資本 4,300,000

期末貸借対照表
期末資産 8,320,000｜期末負債 3,310,000／期末資本：期首資本 ②4,300,000，当期純利益 710,000　③

損益計算書
費用 ①(a)／当期純利益 710,000｜収益 6,600,000

① 損益計算書から
期間中の費用総額＝収益総額¥6,600,000－当期純利益¥710,000＝¥5,890,000❶
② 期末貸借対照表から
期末の資産総額¥8,320,000－期末の負債総額¥3,310,000－当期純利益¥710,000
＝期首の資本(純資産)¥4,300,000
③ 期首の資本（純資産）¥4,300,000を期首貸借対照表の貸方に書き移す。
④ 期首貸借対照表から
期首の資産総額¥7,620,000－期首の資本(純資産)¥4,300,000
＝期首の負債総額¥3,320,000❷

5　　●印@4点×6＝24点

(1)

精　算　表

令和○年12月31日

勘定科目	残高試算表 借方	残高試算表 貸方	整理記入 借方	整理記入 貸方	損益計算書 借方	損益計算書 貸方	貸借対照表 借方	貸借対照表 貸方
現金	497,000						497,000	
当座預金	1,221,000						1,221,000	
売掛金	2,500,000						2,500,000	
貸倒引当金		12,000		❷ 38,000				50,000
繰越商品	754,000		❶ 798,000	754,000			● 798,000	
備品	495,000			❸ 165,000			● 330,000	
買掛金		1,597,000						1,597,000
借入金		740,000						740,000
前受金		470,000						470,000
資本金		2,300,000						2,300,000
売上		9,260,000				9,260,000		
受取手数料		42,000				42,000		
仕入	6,514,000		❶ 754,000	798,000	6,470,000 ●			
給料	1,284,000				1,284,000			
支払家賃	876,000				876,000			
水道光熱費	249,000				249,000			
雑費	28,000				28,000			
支払利息	3,000				3,000			
	14,421,000	14,421,000						
貸倒引当金繰入			❷ 38,000		38,000			
減価償却費			❸ 165,000		165,000			
(当期純利益)					189,000			● 189,000
			1,755,000	1,755,000	9,302,000	9,302,000	5,346,000	5,346,000

(2) （注意）勘定には，日付・相手科目・金額を記入し，締め切ること。

備　品 ❹●　　6

1/1	前期繰越	495,000	12/31	減価償却費	165,000
			〃	次期繰越	330,000
		495,000			495,000

貸倒引当金繰入 ❺●　　19

12/31	貸倒引当金	38,000	12/31	損益	38,000

解説

精算表の作成に関する問題である。本問では，残高試算表欄は記入してあるので，整理記入欄および損益計算書欄・貸借対照表欄の記入までを問われている。

❶ 売上原価を算定するための決算整理である。

（借）仕　　入　*754,000*　（貸）繰越商品　*754,000*→期首商品棚卸高（残高試算表欄の繰越商品勘定借方残高）

（借）繰越商品　*798,000*　（貸）仕　　入　*798,000*→期末商品棚卸高（決算整理事項 a）

精　　算　　表

令和○年12月31日

勘定科目	残高試算表		整理記入		損益計算書		貸借対照表	
	借方	貸方	借方	貸方	借方	貸方	借方	貸方
繰越商品	754,000		⊕798,000	⊖754,000			798,000	
仕入	6,514,000		⊕754,000	⊖798,000	6,470,000			

❷ 売掛金に対する貸倒引当金を見積もるための決算整理である。

貸倒引当金見積額＝売掛金残高￥*2,500,000*×２％＝￥*50,000*

貸倒引当金繰入額＝￥*50,000*－貸倒引当金勘定残高￥*12,000*＝￥*38,000*（差額計上額）

（借）貸倒引当金繰入　*38,000*　（貸）貸 倒 引 当 金　*38,000*

精　　算　　表

令和○年12月31日

勘定科目	残高試算表		整理記入		損益計算書		貸借対照表	
	借方	貸方	借方	貸方	借方	貸方	借方	貸方
貸倒引当金		12,000		⊕38,000				50,000
貸倒引当金繰入			38,000		38,000			

❸ 備品の減価償却費を計上するための決算整理である。直接法による記帳法では，備品勘定（資産の勘定）を減少させる。なお，減価償却費は次の方法で計算する。

$$減価償却費＝\frac{取得原価￥1,320,000－残存価額￥0}{耐用年数8年}＝￥165,000$$

（借）減 価 償 却 費　*165,000*　（貸）備　　　　品　*165,000*

精　　算　　表

令和○年12月31日

勘定科目	残高試算表		整理記入		損益計算書		貸借対照表	
	借方	貸方	借方	貸方	借方	貸方	借方	貸方
備品	495,000			⊖165,000			330,000	
減価償却費			165,000		165,000			

❹ 備品勘定は，ｃ．の決算整理仕訳を転記し，差額を「次期繰越」として締め切る。

❺ 貸倒引当金繰入勘定は，ｂ．の決算整理仕訳を転記し，損益勘定へ振り替えるための振替仕訳をおこない，転記して締め切る。

（借）損　　　　益　*38,000*　（貸）貸倒引当金繰入　*38,000*

●ポイント

精算表を作成するポイントは，以下のとおりである。

① 整理記入欄の記入
- 決算整理事項を正しく仕訳する。
- 決算整理仕訳を整理記入欄に正しく記入する。

② 整理記入欄の記入に続き，次のように修正をおこなう。
- 残高試算表欄の借方に金額がある勘定→整理記入欄の借方に記入があるときはプラスし，貸方に記入があるときはマイナスする。
- 残高試算表欄の貸方に金額がある勘定→整理記入欄の借方に記入があるときはマイナスし，貸方に記入があるときはプラスする。

③ 修正が終わった勘定の金額は，次の要領で損益計算書欄と貸借対照表欄に書き移す。
- 資産の勘定の金額は，貸借対照表欄の借方に書き移す。
- 負債・純資産の勘定の金額は，貸借対照表欄の貸方に書き移す。
- 収益の勘定の金額は，損益計算書欄の貸方に書き移す。
- 費用の勘定の金額は，損益計算書欄の借方に書き移す。

④ 当期純利益または当期純損失を算出する。
- 貸借対照表欄では，資産総額から負債および資本の総額を差し引いて，差額を計算する。差額が貸方に生じた場合は当期純利益を示し，借方の場合は当期純損失を示す。
- 損益計算書欄では，収益総額から費用総額を差し引いて，差額を計算する。差額が借方に生じた場合は当期純利益を示し，貸方の場合は当期純損失を示す。

3級模擬試験問題　第 2 回

1

@4点×4＝16点

	借方		貸方		
a	通信費	9,000	小口現金	37,000	❶
	交通費	17,000			
	消耗品費	8,000			
	雑費	3,000			
	小口現金	37,000	当座預金	37,000	
b	現金	800,000	資本金	800,000	❷
c	仕入	592,000	買掛金	580,000	❸
			現金	12,000	
d	現金	513,000	貸付金	500,000	❹
			受取利息	13,000	

a．別解　（借）通信費 9,000　（貸）当座預金 37,000
　　　　　　　交通費 17,000
　　　　　　　消耗品費 8,000
　　　　　　　雑費 3,000

解説

❶ 少額の支払いにあてるための小口現金は，現金勘定（資産の勘定）と区別して小口現金勘定（資産の勘定）で処理する。

❷ 現金の出資を受けたので現金勘定（資産の勘定）が増加し，資本金勘定（資本の勘定）が増加する。

❸ 商品を仕入れたときに支払った引取運賃は，仕入勘定（費用の勘定）に含める。

❹ 借用証書で貸し付けたときに，次の仕訳がしてある。
　（借）貸付金 500,000　（貸）現金など 500,000
　返済を受けたときの利息は，受取利息勘定（収益の勘定）で処理する。

●ポイント

仕訳の問題では，取引文をよく読んで，その内容を理解し，「どの勘定科目に」「どれだけの金額の増減が生じたのか」をしっかりと把握しよう。また，勘定科目は指定されたものを用いること。

a．定額資金前渡法（インプレスト・システム）によれば，月初めや週の初めに庶務係はつねに一定の資金を小口現金として保有する。
　① 庶務係に一定額（本問の￥40,000を使用）を前渡ししたときの仕訳
　　（借）小口現金 40,000　（貸）当座預金 40,000
　② 庶務係より一定期間の支払いの報告を受けたときの仕訳
　　（借）費用の勘定など ×××　（貸）小口現金 ×××
　③ 支払った額を補給したときの仕訳
　　（借）小口現金 ×××　（貸）当座預金 ×××
　なお，②と③をまとめて次のように仕訳してもよい。
　　（借）費用の勘定など ×××　（貸）当座預金 ×××

b．開業のために事業主から現金の出資を受けたときは，資本金勘定（資本の勘定）で処理する。

2

●印@4点×2＝8点

入　金　伝　票 ❶●　No. 7
令和○年1月15日

科目	借入金	入金先	全商銀行殿
摘要		金額	
借用証書により借り入れ		320000	
合計		320000	

出　金　伝　票 ❸　No.
令和○年　月　日

科目		支払先	殿
摘要		金額	
合計			

振　替　伝　票 ❷●　No. 18
令和○年1月15日

勘定科目	借方	勘定科目	貸方
通信費	35000	当座預金	35000
合計	35000	合計	35000
摘要	インターネット料金・電話料金が当座預金口座から引き落とし		

解説

❶ 1月15日　借用証書で現金を借り入れたときは，借入金勘定で処理する。この取引は，現金の入金取引なので，入金伝票で処理する。

（借）現　　　金 *320,000*　（貸）借　入　金 *320,000*

→入金伝票：科目欄には，現金勘定の相手科目である「借入金」を記入する。

❷ 〃　インターネットの利用料金や電話料金は通信費勘定で処理する。この取引は，現金の入出金をともなわない取引なので振替伝票で処理する。

（借）通　信　費 *35,000*　（貸）当座預金 *35,000*

→振替伝票：勘定科目欄には，仕訳と同様に記入する。

❸ 出金伝票は空欄のままとなる。

●ポイント

① 3伝票制（入金伝票，出金伝票，振替伝票）を採用している場合は，次のように考える。

・入金取引（現金勘定が増加する取引）

→（借）現　金　×××　（貸）相手科目　×××

→入金伝票へ記入する。

入金伝票に記入する場合は，日付・伝票番号・科目・入金先・金額・合計金額・摘要の記入もれに注意すること。

・出金取引（現金勘定が減少する取引）

→（借）相手科目　×××　（貸）現　金　×××

→出金伝票へ記入する。

出金伝票に記入する場合は，日付・伝票番号・科目・支払先・金額・合計金額・摘要の記入もれに注意すること。

・上記以外の取引（現金取引以外の取引）

→仕訳のとおりに，振替伝票へ記入する。

振替伝票に記入する場合は，日付・伝票番号・借方科目・貸方科目・金額・合計金額・摘要の記入もれに注意すること。

② それぞれの伝票に記入する摘要は，取引内容がわかるように簡潔に表現すること。

3

●印@3点×14＝42点

(1)

仕訳帳　1

令和○年		摘要		元丁 ❶	借方	貸方
/	/	前期繰越高		√	4,966,000	4,966,000
●	5	売掛金		3	506,000	
			売上	11		506,000
●	8	消耗品費		15	43,000	
			現金	1		43,000
	9	現金		1	50,000	
			前受金	9		50,000
●	10	買掛金		7	❷ 380,000	
			当座預金	2		380,000
	12	仕入		12	❸ 385,000	
			買掛金	7		385,000
●	14	車両運搬具		5	760,000	
			当座預金	2		760,000
●	16	前受金		9	50,000	
		売掛金		3	170,000	
			売上	11		220,000
	17	買掛金		7	160,000	
			現金	1		160,000
	20	仕入		12	429,000	
			買掛金	7		429,000
	23	現金		1	❹ 517,000	
			売掛金	3		517,000
	25	給料		13	420,000	
			所得税預り金	8		33,000
			現金	1		387,000
●	27	仕入		12	220,000	
			現金	1		60,000
			買掛金	7		160,000
	29	当座預金		2	252,000	
			売掛金	3		252,000
	31	支払家賃		14	130,000	
			現金	1		130,000

総勘定元帳 ❺

現金　1

借方		貸方	
1/1	300,000	1/8	43,000
9	50,000	17	160,000
● 23	517,000	25	387,000
		27	60,000
		31	130,000

当座預金　2

借方		貸方	
1/1	1,910,000	1/10	380,000
29	252,000	14	760,000 ●

売掛金　3

借方		貸方	
1/1	1,830,000	1/23	517,000
5	506,000	29	252,000
16	170,000		

繰越商品　4

借方		貸方	
1/1	536,000		

車両運搬具　5

借方		貸方	
1/14	760,000		

備品　6

借方		貸方	
1/1	390,000		

買掛金　7

借方		貸方	
1/10	380,000	1/1	1,966,000
17	160,000	12	385,000
		20	429,000
		27	160,000

所得税預り金　8

借方		貸方	
		1/25	33,000

前受金　9

借方		貸方	
1/16	50,000	1/9	50,000 ●

資本金　10

借方		貸方	
		1/1	3,000,000

売上　11

借方		貸方	
		1/5	506,000
		16	220,000

仕入　12

借方		貸方	
1/12	385,000		
● 20	429,000		
27	220,000		

給料　13

借方		貸方	
1/25	420,000		

支払家賃　14

借方		貸方	
1/31	130,000		

消耗品費　15

借方		貸方	
1/8	43,000		

(2)（注意）売掛金元帳は締め切ること。

売掛金元帳 ❻

青森商店　1

借方		貸方	
1/1	852,000	1/29	252,000
5	506,000	31	1,106,000 ●
	1,358,000		1,358,000

岩手商店　2

借方		貸方	
1/1	978,000	1/23	517,000 ●
16	170,000	31	631,000
	1,148,000		1,148,000

(3)

合　計　試　算　表 ❼

令和○年1月31日

借　方	元丁	勘定科目	貸　方
867,000	1	現　　　　金	780,000
2,162,000	2	当　座　預　金	1,140,000
2,506,000	3	売　　掛　　金	769,000
536,000	4	繰　越　商　品	
760,000	5	車両運搬具	
390,000	6	備　　　　品	
● 540,000	7	買　　掛　　金	2,940,000
	8	所得税預り金	● 33,000
50,000	9	前　　受　　金	50,000
	10	資　　本　　金	3,000,000
	11	売　　　　上	726,000
1,034,000	12	仕　　　　入	
420,000	13	給　　　　料	
130,000	14	支　払　家　賃	
43,000	15	消　耗　品　費	
● 9,438,000			9,438,000

解説

〈仕訳帳〉

❶ 仕訳帳の元丁欄にはそれぞれの勘定科目のページ数「1」から「15」を記入する。

❷ 小切手の金額¥380,000で処理する。

❸ 納品書の金額¥385,000で処理する。

❹ 領収証の金額¥517,000で処理する。

〈総勘定元帳〉

❺ 総勘定元帳には，日付と金額のみを記入する。

〈売掛金元帳〉

❻ 売掛金勘定に記入した取引を，該当する商店ごとに日付と金額を記入する。また，月末の残高は貸方に記入して締め切る。

〈合計試算表〉

❼ 総勘定元帳の各勘定の借方合計金額と貸方合計金額を記入する。
借方合計金額と貸方合計金額とが一致することを確認する。

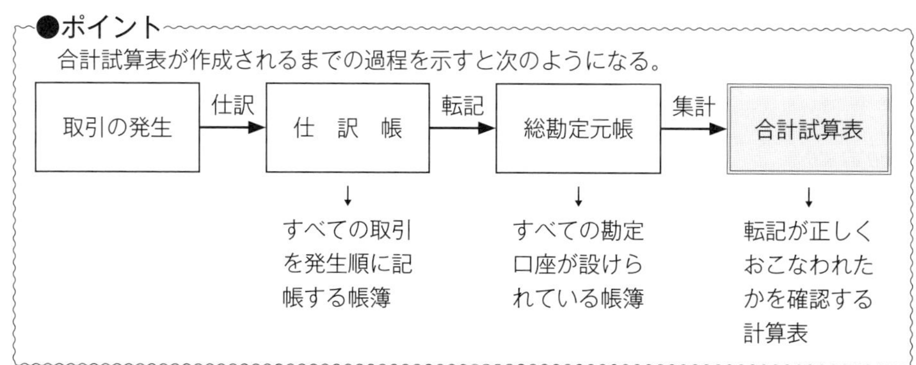

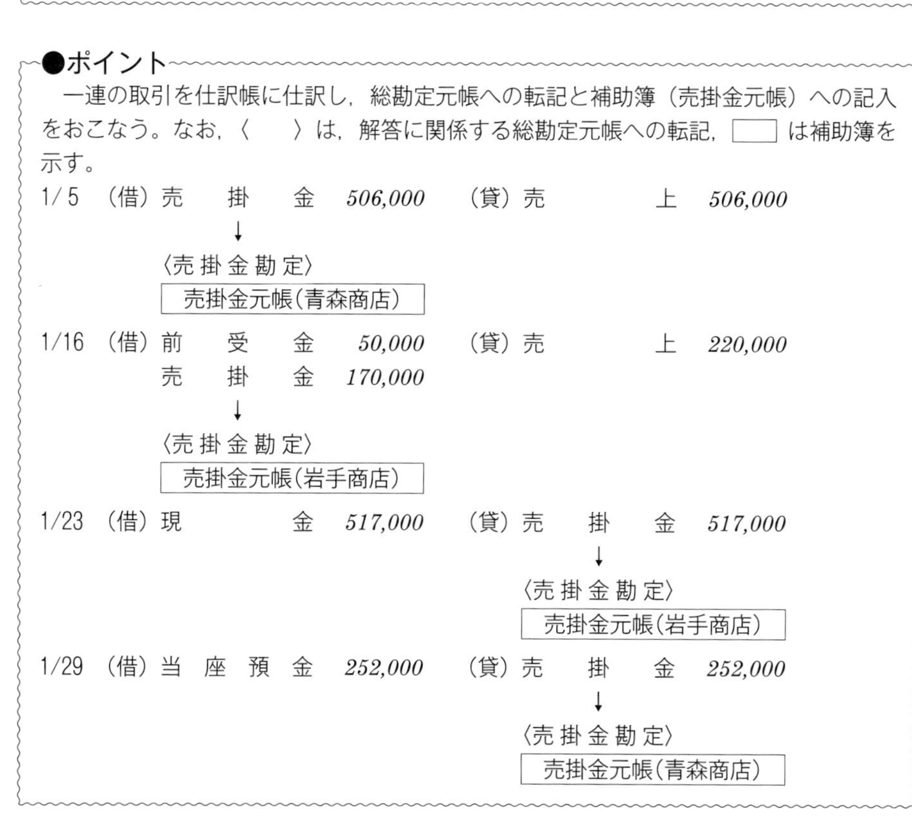

4

@2点×5＝10点

(1)

ア	3	イ	5	ウ	4

解説

payment slip	credit	sales book	checking account	revenues	bank book
出金伝票	貸方	売上帳	当座預金	収益	当座預金出納帳

(2)

a	¥ 2,890,000 ❶	b	¥ 6,600,000 ❷

解説

資本金

借方	貸方
12/31 次期繰越 3,529,000	1/1 前期繰越 ④(期首資本)
	12/31 損益 ①639,000

②→

損益計算書

費用	収益
③b.	7,239,000
当期純利益 639,000	

① 資本金勘定の貸方に転記されている¥639,000は，決算振替仕訳で当期純利益¥639,000を損益勘定から資本金勘定へ振り替えたものである。

（借）損　　益 639,000　（貸）資 本 金 639,000

② この当期純利益¥639,000を損益計算書に書き移す。

③ 損益計算書から
期間中の費用総額＝収益総額¥7,239,000－当期純利益¥639,000＝¥6,600,000❷

④ 資本金勘定から
期首の資本金は，「前期繰越」の金額なので
期首の資本金＝次期繰越(期末資本)¥3,529,000－当期純利益¥639,000＝¥2,890,000❶

5

●印@4点×6＝24点

(1)

	借方		貸方		
a	仕入	890,000	繰越商品	890,000	❶●
	繰越商品	670,000	仕入	670,000	
b	貸倒引当金繰入	25,000	貸倒引当金	25,000	❷
c	減価償却費	250,000	備品	250,000	❸

(2) （注意）勘定には，日付・相手科目・金額を記入し，締め切ること。

繰越商品 ❹●　5

日付	摘要	金額	日付	摘要	金額
1/1	前期繰越	890,000	12/31	仕入	890,000
12/31	仕入	670,000	〃	次期繰越	670,000
		1,560,000			1,560,000

広告料 ❺●　15

日付	摘要	金額	日付	摘要	金額
3/30	現金	34,000	12/31	損益	69,000
9/28	現金	35,000			
		69,000			69,000

(3)

損益計算書

北陸商店　令和○年1月1日から令和○年12月31日まで　（単位：円）

費用	金額	収益	金額
売上原価	6,078,000	売上高	9,900,000
給料	2,772,000	受取利息	42,000
貸倒引当金繰入	● 25,000		
減価償却費	● 250,000		
広告料	69,000		
支払家賃	456,000		
消耗品費	52,000		
雑費	23,000		
(当期純利益)	217,000		
	9,942,000		9,942,000

貸借対照表

北陸商店　　　　令和○年12月31日　　　　(単位：円)

資産		金額	負債および純資産	金額
現金		758,000	買掛金	2,315,000
当座預金		1,386,000	前受金	250,000
売掛金	(1,600,000)		資本金	4,000,000
貸倒引当金	(32,000)	1,568,000	(当期純利益)……●……217,000	
(商品)		670,000		
貸付金		1,400,000		
備品		1,000,000		
		6,782,000		6,782,000

解説

❶ 売上原価を算定するための決算整理である。

繰越商品

前期繰越	890,000	仕入	890,000
仕入	670,000	次期繰越	670,000

↓ **貸借対照表(借方)へ**

仕入

整理前残高	5,858,000	繰越商品	670,000
繰越商品	890,000	損益	6,078,000

↓ **損益計算書(借方)へ**

❷ 売掛金に対する貸倒引当金を見積もるための決算整理である。

貸倒引当金見積額＝売掛金残高¥1,600,000×2％＝¥32,000

貸倒引当金繰入額＝¥32,000－貸倒引当金勘定残高¥7,000＝¥25,000（差額計上額）

貸倒引当金

次期繰越	32,000	整理前残高	7,000
		貸倒引当金繰入	25,000

↓ **貸借対照表(借方の売掛金勘定から控除)へ**

貸倒引当金繰入

貸倒引当金	25,000	損益	25,000

↓ **損益計算書(借方)へ**

❸ 備品の減価償却費を計上するための決算整理である。直接法による記帳法では，備品勘定（資産の勘定）を減少させる。なお，減価償却費は次の方法で計算する。

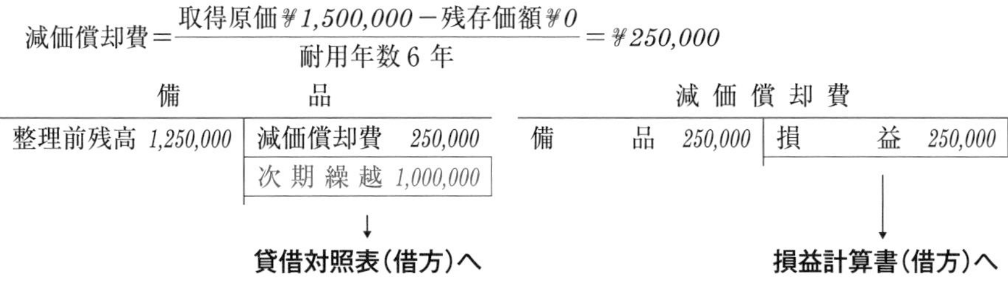

$$減価償却費＝\frac{取得原価¥1,500,000－残存価額¥0}{耐用年数6年}＝¥250,000$$

備品

整理前残高	1,250,000	減価償却費	250,000
		次期繰越	1,000,000

↓ **貸借対照表(借方)へ**

減価償却費

備品	250,000	損益	250,000

↓ **損益計算書(借方)へ**

❹ 繰越商品勘定は，a．の決算整理仕訳を転記し，差額を「次期繰越」として締め切る。

❺ 広告料勘定は，残高を損益勘定に振り替えて締め切る。

（借）損　　益　69,000　（貸）広　告　料　69,000

●ポイント

損益計算書・貸借対照表を作成する手順およびポイントは，以下のとおりである。

① 決算整理事項を正しく仕訳する。

a．**3分法による商品に関する勘定の整理**

（借）仕　　入　×××　（貸）繰越商品　×××

期首棚卸高を仕入勘定へ

（借）繰越商品　×××　（貸）仕　　入　×××

期末棚卸高を繰越商品勘定へ

→仕入勘定で，売上原価が算出される。

b．**貸倒引当金**は，当期の設定額から決算整理前の元帳勘定残高を差し引いて，補充分のみを計上すること。

c．**減価償却費**は，直接法なので，備品勘定を直接減少させる。

② 損益計算書

・売上勘定→当期の売上高を貸方へ記載する。なお，売上勘定の残高は「売上高」と表示する。

・仕入勘定→売上原価に修正し，借方へ記載する。なお，決算整理後の仕入勘定の残高は「売上原価」と表示する。

・貸倒引当金繰入勘定→決算時に見積もった貸倒引当金の額と決算整理前の貸倒引当金の残高との差額を借方へ記載する。

・減価償却費勘定→決算時に計上した当期償却分を借方へ記載する。

・収益総額から費用総額を差し引いて，当期純利益または当期純損失を算出する。

③ 貸借対照表

・繰越商品勘定→期末商品棚卸高に修正し，借方へ記載する。なお，繰越商品勘定の残高は「商品」と表示する。

・貸倒引当金勘定→当期の設定額に修正し，売掛金勘定から控除する形式で記載する。

・備品勘定→決算時に計上した当期償却分を帳簿価額から差し引き，借方へ記載する。

・他の資産の金額は借方へ，負債および純資産（資本）の金額は貸方へ記載する。

・資産総額から負債および純資産の総額を差し引いて，当期純利益または当期純損失を算出する。

3級模擬試験問題　第 3 回

1

@4点×4＝16点

	借方		貸方		
a	定期預金	800,000	現金	800,000	❶
b	貸倒引当金 貸倒損失	60,000 16,000	売掛金	76,000	❷
c	備品	359,000	現金	359,000	❸
d	所得税預り金	49,000	現金	49,000	❹

解説

❶ 定期預金も当座預金と同様に，預金の名称を勘定科目として用いる。

❷ 貸し倒れが発生したときは，まず貸倒引当金勘定を取り崩す。貸倒引当金勘定の残高を超過するときは，貸倒損失勘定（費用の勘定）を用いる。

❸ 事務用のパーソナルコンピュータ・営業用の金庫・事務用机・商品陳列用ケースなどを買い入れたときは，備品勘定（資産の勘定）の借方に記入する。

❹ 給料を支払ったさいに，預かった所得税は所得税預り金勘定（負債の勘定）で処理している。

●ポイント

仕訳の問題では，取引文をよく読んで，その内容を理解し，「どの勘定科目に」「どれだけの金額の増減が生じたのか」をしっかりと把握しよう。また，勘定科目は指定されたものを用いること。

a．普通預金・定期預金も当座預金と同様に，預金の名称を勘定科目として用いる。

b．前期に発生した売掛金などの売上債権が貸し倒れになった場合，設定されている貸倒引当金勘定の残高によって仕訳が異なるので，本問のケースと合わせて確認しておくこと。

ア．貸し倒れ額<貸倒引当金残高

（借）貸倒引当金　×××　（貸）売掛金　×××

イ．貸し倒れ額>貸倒引当金残高（本問のケース）

（借）貸倒引当金　×××　（貸）売掛金　×××
　　　貸倒損失(費用の勘定)　×××

ウ．貸倒引当金の残高がない場合

（借）貸倒損失　×××　（貸）売掛金　×××

c．固定資産の取得に要した諸費用は，取得原価に含める。

d．給料を支払ったさいに，次の仕訳がしてある。

（借）給料　×××　（貸）所得税預り金　49,000
　　　　　　　　　　　　　現金など　×××

2

●印@４点×２＝８点

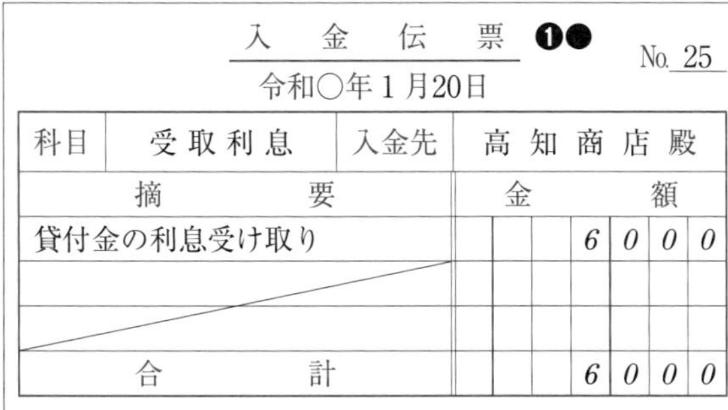

入　金　伝　票 ❶●　　No. 25

令和○年１月20日

科目	受取利息	入金先	高知商店殿

摘　要	金　額
貸付金の利息受け取り	6000
合　計	6000

出　金　伝　票 ❸　　No.

令和○年　月　日

科目		支払先	殿

摘　要	金　額
合　計	

振　替　伝　票 ❷●　　No. 31

令和○年１月20日

勘定科目	借方	勘定科目	貸方
建　物	4800000	当座預金	4800000
合　計	4800000	合　計	4800000
摘要	全商不動産より営業用の倉庫購入　小切手＃12		

解説

❶　１月20日　貸付金の利息を受け取ったときは，受取利息勘定で処理する。この取引は，現金の入金取引なので入金伝票で処理する。

（借）現　　金　*6,000*　（貸）受取利息　*6,000*

→入金伝票：科目欄には，現金勘定の相手科目である「受取利息」を記入する。

❷　〃　営業用の倉庫は建物勘定で処理する。この取引は，現金の入出金をともなわないので，振替伝票で処理する。

（借）建　　物　*4,800,000*　（貸）当座預金　*4,800,000*

→振替伝票：勘定科目欄には，仕訳と同様に記入する。

❸　出金伝票は空欄のままとなる。

●ポイント

①　３伝票制（入金伝票，出金伝票，振替伝票）を採用している場合は，次のように考える。

・入金取引（現金勘定が増加する取引）

→（借）現　　金　×××　（貸）相手科目　×××

→入金伝票へ記入する。

入金伝票に記入する場合は，日付・伝票番号・科目・入金先・金額・合計金額・摘要の記入もれに注意すること。

・出金取引（現金勘定が減少する取引）

→（借）相手科目　×××　（貸）現　　金　×××

→出金伝票へ記入する。

出金伝票に記入する場合は，日付・伝票番号・科目・支払先・金額・合計金額・摘要の記入もれに注意すること。

・上記以外の取引（現金取引以外の取引）

→仕訳のとおりに，振替伝票へ記入する。

振替伝票に記入する場合は，日付・伝票番号・借方科目・貸方科目・金額・合計金額・摘要の記入もれに注意すること。

②　それぞれの伝票に記入する摘要は，取引内容がわかるように簡潔に表現すること。

3

●印@3点×14＝42点

(1) 仕訳帳 1

令和○年		摘要		元丁❶	借方	貸方
1	1	前期繰越高		✓	4,488,000	4,488,000
	4	売掛金		3	440,000	
			売上	10		440,000
●	7	仮払金 ❷		5	90,000	
			現金	1		90,000
	9	仕入		11	462,000	
			現金	1		50,000
			買掛金	7		412,000
	12	水道光熱費		14	82,000	
			当座預金	2		82,000
	15	現金		1	400,000	
		売掛金		3	260,000	
			売上	10		660,000
	16	買掛金		7	290,000	
			当座預金	2		290,000
●	18	旅費		13	83,000	
		現金		1	7,000	
			仮払金	5		90,000
	20	仕入		11	❸ 484,000	
			買掛金	7		484,000
●	22	現金		1	310,000	
			売掛金	3		310,000
	24	売掛金		3	264,000	
			売上	10		264,000
●	26	借入金		8	530,000	
		支払利息		15	1,300	
			当座預金	2		531,300
	27	当座預金		2	❹ 462,000	
			売掛金	3		462,000
●	29	広告料		12	32,000	
			現金	1		32,000
	31	買掛金		7	❺ 260,000	
			現金	1		260,000

総勘定元帳 ❻

現金 1

借方		貸方	
1/1	245,000	1/7	90,000
● 15	400,000	9	50,000
18	7,000	29	32,000
22	310,000	31	260,000

当座預金 2

借方		貸方	
1/1	1,630,000	1/12	82,000
27	462,000	16	290,000 ●
		26	531,300

売掛金 3

借方		貸方	
1/1	1,554,000	1/22	310,000
4	440,000	27	462,000
15	260,000		
24	264,000		

繰越商品 4

借方		貸方	
1/1	369,000		

仮払金 5

借方		貸方	
1/7	90,000	1/18	90,000

備品 6

借方		貸方	
1/1	690,000		

買掛金 7

借方		貸方	
1/16	290,000	1/1	1,328,000
31	260,000	9	412,000
		20	484,000

借入金 8

借方		貸方	
1/26	530,000	1/1	760,000

資本金 9

借方		貸方	
		1/1	2,400,000

売上 10

借方		貸方	
		1/4	440,000
		15	660,000
		24	264,000

仕入 11

借方		貸方	
● 1/9	462,000		
20	484,000		

広告料 12

借方		貸方	
1/29	32,000		

旅費 13

借方		貸方	
1/18	83,000		

水道光熱費 14

借方		貸方	
● 1/12	82,000		

支払利息 15

借方		貸方	
1/26	1,300		

(2) (注意) 買掛金元帳は締め切ること。

買掛金元帳 ❼

富山商店 1

借方		貸方	
1/16	290,000	1/1	652,000
31	846,000	20	484,000 ●
	1,136,000		1,136,000

三重商店 2

借方		貸方	
1/31	260,000	1/1	676,000
● 〃	828,000	9	412,000
	1,088,000		1,088,000

(3)

合計残高試算表 ❽

令和○年1月31日

借方		元丁	勘定科目	貸方	
残高	合計			合計	残高
530,000	962,000	1	現金	432,000	
1,188,700	2,092,000	2	当座預金	903,300	
● 1,746,000	2,518,000	3	売掛金	772,000	
369,000	369,000	4	繰越商品		
	90,000	5	仮払金	90,000	
690,000	690,000	6	備品		
	550,000	7	買掛金	2,224,000	1,674,000
	530,000	8	借入金	760,000	230,000
		9	資本金	2,400,000	2,400,000
		10	売上	1,364,000	● 1,364,000
946,000	946,000	11	仕入		
32,000	32,000	12	広告料		
83,000	83,000	13	旅費		
82,000	82,000	14	水道光熱費		
1,300	1,300	15	支払利息		
● 5,668,000	8,945,300			8,945,300	5,668,000

解説

〈仕訳帳〉

❶ 仕訳帳の元丁欄にはそれぞれの勘定科目のページ数「1」から「15」を記入する。

❷ 旅費の概算額を支払ったときは，仮払金勘定（資産の勘定）で処理する。

❸ 納品書の金額¥484,000で処理する。

❹ 小切手の金額¥462,000で処理する。

❺ 領収証の金額¥260,000で処理する。

〈総勘定元帳〉

❻ 総勘定元帳には，日付と金額のみを記入する。

〈買掛金元帳〉

❼ 買掛金勘定に記入した取引を，該当する商店ごとに日付と金額を記入する。また，月末の残高は借方に記入して締め切る。

〈合計残高試算表〉

❽ 総勘定元帳の各勘定の借方合計金額と貸方合計金額を合計欄に記入する。
合計欄の借方合計金額と貸方合計金額とが一致することを確認する。
資産と費用は借方の合計金額から貸方の合計金額を差し引いて残高を求める。
負債と資本，収益は貸方の合計金額から借方の合計金額を差し引いて残高を求める。
残高欄の借方合計金額と貸方合計金額が一致することを確認する。

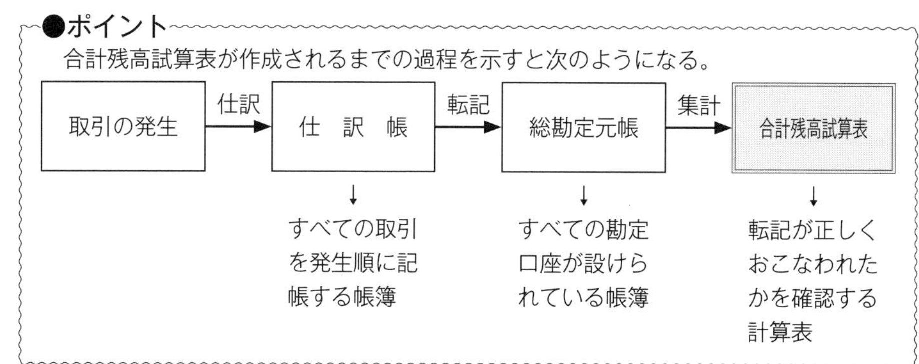

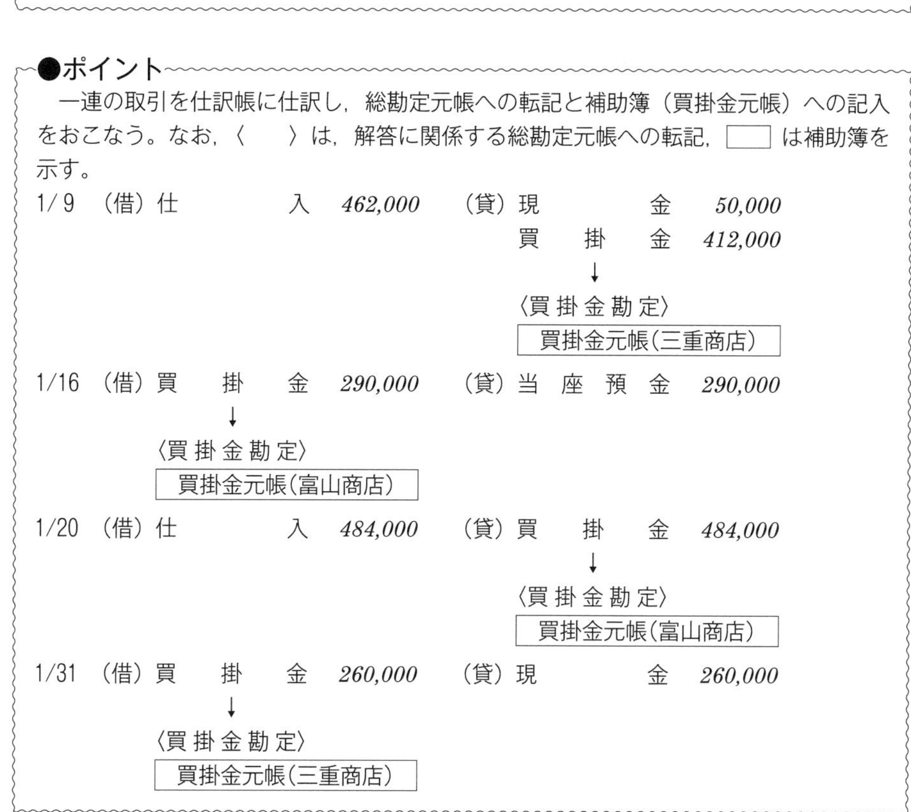

4

@2点×5＝10点

(1)

ア	1	イ	5	ウ	2

解説

debit	receipt slip	account	net assets	main book	expenses
借方	入金伝票	勘定	純資産	主要簿	費用

(2)

ア	¥ 680,000 ❶	イ	¥ 3,140,000 ❷

解説

a. 損益計算書

費用 3,590,000	収益 4,270,000
当期純利益 ①(ア)	

損益計算書から
期間中の収益総額¥4,270,000－期間中の費用総額¥3,590,000
＝当期純利益¥680,000❶

b. 期首貸借対照表

期首資産 4,380,000	期首負債 2,750,000
	期首資本 ①1,630,000

期末貸借対照表

期末資産 5,190,000	期末負債 ③(イ)
	期末資本 期首資本 1,630,000
	期末資本 当期純利益 420,000

② (期首資本を期末貸借対照表へ)

① 期首貸借対照表から
期首の資産総額¥4,380,000－期首の負債総額¥2,750,000＝期首の資本(純資産)¥1,630,000
② 期首の資本¥1,630,000を期末貸借対照表の貸方に書き移す。
③ 期末貸借対照表から
期末の資産総額¥5,190,000－期首の資本¥1,630,000－当期純利益¥420,000
＝期末の負債総額¥3,140,000❷

5

●印@4点×6＝24点

(1)

	借方		貸方		
a	仕入	723,000	繰越商品	723,000	❶
	繰越商品	920,000	仕入	920,000	
b	貸倒引当金繰入	27,000	貸倒引当金	27,000	❷
c	減価償却費	190,000	備品	190,000	❸

(2) (注意) 勘定には，日付・相手科目・金額を記入し，締め切ること。

資本金 ❹● 10

日付	摘要	金額	日付	摘要	金額
12/31	次期繰越	4,283,000	1/1	前期繰越	4,000,000
			12/31	損益	283,000
		4,283,000			4,283,000

保険料 ❺● 16

日付	摘要	金額	日付	摘要	金額
1/1	現金	204,000	12/31	損益	408,000
7/1	現金	204,000			
		408,000			408,000

(3)

損益計算書

東海商店 令和○年/月/日から令和○年/2月3/日まで (単位：円)

費用	金額	収益	金額
(売上原価)	●6,792,000	(売上高)	9,490,000
給料	1,212,000	受取利息	48,000
(貸倒引当金繰入)	●27,000		
(減価償却費)	●190,000		
支払家賃	332,000		
保険料	408,000		
消耗品費	195,000		
雑費	99,000		
(当期純利益)	283,000		
	9,538,000		9,538,000

貸借対照表

東海商店　　令和○年12月31日　　(単位：円)

資産		金額	負債および純資産	金額
現金		769,000	買掛金	1,533,000
当座預金		1,329,000	前受金	400,000
売掛金	(1,400,000)		資本金	4,000,000
貸倒引当金	(42,000)	1,358,000	(当期純利益)……●……283,000	
(商品)		920,000		
貸付金		700,000		
備品		1,140,000		
		6,216,000		6,216,000

解説

❶ 売上原価を算定するための決算整理である。

繰越商品

前期繰越	723,000	仕入	723,000
仕入	920,000	次期繰越	920,000

仕入

整理前残高	6,989,000	繰越商品	920,000
繰越商品	723,000	損益	6,792,000

↓ **貸借対照表(借方)へ**　　↓ **損益計算書(借方)へ**

❷ 売掛金に対する貸倒引当金を見積もるための決算整理である。

貸倒引当金見積額＝売掛金残高¥1,400,000×3％＝¥42,000

貸倒引当金繰入額＝¥42,000－貸倒引当金勘定残高¥15,000＝¥27,000（差額計上額）

貸倒引当金

次期繰越	42,000	整理前残高	15,000
		貸倒引当金繰入	27,000

貸倒引当金繰入

貸倒引当金	27,000	損益	27,000

↓ **貸借対照表(借方の売掛金勘定から控除)へ**　　↓ **損益計算書(借方)へ**

❸ 備品の減価償却費を計上するための決算整理である。直接法による記帳法では，備品勘定（資産の勘定）を減少させる。なお，減価償却費は次の方法で計算する。

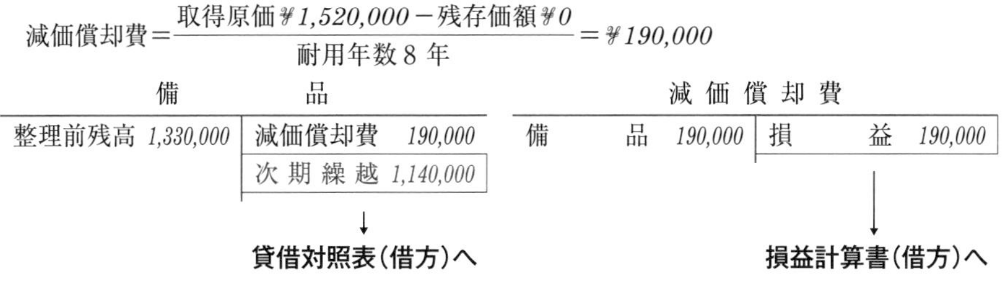

$$減価償却費＝\frac{取得原価¥1,520,000－残存価額¥0}{耐用年数8年}＝¥190,000$$

備品

整理前残高	1,330,000	減価償却費	190,000
		次期繰越	1,140,000

減価償却費

備品	190,000	損益	190,000

↓ **貸借対照表(借方)へ**　　↓ **損益計算書(借方)へ**

❹ 当期純利益が¥283,000なので，次の仕訳をおこない，転記し，差額を「次期繰越」として締め切る。

（借）損　　益　283,000　（貸）資　本　金　283,000

❺ 保険料勘定はその残高（¥204,000＋¥204,000＝¥408,000）を損益勘定に振り替える振替仕訳をおこない，転記して締め切る。

（借）損　　益　408,000　（貸）保　険　料　408,000

●ポイント

損益計算書・貸借対照表を作成する手順およびポイントは，以下のとおりである。

① 決算整理事項を正しく仕訳する。

a．**3分法による商品に関する勘定の整理**

（借）仕　　入　×××　（貸）繰越商品　×××

期首棚卸高を仕入勘定へ

（借）繰越商品　×××　（貸）仕　　入　×××

期末棚卸高を繰越商品勘定へ

→仕入勘定で，売上原価が算出される。

b．**貸倒引当金**は，当期の設定額から決算整理前の元帳勘定残高を差し引いて，補充分のみを計上すること。

c．**減価償却費**は，直接法なので，備品勘定を直接減少させる。

② 損益計算書

・売上勘定→当期の売上高を貸方へ記載する。なお，売上勘定の残高は「売上高」と表示する。

・仕入勘定→売上原価に修正し，借方へ記載する。なお，決算整理後の仕入勘定の残高は「売上原価」と表示する。

・貸倒引当金繰入勘定→決算時に見積もった貸倒引当金の額と決算整理前の貸倒引当金の残高との差額を借方へ記載する。

・減価償却費勘定→決算時に計上した当期償却分を借方へ記載する。

・収益総額から費用総額を差し引いて，当期純利益または当期純損失を算出する。

③ 貸借対照表

・繰越商品勘定→期末商品棚卸高に修正し，借方へ記載する。なお，繰越商品勘定の残高は「商品」と表示する。

・貸倒引当金勘定→当期の設定額に修正し，売掛金勘定から控除する形式で記載する。

・備品勘定→決算時に計上した当期償却分を帳簿価額から差し引き，借方へ記載する。

・他の資産の金額は借方へ，負債および純資産（資本）の金額は貸方へ記載する。

・資産総額から負債および純資産の総額を差し引いて，当期純利益または当期純損失を算出する。

３級模擬試験問題　第４回

1

@４点×４＝16点

	借方		貸方		
a	小口現金	40,000	当座預金	40,000	❶
b	売掛金 発送費	240,000 9,000	売上 現金	240,000 9,000	❷
c	建物	6,590,000	当座預金 現金	6,300,000 290,000	❸
d	貸付金	1,500,000	現金	1,500,000	❹

解説

❶ 少額の支払いにあてるための小口現金は，現金勘定（資産の勘定）と区別して小口現金勘定（資産の勘定）で処理する。

❷ 商品を売り渡したときの発送費は発送費勘定（費用の勘定）で処理する。

❸ 営業用や店舗用の建物を買い入れたときは，建物勘定（資産の勘定）で処理する。

❹ 借用証書によって現金を貸し付けたときは，貸付金勘定（資産の勘定）で処理する。

●ポイント

仕訳の問題では，取引文をよく読んで，その内容を理解し，「どの勘定科目に」「どれだけの金額の増減が生じたのか」をしっかりと把握しよう。また，勘定科目は指定されたものを用いること。

a．定額資金前渡法（インプレスト・システム）によれば，月初めや週の初めに庶務係はつねに一定の資金を小口現金として保有する。

① 庶務係に一定額（本問の￥40,000を使用）を前渡ししたときの仕訳

（借）小口現金 40,000　（貸）当座預金 40,000

② 庶務係より一定期間の支払いの報告を受けたときの仕訳

（借）費用の勘定など ×××　（貸）小口現金 ×××

③ 支払った額を補給したときの仕訳

（借）小口現金 ×××　（貸）当座預金 ×××

なお，②と③をまとめて次のように仕訳してもよい。

（借）費用の勘定など ×××　（貸）当座預金 ×××

b．商品を仕入れたときの引取運賃 → 仕入勘定に含める

商品を売り渡したときの発送運賃 → 発送費勘定で処理

c．固定資産の取得に要した諸費用は，取得原価に含める。

2

●印@4点×2＝8点

入　金　伝　票　❶●

No. 42

令和○年1月25日

科目	前受金	入金先	三重商店殿
摘　要		金　額	
商品注文　内金受け取り		60000	
合　計		60000	

出　金　伝　票　❷●

No. 38

令和○年1月25日

科目	消耗品費	支払先	奈良文具店殿
摘　要		金　額	
事務用コピー用紙購入		18000	
合　計		18000	

振　替　伝　票　❸

No.

令和○年　月　日

勘定科目	借方	勘定科目	貸方
合　計		合　計	
摘要			

解説

❶ 1月25日　商品の注文を受け内金を受け取ったときは前受金勘定で処理する。この取引は，現金の入金取引なので，入金伝票で処理する。

（借）現　　金 *60,000*　（貸）前　受　金 *60,000*

→入金伝票：科目欄には，現金勘定の相手科目である「前受金」を記入する。

❷ 〃　事務用のコピー用紙の購入は消耗品費勘定で処理する。この取引は，現金の出金取引なので，出金伝票で処理する。

（借）消耗品費 *18,000*　（貸）現　　金 *18,000*

→出金伝票：科目欄には，現金勘定の相手科目である「消耗品費」を記入する。

❸ 振替伝票は空欄のままとなる。

●ポイント

① 3伝票制（入金伝票，出金伝票，振替伝票）を採用している場合は，次のように考える。

・入金取引（現金勘定が増加する取引）

→（借）現　金　×××　（貸）相手科目　×××

→入金伝票へ記入する。

入金伝票に記入する場合は，日付・伝票番号・科目・入金先・金額・合計金額・摘要の記入もれに注意すること。

・出金取引（現金勘定が減少する取引）

→（借）相手科目　×××　（貸）現　金　×××

→出金伝票へ記入する。

出金伝票に記入する場合は，日付・伝票番号・科目・支払先・金額・合計金額・摘要の記入もれに注意すること。

・上記以外の取引（現金取引以外の取引）

→仕訳のとおりに，振替伝票へ記入する。

振替伝票に記入する場合は，日付・伝票番号・借方科目・貸方科目・金額・合計金額・摘要の記入もれに注意すること。

② それぞれの伝票に記入する摘要は，取引内容がわかるように簡潔に表現すること。

●印@3点×14=42点

(1)

仕　訳　帳　　　1

令和○年		摘要		元丁	借方	貸方
/	/	前期繰越高		√	4,362,000	4,362,000
	4	仕入		12	❷ 583,000	
			買掛金	6		583,000
●	6	現金		1	400,000	
			借入金	8		400,000
	8	売掛金		3	462,000	
			売上	11		462,000
	10	買掛金		6	350,000	
			当座預金	2		350,000
❸●	13	通信費		15	46,200	
			当座預金	2		46,200
	15	現金		1	529,000	
			売掛金	3		529,000
	16	現金		1	230,000	
		売掛金		3	122,000	
			売上	11		352,000
❹	18	売上		11	17,600	
			売掛金	3		17,600
	20	支払家賃		14	280,000	
			現金	1		280,000
●	23	仕入		12	330,000	
			現金	1		200,000
			買掛金	6		130,000
●	25	給料		13	240,000	
			所得税預り金	7		19,000
			現金	1		221,000
	26	買掛金		6	215,000	
			現金	1		215,000
●	29	当座預金		2	130,000	
			仮受金	9		130,000
	31	当座預金		2	❺ 457,000	
			売掛金	3		457,000

総　勘　定　元　帳　❻

現金　1

1/1	325,000	1/20	280,000
6	400,000	23	200,000
15	529,000	25	221,000
16	230,000	26	215,000 ●

当座預金　2

1/1	1,685,000	1/10	350,000
29	130,000	13	46,200
● 31	457,000		

売掛金　3

● 1/1	1,310,000	1/15	529,000
8	462,000	18	17,600
16	122,000	31	457,000

繰越商品　4

1/1	352,000		

備品　5

1/1	490,000		

買掛金　6

1/10	350,000	1/1	1,242,000
26	215,000	4	583,000
		23	130,000

所得税預り金　7

		1/25	19,000

借入金　8

		1/1	250,000
		6	400,000

仮受金　9

		1/29	130,000

資本金　10

		1/1	2,870,000

売上　11

● 1/18	17,600	1/8	462,000
		16	352,000

仕入　12

1/4	583,000		
23	330,000		

給料　13

1/25	240,000		

支払家賃　14

1/20	280,000		

通信費　15

1/13	46,200		

(2)　(注意) 売掛金元帳は締め切ること。

売　掛　金　元　帳　❼

徳島商店　1

1/1	982,000	1/15	529,000
8	462,000	31	915,000 ●
	1,444,000		1,444,000

山口商店　2

1/1	528,000	1/18	17,600
● 16	122,000	31	457,000
		〃	175,400
	650,000		650,000

(3)

残　高　試　算　表 ❽

令和○年1月31日

借　方	元丁	勘定科目	貸　方
568,000	1	現　　金	
1,875,800	2	当座預金	
1,090,400	3	売　掛　金	
352,000	4	繰越商品	
490,000	5	備　　品	
	6	買　掛　金	● 1,390,000
	7	所得税預り金	19,000
	8	借　入　金	650,000
	9	仮　受　金	130,000
	10	資　本　金	2,870,000
	11	売　　上	796,400
913,000	12	仕　　入	
240,000	13	給　　料	
● 280,000	14	支払家賃	
46,200	15	通　信　費	
● 5,855,400			5,855,400

解説

〈仕訳帳〉

❶ 仕訳帳の元丁欄にはそれぞれの勘定科目のページ数「1」から「15」を記入する。

❷ 納品書の金額¥583,000で処理する。

❸ インターネットの利用料金は通信費勘定を用い，金額は領収証の¥46,200で処理する。

❹ 売り渡した商品の返品は，売り渡したときの逆仕訳をおこなう。

❺ 小切手の金額¥457,000で処理する。

〈総勘定元帳〉

❻ 総勘定元帳には，日付と金額のみを記入する。

〈売掛金元帳〉

❼ 売掛金勘定に記入した取引を，該当する商店ごとに日付と金額を記入する。また，月末の残高は貸方に記入して締め切る。

〈残高試算表〉

❽ 総勘定元帳の各勘定残高を計算する。

貸借対照表

資　産	負　債
	資　本

損益計算書

費　用	収　益
当期純利益	

貸借対照表の各項目は，資産は借方に，負債と資本は貸方に残高が生じる。

損益計算書の各項目は，費用は借方に，収益は貸方に残高が生じる。

したがって，資産と費用は借方の合計金額から貸方の合計金額を差し引いて残高を求める。

負債と資本，収益は貸方の合計金額から借方の合計金額を差し引いて残高を求める。

残高試算表の借方合計金額と貸方合計金額が一致することを確認する。

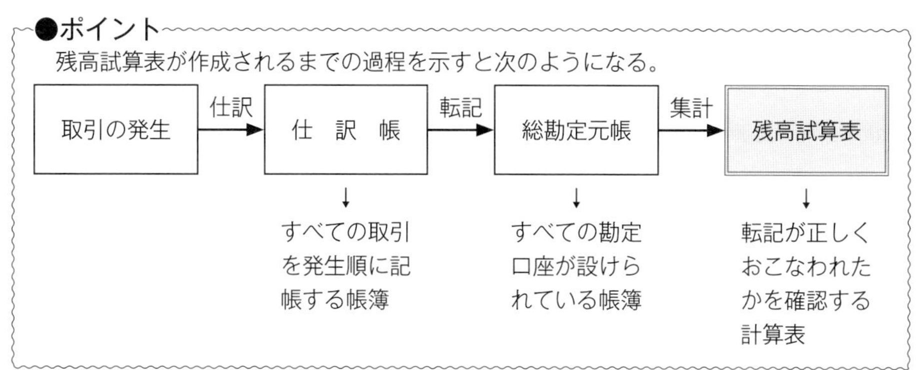

●ポイント

一連の取引を仕訳帳に仕訳し，総勘定元帳への転記と補助簿（売掛金元帳）への記入をおこなう。なお，〈　〉は，解答に関係する総勘定元帳への転記，□は補助簿を示す。

1/8 （借）売 掛 金 462,000 （貸）売 上 462,000
↓
〈売掛金勘定〉
売掛金元帳(徳島商店)

1/15 （借）現 金 529,000 （貸）売 掛 金 529,000
↓
〈売掛金勘定〉
売掛金元帳(徳島商店)

1/16 （借）現 金 230,000 （貸）売 上 352,000
売 掛 金 122,000
↓
〈売掛金勘定〉
売掛金元帳(山口商店)

1/18 （借）売 上 17,600 （貸）売 掛 金 17,600
↓
〈売掛金勘定〉
売掛金元帳(山口商店)

1/31 （借）当座預金 457,000 （貸）売 掛 金 457,000
↓
〈売掛金勘定〉
売掛金元帳(山口商店)

4

@2点×5＝10点

(1)

ア	4	イ	6	ウ	3

解説

posting	closing books	liabilities	title of account	transfer slip	journalizing
転記	決算	負債	勘定科目	振替伝票	仕訳

(2)

a	¥ 4,400,000 ❶	b	¥ 4,200,000 ❷

解説

期首貸借対照表

期首資産 3,740,000	期首負債 2,080,000
	期首資本 ②1,660,000

③

期末貸借対照表

期末資産 ④(b)	期末負債 2,260,000
	期末資本: 期首資本 1,660,000
	期末資本: 当期純利益 280,000

損益計算書

費用 ①(a)	収益 4,680,000
当期純利益 280,000	

① 損益計算書から
期間中の費用総額＝収益総額¥4,680,000－当期純利益¥280,000＝¥4,400,000❶

② 期首貸借対照表から
期首の資産総額¥3,740,000－期首の負債総額¥2,080,000
＝期首の資本(純資産)¥1,660,000

③ 期首の資本（純資産）¥1,660,000を期末貸借対照表の貸方に書き移す。

④ 期末貸借対照表から
期末の負債総額¥2,260,000＋期首の資本(純資産)¥1,660,000＋当期純利益¥280,000
＝期末の資産総額¥4,200,000❷

●印@4点×6＝24点

(1)

精　　算　　表

令和○年12月31日

勘定科目	残高試算表		整理記入		損益計算書		貸借対照表	
	借方	貸方	借方	貸方	借方	貸方	借方	貸方
現金	951,000						951,000	
当座預金	1,293,000						1,293,000	
売掛金	1,300,000						1,300,000	
貸倒引当金		9,000		❸ 17,000				26,000
繰越商品	650,000		❷ 630,000	650,000		●	630,000	
貸付金	500,000						500,000	
備品	788,000			❹ 197,000		●	591,000	
買掛金		1,395,000						1,395,000
前受金		250,000						250,000
資本金	❶	(3,200,000)						3,200,000
売上		7,760,000				7,760,000		
受取手数料		140,000				140,000		
受取利息		7,000				7,000		
仕入	5,017,000		❷ 650,000	630,000	5,037,000	●		
給料	1,452,000				1,452,000			
支払家賃	720,000				720,000			
消耗品費	54,000				54,000			
雑費	36,000				36,000			
	12,761,000	12,761,000						
貸倒引当金繰入			❸ 17,000		17,000			
減価償却費			❹ 197,000		197,000			
(当期純利益)					394,000		●	394,000
			1,494,000	1,494,000	7,907,000	7,907,000	5,265,000	5,265,000

(2)　(注意) 勘定には，日付・相手科目・金額を記入し，締め切ること。

貸倒引当金 ❺●　　4

1/20	売掛金	16,000	1/1	前期繰越	25,000
12/31	次期繰越	26,000	12/31	貸倒引当金繰入	17,000
		42,000			42,000

減価償却費 ❻●　　20

12/31	備品	197,000	12/31	損益	197,000

解説

精算表の作成に関する問題である。本問では，残高試算表欄の一部を計算し記入したあと，整理記入欄および損益計算書欄・貸借対照表欄の記入までを問われている。

❶ 残高試算表の借方合計金額￥12,761,000－貸方合計金額（資本金を除く）￥9,561,000＝資本金勘定￥3,200,000

❷ 売上原価を算定するための決算整理である。

（借）仕　　入　650,000　（貸）繰越商品　650,000→期首商品棚卸高（残高試算表欄の繰越商品勘定借方残高）

（借）繰越商品　630,000　（貸）仕　　入　630,000→期末商品棚卸高（決算整理事項 a）

精　　算　　表

令和○年12月31日

勘定科目	残高試算表		整理記入		損益計算書		貸借対照表	
	借方	貸方	借方	貸方	借方	貸方	借方	貸方
繰越商品	650,000	──▶	⊕630,000	⊖650,000	──	──	▶630,000	
仕入	5,017,000	──▶	⊕650,000	⊖630,000	▶5,037,000			

❸ 売掛金に対する貸倒引当金を見積もるための決算整理である。

貸倒引当金見積額＝売掛金残高￥1,300,000×2％＝￥26,000

貸倒引当金繰入額＝￥26,000－貸倒引当金勘定残高￥9,000＝￥17,000（差額計上額）

（借）貸倒引当金繰入　17,000　（貸）貸倒引当金　17,000

精　　算　　表

令和○年12月31日

勘定科目	残高試算表		整理記入		損益計算書		貸借対照表	
	借方	貸方	借方	貸方	借方	貸方	借方	貸方
貸倒引当金		9,000	──▶	⊕17,000	──	──	──	▶26,000
貸倒引当金繰入			17,000	──▶	17,000			

❹ 備品の減価償却費を計上するための決算整理である。直接法による記帳法では，備品勘定（資産の勘定）を減少させる。なお，減価償却費は次の方法で計算する。

$$減価償却費＝\frac{取得原価￥985,000－残存価額￥0}{耐用年数5年}＝￥197,000$$

（借）減価償却費　197,000　（貸）備　　品　197,000

精　　算　　表

令和○年12月31日

勘定科目	残高試算表		整理記入		損益計算書		貸借対照表	
	借方	貸方	借方	貸方	借方	貸方	借方	貸方
備品	788,000	──	──▶	⊖197,000	──	──	▶591,000	
減価償却費			197,000	──▶	197,000			

❺ 貸倒引当金勘定は，b．の決算整理仕訳を転記し，差額を「次期繰越」として締め切る。

❻ 減価償却費勘定は，c．の決算整理仕訳を転記し，残高を損益勘定へ振り替える振替仕訳をおこない，転記してから締め切る。

（借）損　　益　197,000　（貸）減価償却費　197,000

3級模擬試験問題　第５回

1

@４点×４＝16点

	借方		貸方		
a	従業員立替金	80,000	現金	80,000	❶
b	借入金 支払利息	300,000 9,000	当座預金	309,000	❷
c	当座預金	160,000	仮受金	160,000	❸
d	水道光熱費	29,000	現金	29,000	❹

解説

❶ 立替金とは区別して，従業員立替金勘定（資産の勘定）で処理する。

❷ 借用証書で借り入れたときに，次の仕訳がしてある。

（借）現金など 300,000　（貸）借入金 300,000

返済時の利息は，支払利息勘定（費用の勘定）で処理する。

❸ 内容不明の送金額を受け取ったときは，仮受金勘定（負債の勘定）で処理する。

❹ 電気料金は，水道光熱費勘定（費用の勘定）で処理する。

●ポイント

仕訳の問題では，取引文をよく読んで，その内容を理解し，「どの勘定科目に」「どれだけの金額の増減が生じたのか」をしっかりと把握しよう。また，勘定科目は指定されたものを用いること。

a．従業員のために立て替えた場合は，立替金勘定とは区別して処理する。

c．仮受金勘定（負債の勘定）は，内容不明の振込額を受け取ったときに，勘定科目や金額がはっきりしていない場合に用いられる一時的な勘定科目である。

2

●印@4点×2＝8点

入　金　伝　票 ❸　No.

令和○年　月　日

科目		入金先	殿
摘　要		金　額	
合　計			

出　金　伝　票 ❶●　No. 26

令和○年1月12日

科目	貸付金	支払先	関西商店殿
摘　要		金　額	
借用証書により貸し付け		650000	
合　計		650000	

振　替　伝　票 ❷●　No. 43

令和○年1月12日

勘定科目	借方	勘定科目	貸方
広告料	26000	未払金	26000
合　計	26000	合　計	26000
摘要	徳島広告社に広告料月末払い		

解説

❶ 1月12日　借用証書で現金を貸し付けたときは，貸付金勘定で処理する。この取引は，現金の出金取引なので，出金伝票で処理する。

（借）貸　付　金 *650,000*　（貸）現　　金 *650,000*

→出金伝票：科目欄には，現金勘定の相手科目である「貸付金」を記入する。

❷ 〃　広告料の月末払いなので未払金勘定で処理する。この取引は，現金の入出金をともなわないので，振替伝票で処理する。

（借）広　告　料 *26,000*　（貸）未　払　金 *26,000*

→振替伝票：勘定科目欄には，仕訳と同様に記入する。

❸ 入金伝票は空欄のままとなる。

●ポイント

① 3伝票制（入金伝票，出金伝票，振替伝票）を採用している場合は，次のように考える。

・入金取引（現金勘定が増加する取引）

→（借）現　金　×××　（貸）相手科目　×××

→入金伝票へ記入する。

入金伝票に記入する場合は，日付・伝票番号・科目・入金先・金額・合計金額・摘要の記入もれに注意すること。

・出金取引（現金勘定が減少する取引）

→（借）相手科目　×××　（貸）現　金　×××

→出金伝票へ記入する。

出金伝票に記入する場合は，日付・伝票番号・科目・支払先・金額・合計金額・摘要の記入もれに注意すること。

・上記以外の取引（現金取引以外の取引）

→仕訳のとおりに，振替伝票へ記入する。

振替伝票に記入する場合は，日付・伝票番号・借方科目・貸方科目・金額・合計金額・摘要の記入もれに注意すること。

② それぞれの伝票に記入する摘要は，取引内容がわかるように簡潔に表現すること。

3

●印@3点×14=42点

(1)

仕　訳　帳　　1

令和○年		摘要		元丁 (❶)	借方	貸方
/	/	前期繰越高		√	4,710,000	4,710,000
	5	現金		1	200,000	
			売掛金	3		200,000
	8	現金		1	319,000	
			売上	11		319,000
❷●	10	当座預金		2	701,800	
			貸付金	5		700,000
			受取利息	12		1,800
	13	仕入		13	528,000	
			買掛金	9		528,000
❸●	14	買掛金		9	13,200	
			仕入	13		13,200
	15	保険料		14	❹ 58,000	
			当座預金	2		58,000
●	17	備品		8	350,000	
			当座預金	2		350,000
	19	買掛金		9	310,000	
			当座預金	2		310,000
●	20	広告料		15	❺ 180,000	
			現金	1		180,000
	23	売掛金		3	561,000	
			売上	11		561,000
	25	現金		1	480,000	
			売掛金	3		480,000
●	27	仕入		13	❻ 506,000	
			前払金	6		50,000
			買掛金	9		456,000
	29	買掛金		9	246,000	
			現金	1		246,000
	30	仮払金		7	43,000	
			現金	1		43,000

総勘定元帳 ❼

現金　1

1/1	162,000	1/20	180,000
5	200,000	29	246,000 ●
8	319,000	30	43,000
25	480,000		

当座預金　2

1/1	1,428,000	1/15	58,000
10	701,800	17	350,000
		19	310,000 ●

売掛金　3

1/1	1,794,000	1/5	200,000
23	561,000	25	480,000

繰越商品　4

1/1	396,000		

貸付金　5

1/1	700,000	1/10	700,000

前払金　6

1/1	50,000	1/27	50,000

仮払金　7

● 1/30	43,000		

備品　8

1/1	180,000		
17	350,000		

買掛金　9

1/14	13,200	1/1	1,410,000
19	310,000	13	528,000
29	246,000	27	456,000

資本金　10

		1/1	3,300,000

売上　11

		1/8	319,000 ●
		23	561,000

受取利息　12

		1/10	1,800

仕入　13

1/13	528,000	1/14	13,200
27	506,000		

保険料　14

1/15	58,000		

広告料　15

1/20	180,000		

(2)　(注意) 買掛金元帳は締め切ること。

買掛金元帳 ❽

千葉商店　1

1/14	13,200	1/1	835,000
29	246,000	13	528,000 ●
31	1,103,800		
	1,363,000		1,363,000

群馬商店　2

1/19	310,000	1/1	575,000
● 31	721,000	27	456,000
	1,031,000		1,031,000

(3)

合　計　試　算　表 ❾

令和○年*1*月*31*日

借　　方	元丁	勘定科目	貸　　方
1,161,000	1	現　　金	*469,000*
2,129,800	2	当座預金	*718,000*
● *2,355,000*	3	売　掛　金	*680,000*
396,000	4	繰越商品	
700,000	5	貸　付　金	*700,000*
50,000	6	前　払　金	*50,000*
43,000	7	仮　払　金	
530,000	8	備　　品	
569,200	9	買　掛　金	*2,394,000*
	10	資　本　金	*3,300,000*
	11	売　　上	*880,000*
	12	受取利息	*1,800*
1,034,000	13	仕　　入	*13,200*
● *58,000*	14	保　険　料	
180,000	15	広　告　料	
● *9,206,000*			*9,206,000*

解説

〈仕訳帳〉

❶ 仕訳帳の元丁欄にはそれぞれの勘定科目のページ数「1」から「15」を記入する。

❷ 借用証書によって貸し付けたときは，次のような仕訳がしてある。

（借）貸　付　金 *700,000*　（貸）現 金 な ど *700,000*

返済を受けたときの利息は，受取利息勘定（収益の勘定）で処理する。

❸ 仕入れた商品の返品は，仕入れたときの逆仕訳をおこなう。

❹ 小切手の金額¥*58,000*で処理する。

❺ 領収証の金額¥*180,000*で処理する。

❻ 納品書の金額¥*506,000*で処理する。

〈総勘定元帳〉

❼ 総勘定元帳には，日付と金額のみを記入する。

〈買掛金元帳〉

❽ 買掛金勘定に記入した取引を，該当する商店ごとに日付と金額を記入する。また，月末の残高は借方に記入して締め切る。

〈合計試算表〉

❾ 総勘定元帳の各勘定の借方合計金額と貸方合計金額を記入する。
借方合計金額と貸方合計金額とが一致することを確認する。

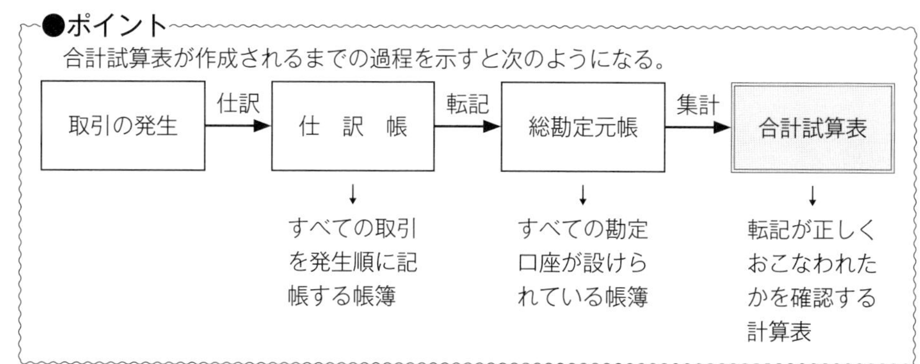

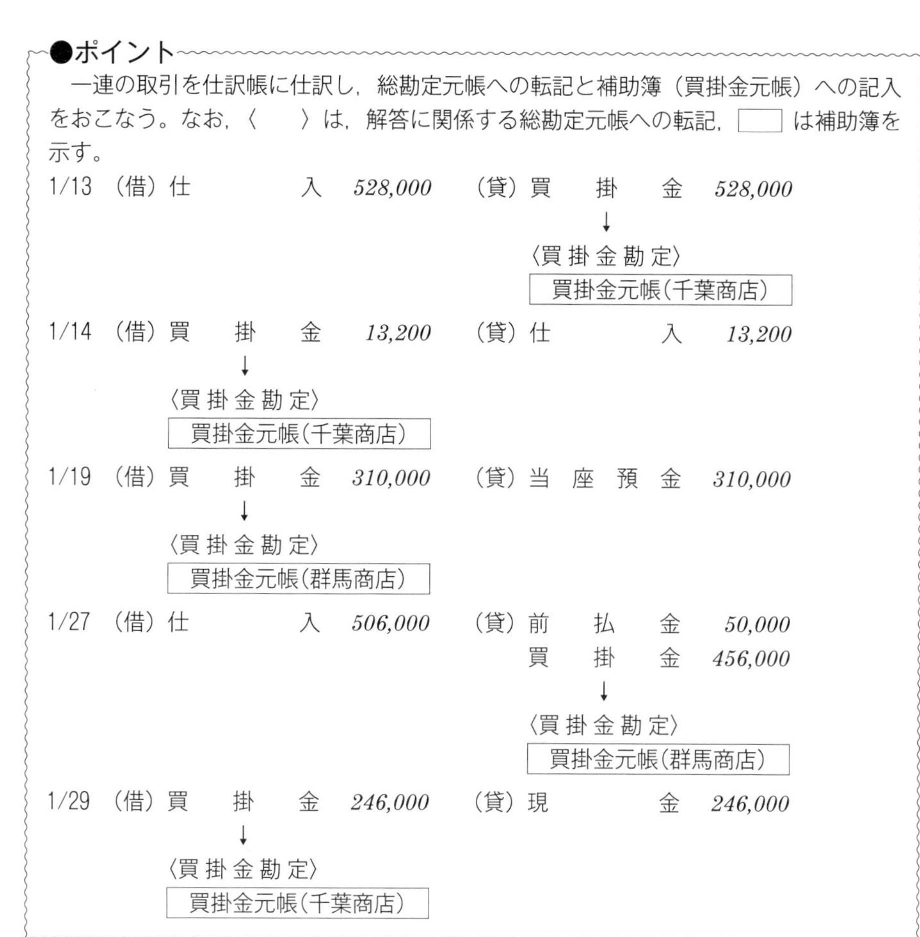

●ポイント

一連の取引を仕訳帳に仕訳し，総勘定元帳への転記と補助簿（買掛金元帳）への記入をおこなう。なお，〈　〉は，解答に関係する総勘定元帳への転記，□は補助簿を示す。

1/13 （借）仕　　入 *528,000*　（貸）買　掛　金 *528,000*
↓ 〈買掛金勘定〉 買掛金元帳(千葉商店)

1/14 （借）買　掛　金 *13,200*　（貸）仕　　入 *13,200*
↓ 〈買掛金勘定〉 買掛金元帳(千葉商店)

1/19 （借）買　掛　金 *310,000*　（貸）当座預金 *310,000*
↓ 〈買掛金勘定〉 買掛金元帳(群馬商店)

1/27 （借）仕　　入 *506,000*　（貸）前　払　金 *50,000*
買　掛　金 *456,000*
↓ 〈買掛金勘定〉 買掛金元帳(群馬商店)

1/29 （借）買　掛　金 *246,000*　（貸）現　　金 *246,000*
↓ 〈買掛金勘定〉 買掛金元帳(千葉商店)

4

●印@2点×5＝10点

(1)

ア	3	イ	1	ウ	6

解説

work sheet	cash book	cash	profit and loss statement	subsidiary book	bookkeeping
精算表	現金出納帳	現金	損益計算書	補助簿	簿記

(2)

a	¥ 4,200,000 ❶	b	¥ 3,435,000 ❷

解説

期首貸借対照表

借方	貸方
期首資産 3,200,000	期首負債 940,000
	期首資本 2,260,000

③

期末貸借対照表

借方	貸方	
期末資産 ④(b)	期末負債 870,000	
	期末資本	期首資本 2,260,000
		当期純利益 305,000

損益計算書

借方	貸方
費用 3,895,000	収益 ①(a)
当期純利益 305,000	

① 損益計算書から
期間中の収益総額＝費用総額¥3,895,000＋当期純利益¥305,000＝¥4,200,000❶
② 期首貸借対照表から
期首の資産総額¥3,200,000－期首の負債総額¥940,000
＝期首の資本(純資産)¥2,260,000
③ 期首の資本（純資産）¥2,260,000を期末貸借対照表の貸方に書き移す。
④ 期末貸借対照表から
期末の負債総額¥870,000＋期首の資本(純資産)¥2,260,000＋当期純利益¥305,000
＝期末の資産総額¥3,435,000❷

5

●印@4点×6＝24点

(1)

	借方		貸方		
a	仕入	844,000	繰越商品	844,000	❶
	繰越商品	850,000	仕入	850,000	
b	貸倒引当金繰入	7,000	貸倒引当金	7,000	❷
c	減価償却費	240,000	備品	240,000	❸●

(2) (注意) 勘定には，日付・相手科目・金額を記入し，締め切ること。

資本金 ❹● 10

日付	摘要	金額	日付	摘要	金額
12/31	次期繰越	2,564,000	1/1	前期繰越	2,400,000
			12/31	損益	164,000
		2,564,000			2,564,000

消耗品費 ❺● 17

日付	摘要	金額	日付	摘要	金額
4/23	現金	25,000	12/31	損益	73,000
9/16	現金	48,000			
		73,000			73,000

(3)

損益計算書

山形商店　令和○年/月/日から令和○年/2月3/日まで　(単位：円)

費用	金額	収益	金額
(売上原価)	●6,224,000	(売上高)	8,249,000
給料	1,032,000	受取手数料	307,000
(貸倒引当金繰入)	7,000		
(減価償却費)	240,000		
支払家賃	580,000		
水道光熱費	197,000		
消耗品費	73,000		
雑費	39,000		
(当期純利益)	●164,000		
	8,556,000		8,556,000

貸　借　対　照　表

山形商店	令和○年12月31日		(単位：円)
資　　産	金　額	負債および純資産	金　額
現　　金	318,000	買　掛　金	984,000
当座預金	801,000	前　受　金	250,000
売　掛　金　(1,050,000)		資　本　金	2,400,000
貸倒引当金　(　21,000)	1,029,000	(当期純利益)	164,000
(商　　品)…………●……850,000			
前　払　金	80,000		
備　　品	720,000		
	3,798,000		3,798,000

解説

❶ 売上原価を算定するための決算整理である。

繰　越　商　品

前期繰越	844,000	仕　　入	844,000
仕　　入	850,000	次期繰越	850,000

↓
貸借対照表(借方)へ

仕　　入

整理前残高	6,230,000	繰越商品	850,000
繰越商品	844,000	損　　益	6,224,000

↓
損益計算書(借方)へ

❷ 売掛金に対する貸倒引当金を見積もるための決算整理である。

貸倒引当金見積額＝売掛金残高￥1,050,000×２％＝￥21,000

貸倒引当金繰入額＝￥21,000－貸倒引当金勘定残高￥14,000＝￥7,000（差額計上額）

貸　倒　引　当　金

次期繰越	21,000	整理前残高	14,000
		貸倒引当金繰入	7,000

↓
貸借対照表(借方の売掛金勘定から控除)へ

貸倒引当金繰入

貸倒引当金	7,000	損　　益	7,000

↓
損益計算書(借方)へ

❸ 備品の減価償却費を計上するための決算整理である。直接法による記帳法では，備品勘定（資産の勘定）を減少させる。なお，減価償却費は次の方法で計算する。

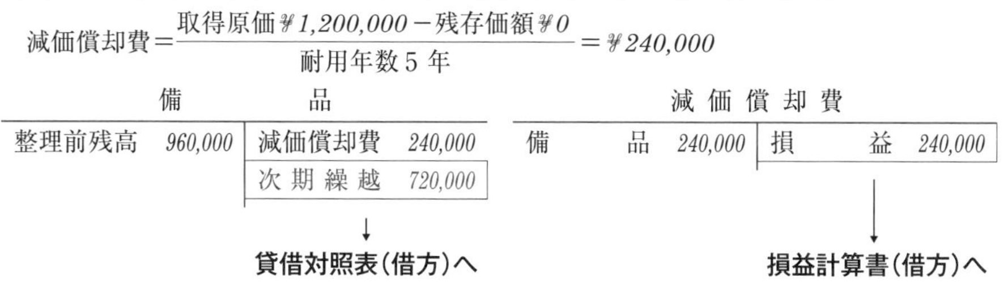

$$減価償却費＝\frac{取得原価￥1,200,000－残存価額￥0}{耐用年数5年}＝￥240,000$$

備　　品

整理前残高	960,000	減価償却費	240,000
		次期繰越	720,000

↓
貸借対照表(借方)へ

減　価　償　却　費

備　　品	240,000	損　　益	240,000

↓
損益計算書(借方)へ

❹ 当期純利益￥164,000を次の仕訳により損益勘定から資本金勘定へ振り替える。

（借）損　　　益　164,000　　（貸）資　本　金　164,000

資本金勘定の差額を「次期繰越」として締め切る。

❺ 消耗品費勘定は，損益勘定への振替仕訳を転記してから締め切る。

（借）損　　　益　73,000　　（貸）消 耗 品 費　73,000

●ポイント

損益計算書・貸借対照表を作成する手順およびポイントは，以下のとおりである。

① 決算整理事項を正しく仕訳する。

a．**３分法による商品に関する勘定の整理**

（借）仕　　　入　×××　　（貸）繰 越 商 品　×××

期首棚卸高を仕入勘定へ

（借）繰 越 商 品　×××　　（貸）仕　　　入　×××

期末棚卸高を繰越商品勘定へ

→仕入勘定で，売上原価が算出される。

b．**貸倒引当金**は，当期の設定額から決算整理前の元帳勘定残高を差し引いて，補充分のみを計上すること。

c．**減価償却費**は，直接法なので，備品勘定を直接減少させる。

② 損益計算書

・売上勘定→当期の売上高を貸方へ記載する。なお，売上勘定の残高は「売上高」と表示する。

・仕入勘定→売上原価に修正し，借方へ記載する。なお，決算整理後の仕入勘定の残高は「売上原価」と表示する。

・貸倒引当金繰入勘定→決算時に見積もった貸倒引当金の額と決算整理前の貸倒引当金の残高との差額を借方へ記載する。

・減価償却費勘定→決算時に計上した当期償却分を借方へ記載する。

・収益総額から費用総額を差し引いて，当期純利益または当期純損失を算出する。

③ 貸借対照表

・繰越商品勘定→期末商品棚卸高に修正し，借方へ記載する。なお，繰越商品勘定の残高は「商品」と表示する。

・貸倒引当金勘定→当期の設定額に修正し，売掛金勘定から控除する形式で記載する。

・備品勘定→決算時に計上した当期償却分を帳簿価額から差し引き，借方へ記載する。

・他の資産の金額は借方へ，負債および純資産（資本）の金額は貸方へ記載する。

・資産総額から負債および純資産の総額を差し引いて，当期純利益または当期純損失を算出する。

3級模擬試験問題　第 6 回

1

@4点×4＝16点

	借方		貸方		
a	当座預金	*800,000*	現金	*800,000*	❶
b	土地	*5,480,000*	当座預金 現金	*5,300,000* *180,000*	❷
c	現金	*600,000*	借入金	*600,000*	❸
d	所得税預り金	*36,000*	現金	*36,000*	❹

解説

❶ 定期預金・普通預金・当座預金などは，預金の名称を勘定科目として用いる。

❷ 土地などの固定資産を取得したときは，取得したさいに生じる諸費用（付随費用）も取得原価に含める。

❸ 借用証書によって現金を借り入れた場合は，借入金勘定（負債の勘定）で処理する。

❹ 給料を支払ったさいに預かった所得税は，所得税預り金勘定（負債の勘定）で処理している。

●ポイント

仕訳の問題では，取引文をよく読んで，その内容を理解し，「どの勘定科目に」「どれだけの金額の増減が生じたのか」をしっかりと把握しよう。また，勘定科目は指定されたものを用いること。

a．定期預金・普通預金・当座預金は，預金の名称を勘定科目として用いる。
b．固定資産の取得に要した諸費用は，取得原価に含める。
d．給料を支払ったさいに，次の仕訳がしてある。

（借）給　　料　×××　（貸）所得税預り金　*36,000*
　　　　　　　　　　　　　　現金など　×××

2

●印@4点×2＝8点

入 金 伝 票 ❶●　No. 31

令和○年1月26日

科目	受取利息	入金先	山口商店殿
摘要		金額	
貸付金の利息受け取り		4000	
合計		4000	

出 金 伝 票 ❷●　No. 29

令和○年1月26日

科目	通信費	支払先	関東郵便局殿
摘要		金額	
切手購入		21000	
合計		21000	

振 替 伝 票 ❸　No.____

令和○年　月　日

勘定科目	借方	勘定科目	貸方
合計		合計	
摘要			

解説

❶ 1月26日　貸付金の利息を受け取ったときは，受取利息勘定で処理する。この取引は，現金の入金取引なので，入金伝票で処理する。

（借）現　　金　*4,000*　（貸）受 取 利 息　*4,000*

→入金伝票：科目欄には，現金勘定の相手科目である「受取利息」を記入する。

❷ 〃　切手を購入したときは通信費勘定で処理する。この取引は，現金の出金取引なので，出金伝票で処理する。

（借）通 信 費　*21,000*　（貸）現　　金　*21,000*

→出金伝票：科目欄には，現金勘定の相手科目である「通信費」を記入する。

❸ 振替伝票は空欄のままとなる。

●ポイント

① 3伝票制（入金伝票，出金伝票，振替伝票）を採用している場合は，次のように考える。

・入金取引（現金勘定が増加する取引）

→（借）現　金　×××　（貸）相手科目　×××

→入金伝票へ記入する。

入金伝票に記入する場合は，日付・伝票番号・科目・入金先・金額・合計金額・摘要の記入もれに注意すること。

・出金取引（現金勘定が減少する取引）

→（借）相手科目　×××　（貸）現　金　×××

→出金伝票へ記入する。

出金伝票に記入する場合は，日付・伝票番号・科目・支払先・金額・合計金額・摘要の記入もれに注意すること。

・上記以外の取引（現金取引以外の取引）

→仕訳のとおりに，振替伝票へ記入する。

振替伝票に記入する場合は，日付・伝票番号・借方科目・貸方科目・金額・合計金額・摘要の記入もれに注意すること。

② それぞれの伝票に記入する摘要は，取引内容がわかるように簡潔に表現すること。

3

●印@3点×14=42点

(1)

仕　訳　帳　1

	令和○年	摘　要		元丁 ❶	借　方	貸　方
	/ /	前期繰越高		√	4,526,000	4,526,000
	5	買掛金		7	290,000	
			当座預金	2		290,000
●	8	現金		1	❷ 300,000	
		売掛金		3	195,000	
			売上	11		495,000
●	10	仕入		12	138,000	
			❸ 前払金	5		50,000
			買掛金	7		88,000
●	11	備品		6	❹ 490,000	
			当座預金	2		490,000
	13	当座預金		2	260,000	
			売掛金	3		260,000
	16	仕入		12	345,000	
			買掛金	7		345,000
	17	現金		1	❺ 210,000	
			売掛金	3		210,000
●	18	保険料		14	19,000	
			現金	1		19,000
	20	売掛金		3	522,000	
			売上	11		522,000
	25	給料		13	240,000	
			所得税預り金	9		16,000
			現金	1		224,000
	27	買掛金		7	328,000	
			現金	1		328,000
●	28	当座預金		2	130,000	
			仮受金	8		130,000
	30	仕入		12	❻ 308,000	
			買掛金	7		308,000
	31	水道光熱費		15	52,000	
			当座預金	2		52,000

総　勘　定　元　帳 ❼

現金 1

	1/1	295,000	1/18	19,000
	8	300,000	25	224,000
●	17	210,000	27	328,000

当座預金 2

1/1	1,733,000	1/5	290,000	●
13	260,000	11	490,000	
28	130,000	31	52,000	

売掛金 3

1/1	1,920,000	1/13	260,000
8	195,000	17	210,000
20	522,000		

繰越商品 4

1/1	308,000		

前払金 5

1/1	50,000	1/10	50,000

備品 6

1/1	220,000		
11	490,000		

買掛金 7

1/5	290,000	1/1	1,696,000
27	328,000	10	88,000
		16	345,000
		30	308,000

仮受金 8

		1/28	130,000

所得税預り金 9

		1/25	16,000	●

資本金 10

		1/1	2,830,000

売上 11

		1/8	495,000
		20	522,000

仕入 12

1/10	138,000		
16	345,000		
30	308,000		

給料 13

1/25	240,000		

保険料 14

1/18	19,000		

水道光熱費 15

●	1/31	52,000		

(2)　(注意) 売掛金元帳は締め切ること。

売　掛　金　元　帳 ❽

兵庫商店 1

1/1	1,020,000	1/13	260,000	●
8	195,000	31	955,000	
	1,215,000		1,215,000	

大阪商店 2

1/1	900,000	1/17	210,000	
20	522,000	31	1,212,000	●
	1,422,000		1,422,000	

(3)

合計残高試算表 ❾

令和○年1月31日

借方		元丁	勘定科目	貸方	
残高	合計			合計	残高
234,000	805,000	1	現金	571,000	
1,291,000	2,123,000	2	当座預金	832,000	
2,167,000	2,637,000	3	売掛金	470,000	
● 308,000	308,000	4	繰越商品		
	50,000	5	前払金	50,000	
710,000	710,000	6	備品		
	618,000	7	買掛金	2,437,000	● 1,819,000
		8	仮受金	130,000	130,000
		9	所得税預り金	16,000	16,000
		10	資本金	2,830,000	2,830,000
		11	売上	1,017,000	1,017,000
791,000	791,000	12	仕入		
240,000	240,000	13	給料		
19,000	19,000	14	保険料		
52,000	52,000	15	水道光熱費		
5,812,000	8,353,000			8,353,000	● 5,812,000

解説

〈仕訳帳〉

❶ 仕訳帳の元丁欄にはそれぞれの勘定科目のページ数「1」から「15」を記入する。

❷ 小切手の金額¥300,000で処理する。

❸ 商品の注文をし，内金を支払ったとき次の仕訳がしてある。

(借) 前　払　金　50,000　(貸) 現　金　な　ど　50,000

❹ 備品の取得に要した諸費用（据付費用）は，取得原価に含める。

❺ 領収証の金額¥210,000で処理する。

❻ 納品書の金額¥308,000で処理する。

〈総勘定元帳〉

❼ 総勘定元帳には，日付と金額のみを記入する。

〈売掛金元帳〉

❽ 売掛金勘定に記入した取引を，該当する商店ごとに日付と金額を記入する。また，月末の残高は貸方に記入して締め切る。

〈合計残高試算表〉

❾ 総勘定元帳の各勘定の借方合計金額と貸方合計金額を合計欄に記入する。
合計欄の借方合計金額と貸方合計金額とが一致することを確認する。
資産と費用は借方の合計金額から貸方の合計金額を差し引いて残高を求める。
負債と資本，収益は貸方の合計金額から借方の合計金額を差し引いて残高を求める。
残高欄の借方合計金額と貸方合計金額が一致することを確認する。

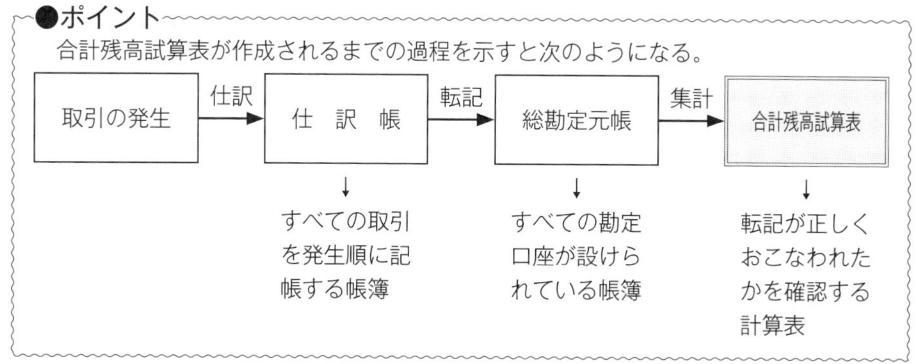

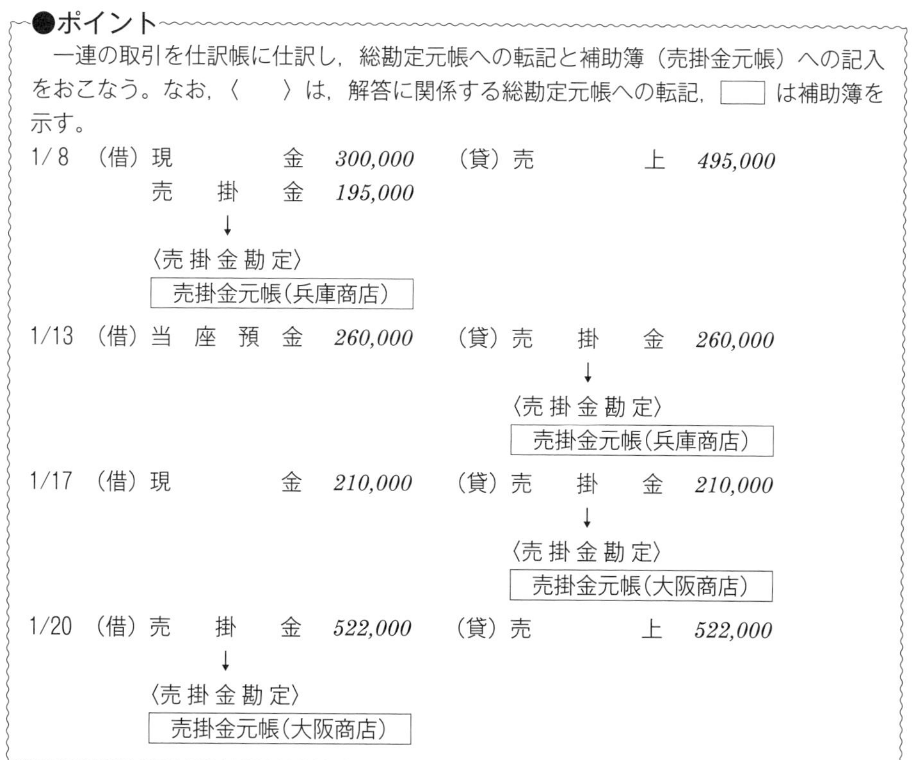

●ポイント

一連の取引を仕訳帳に仕訳し，総勘定元帳への転記と補助簿（売掛金元帳）への記入をおこなう。なお，〈　〉は，解答に関係する総勘定元帳への転記，□は補助簿を示す。

1/8　(借) 現　　金　300,000　(貸) 売　　上　495,000
　　　　　売掛金　195,000
　　　　　↓
　　　　〈売掛金勘定〉
　　　　売掛金元帳(兵庫商店)

1/13　(借) 当座預金　260,000　(貸) 売掛金　260,000
　　　　　　　　　　　　　　　↓
　　　　　　　　　　　　〈売掛金勘定〉
　　　　　　　　　　　　売掛金元帳(兵庫商店)

1/17　(借) 現　　金　210,000　(貸) 売掛金　210,000
　　　　　　　　　　　　　　　↓
　　　　　　　　　　　　〈売掛金勘定〉
　　　　　　　　　　　　売掛金元帳(大阪商店)

1/20　(借) 売掛金　522,000　(貸) 売　　上　522,000
　　　　　↓
　　　　〈売掛金勘定〉
　　　　売掛金元帳(大阪商店)

4

@2点×5＝10点

(1)

ア	5	イ	2	ウ	4

解説

purchases book	balance sheet	imprest system	slip	purchases account	transactions
仕入帳	貸借対照表	定額資金前渡法	伝票	仕入勘定	取引

(2)

ア	¥ 630 ❶	イ	400 個 ❷

解説

商品有高帳

(移動平均法)　(品名)　A　品　(単位：個)

令和○年		摘要	受入 数量	受入 単価	受入 金額	引渡 数量	引渡 単価	引渡 金額	残高 数量	残高 単価	残高 金額
1	1	前月繰越	200	600	120,000				200	600	120,000
	8	高知商店	300	650	195,000		❶		(500)	(630)	(315,000)
	19	香川商店				(300)	(630)	(189,000)	200	(630)	(126,000)
	24	徳島商店	200	690	138,000				(400)	(660)	(264,000)
	31	次月繰越				(400)	(660)	(264,000)	❷		
			700		453,000	700		453,000			

ア．8日の残高欄を求める。前月繰越の数量・金額と8日に仕入れた数量・金額を合計する。
8日の残高欄は数量が500個，金額が¥315,000となるので，平均単価は¥315,000÷500個＝@¥630となる。
19日の残高欄の数量から，引き渡したのは300個　@¥630❶　¥189,000となる。

イ．19日の残高欄の数量200個と24日の受入欄の数量200個の合計400個❷となる。

5

●印@4点×6＝24点

(1)

精算表

令和○年12月31日

勘定科目	残高試算表 借方	残高試算表 貸方	整理記入 借方	整理記入 貸方	損益計算書 借方	損益計算書 貸方	貸借対照表 借方	貸借対照表 貸方
現金	786,000						786,000	
当座預金	970,000						970,000	
売掛金	2,300,000						2,300,000	
貸倒引当金		20,000		❷ 26,000				46,000
繰越商品	620,000		❶ 590,000	620,000			● 590,000	
前払金	170,000						170,000	
備品	680,000			❸ 170,000			510,000	
買掛金		1,128,000						1,128,000
借入金		1,000,000						1,000,000
資本金		2,800,000						2,800,000
売上		8,374,000				8,374,000		
受取手数料		217,000				217,000		
仕入	5,820,000		❶ 620,000	590,000	5,850,000			
給料	1,360,000				1,360,000			
支払家賃	498,000				498,000			
消耗品費	158,000				158,000			
雑費	162,000				162,000			
支払利息	15,000				15,000			
	13,539,000	13,539,000						
貸倒引当金繰入			❷ 26,000		● 26,000			
減価償却費			❸ 170,000		● 170,000			
(当期純利益)					352,000			● 352,000
			1,406,000	1,406,000	8,591,000	8,591,000	5,326,000	5,326,000

(2) (注意) i　仕入勘定の記録は，合計額で示してある。
ii　勘定には，日付・相手科目・金額を記入し，締め切ること。

借入金 ❹● 9

12/31	次期繰越	1,000,000	1/ 1	前期繰越	1,000,000

仕入 ❺● 13

		5,820,000	12/31	繰越商品	590,000
12/31	繰越商品	620,000	〃	損益	5,850,000
		6,440,000			6,440,000

解説

精算表の完成に関する問題である。本問では，残高試算表欄は完成しているので，整理記入欄および損益計算書欄・貸借対照表欄の完成までを問われている。

❶ 売上原価を算定するための決算整理である。

（借）仕　　入 *620,000* （貸）繰越商品 *620,000*→期首商品棚卸高（残高試算表欄の繰越商品勘定借方残高）

（借）繰越商品 *590,000* （貸）仕　　入 *590,000*→期末商品棚卸高（決算整理事項 a ）

精　　算　　表

令和○年12月31日

勘定科目	残高試算表		整理記入		損益計算書		貸借対照表	
	借方	貸方	借方	貸方	借方	貸方	借方	貸方
繰越商品	620,000		⊕590,000	⊖620,000			590,000	
仕入	5,820,000		⊕620,000	⊖590,000	5,850,000			

❷ 売掛金に対する貸倒引当金を見積もるための決算整理である。

貸倒引当金見積額＝売掛金残高￥*2,300,000*×２％＝￥*46,000*

貸倒引当金繰入額＝￥*46,000*－貸倒引当金勘定残高￥*20,000*＝￥*26,000*（差額計上額）

（借）貸倒引当金繰入 *26,000* （貸）貸 倒 引 当 金 *26,000*

精　　算　　表

令和○年12月31日

勘定科目	残高試算表		整理記入		損益計算書		貸借対照表	
	借方	貸方	借方	貸方	借方	貸方	借方	貸方
貸倒引当金		20,000		⊕26,000				46,000
貸倒引当金繰入			26,000		26,000			

❸ 備品の減価償却費を計上するための決算整理である。直接法による記帳法では，備品勘定（資産の勘定）を減少させる。なお，減価償却費は次の方法で計算する。

$$減価償却費=\frac{取得原価￥850,000-残存価額￥0}{耐用年数5年}=￥170,000$$

（借）減 価 償 却 費 *170,000* （貸）備　　品 *170,000*

精　　算　　表

令和○年12月31日

勘定科目	残高試算表		整理記入		損益計算書		貸借対照表	
	借方	貸方	借方	貸方	借方	貸方	借方	貸方
備品	680,000			⊖170,000			510,000	
減価償却費			170,000		170,000			

❹ 借入金勘定は，差額を「次期繰越」として締め切る。

❺ 仕入勘定は，決算整理事項ａ．の仕訳を転記し，その残高を損益勘定に振り替えるための振替仕訳をおこない，転記して締め切る。

（借）損　　益 *5,850,000* （貸）仕　　入 *5,850,000*

3級模擬試験問題　第 7 回

1

@4点×4＝16点

	借方		貸方		
a	前受金 売掛金	350,000 550,000	売上	900,000	❶
b	当座預金	320,000	売掛金	320,000	❷
c	支払利息 現金	5,000 495,000	借入金	500,000	❸
d	仮払金	7,000	現金	7,000	❹

解説

❶ さきに受け取っていた内金は，前受金勘定（負債の勘定）で処理している。

❷ 他人振り出しの小切手を受け取ったときは現金勘定（資産の勘定）で処理をするが，ただちに当座預金に預け入れたときは当座預金勘定（資産の勘定）で処理する。

❸ 借用証書で借り入れたときは，借入金勘定（負債の勘定）で処理する。

❹ 旅費の概算額は，旅費の金額が確定していないので一時的に仮払金勘定（資産の勘定）で処理する。

●ポイント

仕訳の問題では，取引文をよく読んで，その内容を理解し，「どの勘定科目に」「どれだけの金額の増減が生じたのか」をしっかりと把握しよう。また，勘定科目は指定されたものを用いること。

a．内金は，商品を売り渡す前に受け取る金銭のことで，受け取ったときに次の仕訳をおこなっている。

（借）現金など 350,000　（貸）前受金 350,000

c．借入時に利息を支払うので，借り入れた金額ではなく，利息を差し引いた残額を現金勘定で処理する。

d．後日，従業員が帰店し，仮払金の精算をおこなうと，旅費の金額が確定するので，そのときに旅費勘定（費用の勘定）に振り替える。

2

●印@4点×2＝8点

入　金　伝　票　❶●　No. 41

令和○年1月28日

科目	受取手数料	入金先	山口商店殿
摘　要		金　額	
仲介手数料受け取り		34000	
合　計		34000	

出　金　伝　票　❸　No.

令和○年　月　日

科目		支払先	殿
摘　要		金　額	
合　計			

振　替　伝　票　❷●　No. 43

令和○年1月28日

勘定科目	借方	勘定科目	貸方
消耗品費	28000	未払金	28000
合　計	28000	合　計	28000
摘要	兵庫文房具店から事務用文房具購入，月末払い		

解説

❶ 1月28日　商品売買の仲介をし，手数料を受け取ったときは，受取手数料勘定で処理する。この取引は，現金の入金取引なので，入金伝票で処理する。

（借）現　　金　*34,000*　（貸）受取手数料　*34,000*

→入金伝票：科目欄には，現金勘定の相手科目である「受取手数料」を記入する。

❷ 〃　事務用文房具は消耗品費勘定で処理し，未払いの代金は未払金勘定で処理する。この取引は，現金の入出金をともなわないので振替伝票で処理する。

（借）消耗品費　*28,000*　（貸）未　払　金　*28,000*

→振替伝票：勘定科目欄には，仕訳と同様に記入する。

❸ 出金伝票は空欄のままとなる。

●ポイント

① 3伝票制（入金伝票，出金伝票，振替伝票）を採用している場合は，次のように考える。

・入金取引（現金勘定が増加する取引）

→（借）現　　金　×××　（貸）相手科目　×××

→入金伝票へ記入する。

入金伝票に記入する場合は，日付・伝票番号・科目・入金先・金額・合計金額・摘要の記入もれに注意すること。

・出金取引（現金勘定が減少する取引）

→（借）相手科目　×××　（貸）現　　金　×××

→出金伝票へ記入する。

出金伝票に記入する場合は，日付・伝票番号・科目・支払先・金額・合計金額・摘要の記入もれに注意すること。

・上記以外の取引（現金取引以外の取引）

→仕訳のとおりに，振替伝票へ記入する。

振替伝票に記入する場合は，日付・伝票番号・借方科目・貸方科目・金額・合計金額・摘要の記入もれに注意すること。

② それぞれの伝票に記入する摘要は，取引内容がわかるように簡潔に表現すること。

第7回

3

●印@3点×14＝42点

(1)

仕訳帳　1

令和○年		摘要	元丁❶	借方	貸方
/	/	前期繰越高	√	4,214,000	4,214,000
	4	仕入	11	❷ 144,000	
		買掛金	6		144,000
❸●	5	買掛金	6	1,800	
		仕入	11		1,800
❹	7	借入金	7	420,000	
		支払利息	15	9,000	
		当座預金	2		429,000
●	8	現金	1	110,000	
		売掛金	3	49,000	
		売上	10		159,000
	9	買掛金	6	164,000	
		現金	1		164,000
●	11	備品	5	630,000	
		当座預金	2		630,000
	12	現金	1	390,000	
		売掛金	3		390,000
	15	仕入	11	242,000	
		買掛金	6		242,000
●	18	消耗品費	13	❺ 16,000	
		現金	1		16,000
	20	売掛金	3	225,000	
		売上	10		225,000
	21	買掛金	6	❻ 147,000	
		当座預金	2		147,000
	22	支払家賃	14	123,000	
		現金	1		123,000
●	25	給料	12	190,000	
		所得税預り金	8		13,000
		現金	1		177,000
	28	売掛金	3	530,000	
		売上	10		530,000

総勘定元帳 ❼

現金　1

1/1	446,000	1/9	164,000
● 8	110,000	18	16,000
12	390,000	22	123,000
		25	177,000

当座預金　2

1/1	1,746,000	1/7	429,000
		11	630,000
		21	147,000 ●

売掛金　3

1/1	1,664,000	1/12	390,000
8	49,000		
20	225,000		
28	530,000		

繰越商品　4

1/1	198,000		

備品　5

1/1	160,000		
11	630,000		

買掛金　6

1/5	1,800	1/1	1,224,000
9	164,000	4	144,000
21	147,000	15	242,000

借入金　7

1/7	420,000	1/1	420,000

所得税預り金　8

		1/25	13,000

資本金　9

		1/1	2,570,000

売上　10

		1/8	159,000
		20	225,000 ●
		28	530,000

仕入　11

1/4	144,000	1/5	1,800
15	242,000		

給料　12

1/25	190,000		

消耗品費　13

1/18	16,000		

支払家賃　14

● 1/22	123,000		

支払利息　15

1/7	9,000		

(2) （注意）買掛金元帳は締め切ること。

買掛金元帳 ❽

岡山商店　1

1/5	1,800	1/1	634,000
9	164,000	4	144,000 ●
31	612,200		
	778,000		778,000

島根商店　2

1/21	147,000	1/1	590,000
● 31	685,000	15	242,000
	832,000		832,000

(3)

残　高　試　算　表 ❾

令和○年/月3/日

借　方	元丁	勘定科目	貸　方
466,000	1	現　金	
540,000	2	当座預金	
● 2,078,000	3	売掛金	
198,000	4	繰越商品	
790,000	5	備　品	
	6	買掛金	1,297,200
	7	借入金	
	8	所得税預り金	13,000
	9	資本金	2,570,000
	10	売　上	914,000
● 384,200	11	仕　入	
190,000	12	給　料	
16,000	13	消耗品費	
123,000	14	支払家賃	
9,000	15	支払利息	
● 4,794,200			4,794,200

解説

〈仕訳帳〉

❶ 仕訳帳の元丁欄にはそれぞれの勘定科目のページ数「1」から「15」を記入する。

❷ 納品書の金額¥144,000で処理する。

❸ 仕入れた商品の返品は，仕入れたときの逆仕訳をおこなう。

❹ 借用証書によって借り入れたときは，次のような仕訳がしてある。

　(借) 現金など 420,000　(貸) 借入金 420,000

返済時の利息は，支払利息勘定（費用の勘定）で処理する。

❺ 領収証の金額¥16,000で処理する。

❻ 小切手の金額¥147,000で処理する。

〈総勘定元帳〉

❼ 総勘定元帳には，日付と金額のみを記入する。

〈買掛金元帳〉

❽ 買掛金勘定に記入した取引を，該当する商店ごとに日付と金額を記入する。また，月末の残高は借方に記入して締め切る。

〈残高試算表〉

❾ 総勘定元帳の各勘定残高を計算する。

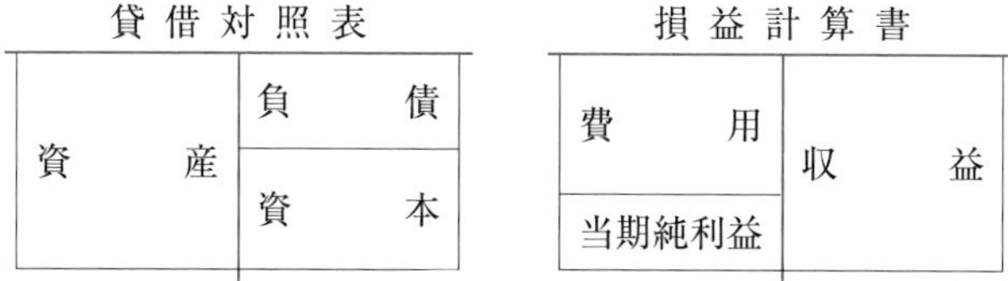

貸借対照表の各項目は，資産は借方に，負債と資本は貸方に残高が生じる。

損益計算書の各項目は，費用は借方に，収益は貸方に残高が生じる。

したがって，資産と費用は借方の合計金額から貸方の合計金額を差し引いて残高を求める。

負債と資本，収益は貸方の合計金額から借方の合計金額を差し引いて残高を求める。

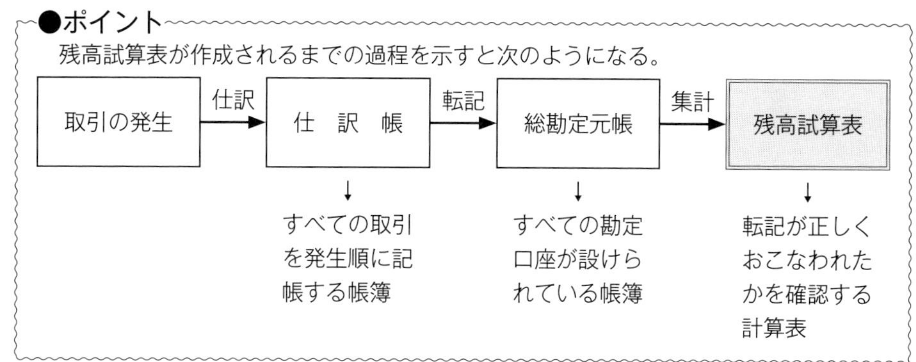

●ポイント

一連の取引を仕訳帳に仕訳し，総勘定元帳への転記と補助簿（買掛金元帳）への記入をおこなう。なお，〈　〉は，解答に関係する総勘定元帳への転記，□は補助簿を示す。

1/4 (借) 仕　入 144,000　(貨) 買掛金 144,000
↓ 〈買掛金勘定〉 買掛金元帳(岡山商店)

1/5 (借) 買掛金 1,800　(貸) 仕　入 1,800
↓ 〈買掛金勘定〉 買掛金元帳(岡山商店)

1/9 (借) 買掛金 164,000　(貸) 現　金 164,000
↓ 〈買掛金勘定〉 買掛金元帳(岡山商店)

1/15 (借) 仕　入 242,000　(貸) 買掛金 242,000
↓ 〈買掛金勘定〉 買掛金元帳(島根商店)

1/21 (借) 買掛金 147,000　(貸) 当座預金 147,000
↓ 〈買掛金勘定〉 買掛金元帳(島根商店)

4

@2点×5＝10点

(1)

ア	1	イ	5	ウ	3

解説

assets	sales book	cost of goods sold	trial balance	posting	checking account
資産	売上帳	売上原価	試算表	転記	当座預金

(2)

a	¥ 6,960,000 ❶	b	¥ 3,800,000 ❷

解説

資本金

借方	貸方
12/31 次期繰越 4,450,000	1/1 前期繰越 ②(　　)
	12/31 損益 (　　)

損益計算書

借方	貸方
費用 6,310,000	収益 ①(a)
当期純利益 650,000	

① 損益計算書から
費用総額¥6,310,000＋当期純利益¥650,000＝収益総額¥6,960,000❶

② 資本金勘定から
当期純利益¥650,000は次の仕訳により，資本金勘定へ振り替えられるので，資本金勘定の貸方12/31の金額は¥650,000となる。
(借) 損　益 650,000　(貸) 資本金 650,000
資本金勘定の前期繰越額（期首の資本）は，
次期繰越額¥4,450,000－当期純利益¥650,000＝¥3,800,000❷

5

●印@4点×6＝24点

(1)

	借方		貸方		
a	仕入	630,000	繰越商品	630,000	❶
	繰越商品	640,000	仕入	640,000	
b	貸倒引当金繰入	29,000	貸倒引当金	29,000	❷●
c	減価償却費	280,000	備品	280,000	❸

(2)　(注意) 勘定には，日付・相手科目・金額を記入し，締め切ること。

繰越商品 ❹● 5

1/ 1	前期繰越	630,000	12/31	仕入	630,000
12/31	仕入	640,000	〃	次期繰越	640,000
		1,270,000			1,270,000

支払家賃 ❺● 15

6/30	現金	504,000	12/31	損益	1,008,000
12/31	現金	504,000			
		1,008,000			1,008,000

(3)

損益計算書

広島商店　令和○年1月1日から令和○年12月31日まで　(単位：円)

費用	金額	収益	金額
(売上原価)…●	6,253,000	(売上高)	9,620,000
給料	1,512,000	受取手数料	193,000
(貸倒引当金繰入)	29,000	受取利息	9,000
(減価償却費)…●	280,000		
支払家賃	1,008,000		
保険料	174,000		
消耗品費	118,000		
雑費	81,000		
(当期純利益)	367,000		
	9,822,000		9,822,000

貸借対照表

広島商店　令和○年12月31日　(単位：円)

資産		金額	負債および純資産	金額
現金		674,000	買掛金	1,492,000
当座預金		3,183,000	資本金	5,200,000
売掛金	(1,600,000)		(当期純利益)…●	367,000
貸倒引当金	(48,000)	1,552,000		
(商品)		640,000		
貸付金		450,000		
備品		560,000		
		7,059,000		7,059,000

解説

❶ 売上原価を算定するための決算整理である。

繰越商品

前期繰越	630,000	仕入	630,000
仕入	640,000	次期繰越	640,000

↓ 貸借対照表(借方)へ

仕入

整理前残高	6,263,000	繰越商品	640,000
繰越商品	630,000	損益	6,253,000

↓ 損益計算書(借方)へ

❷ 売掛金に対する貸倒引当金を見積もるための決算整理である。

貸倒引当金見積額＝売掛金残高￥1,600,000×3％＝￥48,000

貸倒引当金繰入額＝￥48,000－貸倒引当金勘定残高￥19,000＝￥29,000 (差額計上額)

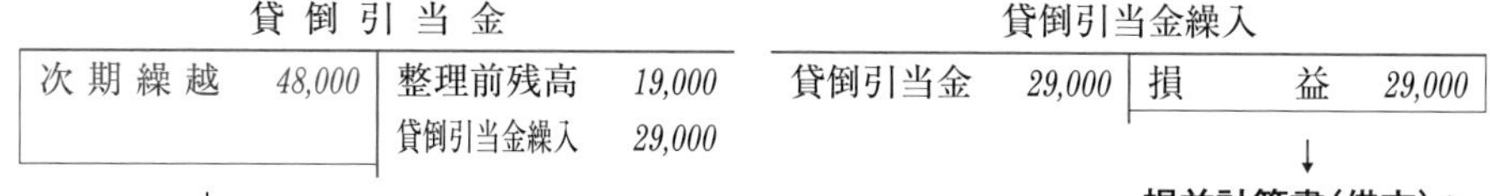

貸倒引当金

次期繰越	48,000	整理前残高	19,000
		貸倒引当金繰入	29,000

↓ 貸借対照表(借方の売掛金勘定から控除)へ

貸倒引当金繰入

貸倒引当金	29,000	損益	29,000

↓ 損益計算書(借方)へ

❸ 備品の減価償却費を計上するための決算整理である。直接法による記帳法では，備品勘定 (資産の勘定) を減少させる。なお，減価償却費は次の方法で計算する。

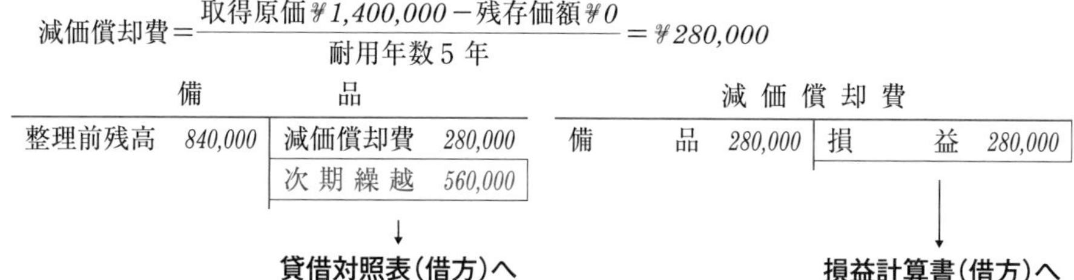

$$減価償却費＝\frac{取得原価￥1,400,000－残存価額￥0}{耐用年数5年}＝￥280,000$$

備品

整理前残高	840,000	減価償却費	280,000
		次期繰越	560,000

↓ 貸借対照表(借方)へ

減価償却費

備品	280,000	損益	280,000

↓ 損益計算書(借方)へ

❹ 繰越商品勘定は，決算整理仕訳 a．を転記し，差額を「次期繰越」として締め切る。

❺ 支払家賃勘定はその残高 (￥504,0000＋￥504,000＝￥1,008,000) を損益勘定に振り替えるための振替仕訳をおこない，転記して締め切る。

(借) 損　益 1,008,000　(貸) 支払家賃 1,008,000

3級模擬試験問題　第 8 回

1

@4点×4＝16点

	借方		貸方		
a	定期預金	*500,000*	現金	*500,000*	❶
b	貸倒引当金	*130,000*	売掛金	*130,000*	❷
c	小口現金	*80,000*	当座預金	*80,000*	❸
d	借入金 支払利息	*450,000* *9,000*	現金	*459,000*	❹

解説

❶ 定期預金も当座預金と同様に，預金の名称を勘定科目として用いる。
❷ 貸し倒れが発生したときは，まず貸倒引当金勘定を取り崩す。
❸ 少額の支払いにあてるための小口現金は，現金勘定（資産の勘定）と区別して小口現金勘定（資産の勘定）で処理する。
❹ 借用証書で借り入れたときに，次の仕訳がしてある。
（借）現金など *450,000*　（貸）借入金 *450,000*
返済時の利息は，支払利息勘定（費用の勘定）で処理する。

●ポイント

仕訳の問題では，取引文をよく読んで，その内容を理解し，「どの勘定科目に」「どれだけの金額の増減が生じたのか」をしっかりと把握しよう。また，勘定科目は指定されたものを用いること。

a．定期預金も普通預金・当座預金と同様に，預金の名称を勘定科目として用いる。

b．前期に発生した売掛金などの売上債権が貸し倒れになった場合，設定されている貸倒引当金勘定の残高によって仕訳が異なるので，本問のケースと合わせて確認しておくこと。

ア．貸し倒れ額＜貸倒引当金残高（本問のケース）
（借）貸倒引当金 ×××　（貸）売掛金 ×××

イ．貸し倒れ額＞貸倒引当金残高
（借）貸倒引当金 ×××　（貸）売掛金 ×××
貸倒損失(費用の勘定) ×××

ウ．貸倒引当金の残高がない場合
（借）貸倒損失 ×××　（貸）売掛金 ×××

c．定額資金前渡法（インプレスト・システム）によれば，月初めや週の初めに庶務係はつねに一定の資金を小口現金として保有する。

① 庶務係に一定額（本問の￥*80,000*を使用）を前渡ししたときの仕訳
（借）小口現金 *80,000*　（貸）当座預金 *80,000*

② 庶務係より一定期間の支払いの報告を受けたときの仕訳
（借）費用の勘定など ×××　（貸）小口現金 ×××

③ 支払った額を補給したときの仕訳
（借）小口現金 ×××　（貸）当座預金 ×××

なお，②と③をまとめて次のように仕訳してもよい。
（借）費用の勘定など ×××　（貸）当座預金 ×××

2

●印@４点×２＝８点

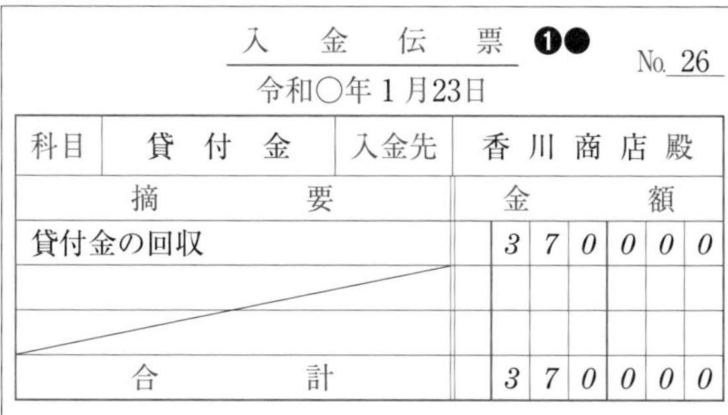

入　金　伝　票　❶●　　No. 26

令和○年１月23日

科目	貸付金	入金先	香川商店殿
摘　要		金　額	
貸付金の回収		370000	
合　計		370000	

出　金　伝　票　❸　　No.

令和○年　月　日

科目		支払先	殿
摘　要		金　額	
合　計			

振　替　伝　票　❷●　　No. 29

令和○年１月23日

勘定科目	借　方	勘定科目	貸　方
当座預金	80000	仮受金	80000
合　計	80000	合　計	80000
摘要	出張中の従業員から内容不明の振り込み		

解説

❶　１月23日　借用証書によって貸し付けたときは，貸付金勘定で処理している。この取引は，現金の入金取引なので，入金伝票で処理する。

（借）現　　金 *370,000*　（貸）貸　付　金 *370,000*

→入金伝票：科目欄には，現金勘定の相手科目である「貸付金」を記入する。

❷　〃　内容不明の送金額を受け取ったときは，仮受金勘定で処理する。この取引は，現金の入出金をともなわないので，振替伝票で処理する。

（借）当座預金 *80,000*　（貸）仮　受　金 *80,000*

→振替伝票：勘定科目欄には，仕訳と同様に記入する。

❸　出金伝票は空欄のままとなる。

●ポイント

①　３伝票制（入金伝票，出金伝票，振替伝票）を採用している場合は，次のように考える。

・入金取引（現金勘定が増加する取引）

→（借）現　　金　×××　（貸）相手科目　×××

→入金伝票へ記入する。

入金伝票に記入する場合は，日付・伝票番号・科目・入金先・金額・合計金額・摘要の記入もれに注意すること。

・出金取引（現金勘定が減少する取引）

→（借）相手科目　×××　（貸）現　　金　×××

→出金伝票へ記入する。

出金伝票に記入する場合は，日付・伝票番号・科目・支払先・金額・合計金額・摘要の記入もれに注意すること。

・上記以外の取引（現金取引以外の取引）

→仕訳のとおりに，振替伝票へ記入する。

振替伝票に記入する場合は，日付・伝票番号・借方科目・貸方科目・金額・合計金額・摘要の記入もれに注意すること。

②　それぞれの伝票に記入する摘要は，取引内容がわかるように簡潔に表現すること。

3

●印@3点×14＝42点

(1)

仕　訳　帳　1

令和○年		摘要		元丁 ❶	借方	貸方
/	/	前期繰越高		√	4,544,000	4,544,000
	4	仕入		12	297,000	
			買掛金	6		297,000
	7	当座預金		2	120,000	
			❷ 仮受金	8		120,000
	9	売掛金		3	330,000	
			売上	11		330,000
❸ ●	10	売上		11	16,500	
			売掛金	3		16,500
	12	仮受金		8	120,000	
			売掛金	3		120,000
	15	買掛金		6	197,000	
			現金	1		197,000
●	16	支払家賃		14	212,000	
			現金	1		212,000
●	18	現金		1	300,000	
		売掛金		3	228,000	
			売上	11		528,000
	20	買掛金		6	❹ 546,000	
			当座預金	2		546,000
●	22	仕入		12	275,000	
			現金	1		275,000
	24	売掛金		3	❺ 495,000	
			売上	11		495,000
	25	給料		13	250,000	
			所得税預り金	9		17,000
			現金	1		233,000
●	27	現金		1	❻ 628,000	
			売掛金	3		628,000
	31	保険料		15	190,000	
			当座預金	2		190,000

総勘定元帳 ❼

現金　1

日付	借方	日付	貸方
1/1	610,000	1/15	197,000
18	300,000	16	212,000
● 27	628,000	22	275,000
		25	233,000

当座預金　2

日付	借方	日付	貸方
1/1	1,342,000	1/20	546,000
7	120,000	31	190,000 ●

売掛金　3

日付	借方	日付	貸方
1/1	1,854,000	1/10	16,500
9	330,000	12	120,000
18	228,000	27	628,000
24	495,000		

繰越商品　4

日付	借方	日付	貸方
1/1	348,000		

備品　5

日付	借方	日付	貸方
1/1	390,000		

買掛金　6

日付	借方	日付	貸方
1/15	197,000	1/1	1,244,000
20	546,000	4	297,000

借入金　7

日付	借方	日付	貸方
		1/1	400,000

仮受金　8

日付	借方	日付	貸方
1/12	120,000	1/7	120,000 ●

所得税預り金　9

日付	借方	日付	貸方
		1/25	17,000 ●

資本金　10

日付	借方	日付	貸方
		1/1	2,900,000

売上　11

日付	借方	日付	貸方
1/10	16,500	1/9	330,000
		18	528,000
		24	495,000

仕入　12

日付	借方	日付	貸方
1/4	297,000		
22	275,000		

給料　13

日付	借方	日付	貸方
1/25	250,000		

支払家賃　14

日付	借方	日付	貸方
1/16	212,000		

保険料　15

日付	借方	日付	貸方
1/31	190,000		

(2) （注意）売掛金元帳は締め切ること。

売掛金元帳 ❽

岡山商店　1

日付	借方	日付	貸方
1/1	891,000	1/10	16,500
● 9	330,000	12	120,000
18	228,000	31	1,312,500
	1,449,000		1,449,000

広島商店　2

日付	借方	日付	貸方
1/1	963,000	1/27	628,000
● 24	495,000	31	830,000
	1,458,000		1,458,000

第8回

(3)

合 計 残 高 試 算 表 ❾

令和○年/月3/日

借方 残高	借方 合計	元丁	勘定科目	貸方 合計	貸方 残高
621,000	1,538,000	1	現　　　金	917,000	
726,000	1,462,000	2	当 座 預 金	736,000	
2,142,500	2,907,000	3	売　掛　金	764,500	
348,000	348,000	4	繰 越 商 品		
● 390,000	390,000	5	備　　　品		
	743,000	6	買　掛　金	1,541,000	● 798,000
		7	借　入　金	400,000	400,000
	120,000	8	仮　受　金	120,000	
		9	所得税預り金	17,000	17,000
		10	資　本　金	2,900,000	2,900,000
	16,500	11	売　　　上	1,353,000	1,336,500
572,000	572,000	12	仕　　　入		
250,000	250,000	13	給　　　料		
212,000	212,000	14	支 払 家 賃		
190,000	190,000	15	保　険　料		
5,451,500	8,748,500			8,748,500	● 5,451,500

解説

〈仕訳帳〉

❶ 仕訳帳の元丁欄にはそれぞれの勘定科目のページ数「1」から「15」を記入する。

❷ 内容不明の送金額を受け取ったときは，仮受金勘定（負債の勘定）で処理する。

❸ 売り渡したときの返品は，売り渡したときの逆仕訳をおこなう。

❹ 小切手の金額¥546,000で処理する。

❺ 納品書の金額¥495,000で処理する。

❻ 領収証の金額¥628,000で処理する。

〈総勘定元帳〉

❼ 総勘定元帳には，日付と金額のみを記入する。

〈売掛金元帳〉

❽ 売掛金勘定に記入した取引を，該当する商店ごとに日付と金額を記入する。また，月末の残高は貸方に記入して締め切る。

〈合計残高試算表〉

❾ 総勘定元帳の各勘定の借方合計金額と貸方合計金額を合計欄に記入する。
合計欄の借方合計金額と貸方合計金額とが一致することを確認する。
資産と費用は借方の合計金額から貸方の合計金額を差し引いて残高を求める。
負債と資本，収益は貸方の合計金額から借方の合計金額を差し引いて残高を求める。
残高欄の借方合計金額と貸方合計金額が一致することを確認する。

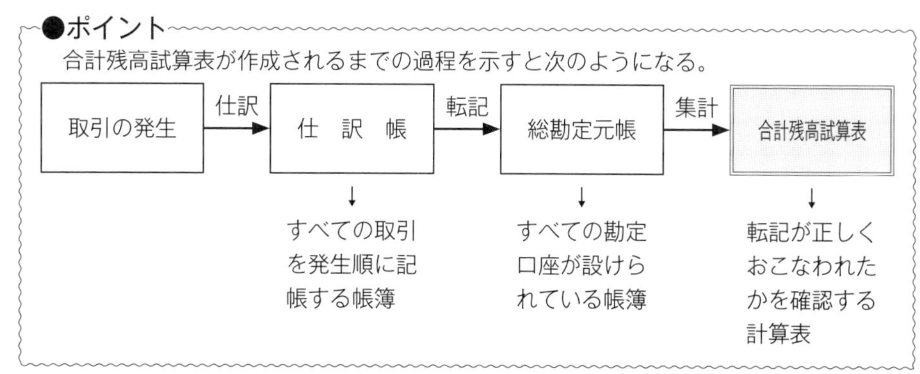

●ポイント

一連の取引を仕訳帳に仕訳し，総勘定元帳への転記と補助簿（売掛金元帳）への記入をおこなう。なお，〈　〉は，解答に関係する総勘定元帳への転記，▭は補助簿を示す。

1/9 （借）売　掛　金 330,000 （貸）売　　　上 330,000
↓ 〈売掛金勘定〉 売掛金元帳(岡山商店)

1/10 （借）売　　　上 16,500 （貸）売　掛　金 16,500
↓ 〈売掛金勘定〉 売掛金元帳(岡山商店)

1/12 （借）仮　受　金 120,000 （貸）売　掛　金 120,000
↓ 〈売掛金勘定〉 売掛金元帳(岡山商店)

1/18 （借）現　　　金 300,000 （貸）売　　　上 528,000
　　　　　売　掛　金 228,000
↓ 〈売掛金勘定〉 売掛金元帳(岡山商店)

1/24 （借）売　掛　金 495,000 （貸）売　　　上 495,000
↓ 〈売掛金勘定〉 売掛金元帳(広島商店)

1/27 （借）現　　　金 628,000 （貸）売　掛　金 628,000
↓ 〈売掛金勘定〉 売掛金元帳(広島商店)

4

@2点×5＝10点

(1)

ア	3	イ	5	ウ	2

解説

assets	transactions	purchases book	sales account	profit and loss statement	balance sheet
資産	取引	仕入帳	売上勘定	損益計算書	貸借対照表

(2)

ア	¥ 1,500 ❶	イ	¥ 640,000 ❷

解説

商品有高帳

(先入先出法)　(品名) A品　(単位：個)

令和○年		摘要	受入 数量	受入 単価	受入 金額	引渡 数量	引渡 単価	引渡 金額	残高 数量	残高 単価	残高 金額
1	1	前月繰越	80	1,400	112,000				80	1,400	112,000
	6	大宮商店	300	1,500	450,000				80	1,400	112,000
									300	1,500	450,000
	17	川口商店				(80)	(1,400)	(112,000)			
						120	(1,500)	(180,000)	(180)	(1,500)	(270,000)
	28	和光商店	400	1,600	640,000		❶		180	1,500	270,000
									(400)	(1,600)	(640,000) ❷

ア．6日の残高欄にある80個　@¥1,400　¥112,000は17日に先に引き渡したと考えるので，120個の単価は後から仕入れた@¥1,500❶となる。

イ．28日に仕入れた400個　@¥1,600　¥640,000の金額がそのまま残高欄に記入される(❷)。

5

●印@4点×6＝24点

(1)

	借方		貸方		
a	仕入	550,000	繰越商品	550,000	❶
	繰越商品	530,000	仕入	530,000	
b	貸倒引当金繰入	23,000	貸倒引当金	23,000	❷●
c	減価償却費	195,000	備品	195,000	❸

(2) (注意) 勘定には，日付・相手科目・金額を記入し，締め切ること。

備品 ❹●　7

日付	摘要	金額	日付	摘要	金額
1/1	前期繰越	780,000	12/31	減価償却費	195,000
			〃	次期繰越	585,000
		780,000			780,000

受取手数料 ❺●　12

日付	摘要	金額	日付	摘要	金額
12/31	損益	83,000	8/24	現金	38,000
			11/25	当座預金	45,000
		83,000			83,000

(3)

損益計算書

三重商店　令和○年1月1日から令和○年12月31日まで　(単位：円)

費用	金額	収益	金額
売上原価	4,914,000	売上高	7,560,000
給料	1,356,000	受取手数料	83,000
(貸倒引当金繰入)	23,000	受取利息	6,000
(減価償却費)	195,000		
支払家賃	816,000		
消耗品費	45,000		
雑費	26,000		
(当期純利益) ●	274,000		
	7,649,000		7,649,000

貸 借 対 照 表

三重商店　　令和○年12月31日　　(単位：円)

資　産		金　額	負債および純資産	金　額
現　金		621,000	買 掛 金	601,000
当座預金		1,203,000	(前 受 金)	254,000
売 掛 金	(1,500,000)		資 本 金	3,700,000
貸倒引当金	(30,000)	1,470,000	(当期純利益)	274,000
(商　品)	●······	530,000		
貸 付 金		420,000		
備　品		● 585,000		
		4,829,000		4,829,000

解説

❶ 売上原価を算定するための決算整理である。

繰 越 商 品

前期繰越	550,000	仕　入	550,000
仕　入	530,000	次期繰越	530,000

↓ **貸借対照表(借方)へ**

仕　入

整理前残高	4,894,000	繰越商品	530,000
繰越商品	550,000	損　益	4,914,000

↓ **損益計算書(借方)へ**

❷ 売掛金に対する貸倒引当金を見積もるための決算整理である。

貸倒引当金見積額＝売掛金残高￥1,500,000×2％＝￥30,000

貸倒引当金繰入額＝￥30,000－貸倒引当金勘定残高￥7,000＝￥23,000（差額計上額）

貸 倒 引 当 金

次期繰越	30,000	整理前残高	7,000
		貸倒引当金繰入	23,000

↓ **貸借対照表(借方の売掛金勘定から控除)へ**

貸倒引当金繰入

貸倒引当金	23,000	損　益	23,000

↓ **損益計算書(借方)へ**

❸ 備品の減価償却費を計上するための決算整理である。直接法による記帳法では，備品勘定（資産の勘定）を減少させる。なお，減価償却費は次の方法で計算する。

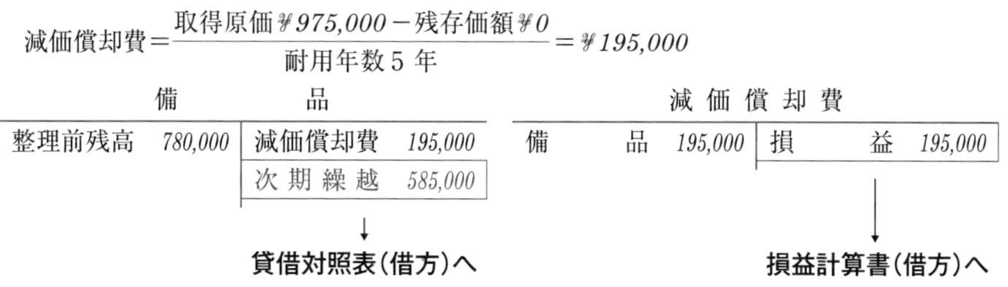

$$減価償却費＝\frac{取得原価￥975,000－残存価額￥0}{耐用年数5年}＝￥195,000$$

備　品

整理前残高	780,000	減価償却費	195,000
		次期繰越	585,000

↓ **貸借対照表(借方)へ**

減 価 償 却 費

備　品	195,000	損　益	195,000

↓ **損益計算書(借方)へ**

❹ 備品勘定は，c．の決算整理仕訳を転記し，差額を「次期繰越」として締め切る。

❺ 受取手数料勘定は，残高を損益勘定に振り替える振替仕訳をおこない，転記して締め切る。

（借）受 取 手 数 料　83,000　（貸）損　　益　83,000

●ポイント

損益計算書・貸借対照表を作成する手順およびポイントは，以下のとおりである。

① 決算整理事項を正しく仕訳する。

a．**3分法による商品に関する勘定の整理**

（借）仕　　入　×××　（貸）繰 越 商 品　×××

期首棚卸高を仕入勘定へ

（借）繰 越 商 品　×××　（貸）仕　　入　×××

期末棚卸高を繰越商品勘定へ

→仕入勘定で，売上原価が算出される。

b．**貸倒引当金**は，当期の設定額から決算整理前の元帳勘定残高を差し引いて，補充分のみを計上すること。

c．**減価償却費**は，直接法なので，備品勘定を直接減少させる。

② 損益計算書

・売上勘定→当期の売上高を貸方へ記載する。なお，売上勘定の残高は「売上高」と表示する。

・仕入勘定→売上原価に修正し，借方へ記載する。なお，決算整理後の仕入勘定の残高は「売上原価」と表示する。

・貸倒引当金繰入勘定→決算時に見積もった貸倒引当金の額と決算整理前の貸倒引当金の残高との差額を借方へ記載する。

・減価償却費勘定→決算時に計上した当期償却分を借方へ記載する。

・収益総額から費用総額を差し引いて，当期純利益または当期純損失を算出する。

③ 貸借対照表

・繰越商品勘定→期末商品棚卸高に修正し，借方へ記載する。なお，繰越商品勘定の残高は「商品」と表示する。

・貸倒引当金勘定→当期の設定額に修正し，売掛金勘定から控除する形式で記載する。

・備品勘定→決算時に計上した当期償却分を帳簿価額から差し引き，借方へ記載する。

・他の資産の金額は借方へ，負債および純資産（資本）の金額は貸方へ記載する。

・資産総額から負債および純資産の総額を差し引いて，当期純利益または当期純損失を算出する。

3級模擬試験問題　第 9 回

1

@4点×4＝16点

	借方		貸方		
a	普通預金	120,000	現金	120,000	❶
b	建物	3,200,000	当座預金 現金	3,000,000 200,000	❷
c	広告料	30,000	現金	30,000	❸
d	水道光熱費	73,000	当座預金	73,000	❹

解説

❶ 普通預金も当座預金と同様に，預金の名称を勘定科目として用いる。

❷ 建物などの固定資産を取得したときは，取得したさいに生じる諸費用（付随費用）も取得原価に含める。

❸ 折り込み広告代金は，広告料勘定で処理する。

❹ 電気料金および水道料金は，水道光熱費勘定で処理する。

●ポイント

仕訳の問題では，取引文をよく読んで，その内容を理解し，「どの勘定科目に」「どれだけの金額の増減が生じたのか」をしっかりと把握しよう。また，勘定科目は指定されたものを用いること。

a．普通預金も定期預金・当座預金と同様に，預金の名称を勘定科目として用いる。

b．固定資産の取得に要した諸費用は，取得原価に含める。

2

●印@４点×２＝８点

入金伝票 ❸

令和○年　月　日　　No.____

科目		入金先	殿
摘　要		金　額	
合　計			

出金伝票 ❶●

令和○年１月14日　　No. 26

科目	前払金	支払先	福井商店殿
摘　要		金　額	
商品注文　内金支払い		38000	
合　計		38000	

振替伝票 ❷●

令和○年１月14日　　No. 17

勘定科目	借方	勘定科目	貸方
借入金	250000	当座預金	250000
合計	250000	合計	250000
摘要	富山商店へ借入金返済　小切手＃13振り出し		

解説

❶　１月14日　商品の注文をおこない，内金を支払ったときは，前払金勘定で処理する。この取引は，現金の出金取引なので，出金伝票で処理する。

（借）前　払　金　*38,000*　（貸）現　　金　*38,000*

→出金伝票：科目欄には，現金勘定の相手科目である「前払金」を記入する。

❷　〃　借用証書によって借り入れていたときは，借入金勘定で処理する。この取引は，現金の入出金をともなわないので，振替伝票で処理する。

（借）借　入　金　*250,000*　（貸）当座預金　*250,000*

→振替伝票：勘定科目欄には，仕訳と同様に記入する。

❸　入金伝票は空欄のままとなる。

●ポイント

①　３伝票制（入金伝票，出金伝票，振替伝票）を採用している場合は，次のように考える。

・入金取引（現金勘定が増加する取引）

→（借）現　金　×××　（貸）相手科目　×××

→入金伝票へ記入する。

入金伝票に記入する場合は，日付・伝票番号・科目・入金先・金額・合計金額・摘要の記入もれに注意すること。

・出金取引（現金勘定が減少する取引）

→（借）相手科目　×××　（貸）現　金　×××

→出金伝票へ記入する。

出金伝票に記入する場合は，日付・伝票番号・科目・支払先・金額・合計金額・摘要の記入もれに注意すること。

・上記以外の取引（現金取引以外の取引）

→仕訳のとおりに，振替伝票へ記入する。

振替伝票に記入する場合は，日付・伝票番号・借方科目・貸方科目・金額・合計金額・摘要の記入もれに注意すること。

②　それぞれの伝票に記入する摘要は，取引内容がわかるように簡潔に表現すること。

3

●印@３点×14＝42点

(1)

仕　訳　帳　　1

令和〇年		摘要		元丁❶	借方	貸方
/	/	前期繰越高		√	4,660,000	4,660,000
●	5	仕入		12	❷ 792,000	
			買掛金	7		792,000
●	7	備品		6	397,000	
			当座預金	2		397,000
	8	売掛金		3	990,000	
			売上	10		990,000
❸●	10	当座預金		2	451,200	
			貸付金	5		450,000
			受取利息	11		1,200
	12	仕入		12	549,000	
			現金	1		49,000
			買掛金	7		500,000
	15	現金		1	❹ 680,000	
			売掛金	3		680,000
	16	売掛金		3	429,000	
			売上	10		429,000
	17	広告料		14	27,000	
			現金	1		27,000
●	20	買掛金		7	421,000	
			当座預金	2		421,000
	24	売掛金		3	264,000	
			売上	10		264,000
●	25	給料		13	180,000	
			所得税預り金	8		12,000
			現金	1		168,000
	27	通信費		15	12,000	
			当座預金	2		12,000
	28	買掛金		7	❺ 486,000	
			当座預金	2		486,000
	31	現金		1	395,000	
			売掛金	3		395,000

総勘定元帳 ❻

現金　1

1/1	239,000	1/12	49,000
15	680,000	17	27,000 ●
31	395,000	25	168,000

当座預金　2

1/1	1,687,000	1/7	397,000
10	451,200	20	421,000
		27	12,000
		28	486,000 ●

売掛金　3

1/1	1,598,000	1/15	680,000
8	990,000	31	395,000
16	429,000		
24	264,000		

繰越商品　4

1/1	396,000		

貸付金　5

1/1	450,000	1/10	450,000

備品　6

1/1	290,000		
7	397,000		

買掛金　7

1/20	421,000	1/1	1,750,000
28	486,000	5	792,000
		12	500,000

所得税預り金　8

		1/25	12,000

資本金　9

		1/1	2,910,000

売上　10

		1/8	990,000
		16	429,000
		24	264,000 ●

受取利息　11

		1/10	1,200

仕入　12

1/5	792,000		
12	549,000		

給料　13

1/25	180,000		

広告料　14

1/17	27,000		

通信費　15

● 1/27	12,000		

(2)（注意）買掛金元帳は締め切ること。

買掛金元帳 ❼

宮崎商店　1

1/28	486,000	1/1	810,000
● 31	1,116,000	5	792,000
	1,602,000		1,602,000

佐賀商店　2

1/20	421,000	1/1	940,000
31	1,019,000	12	500,000 ●
	1,440,000		1,440,000

(3)

合 計 残 高 試 算 表 ❽

令和○年/月3/日

借方 残高	借方 合計	元丁	勘定科目	貸方 合計	貸方 残高
1,070,000	1,314,000	1	現　　金	244,000	
822,200	2,138,200	2	当座預金	1,316,000	
● 2,206,000	3,281,000	3	売　掛　金	1,075,000	
396,000	396,000	4	繰越商品		
	450,000	5	貸　付　金	450,000	
687,000	687,000	6	備　　品		
	907,000	7	買　掛　金	3,042,000	2,135,000
		8	所得税預り金	12,000	12,000
		9	資　本　金	2,910,000	● 2,910,000
		10	売　　上	1,683,000	1,683,000
		11	受取利息	1,200	1,200
1,341,000	1,341,000	12	仕　　入		
180,000	180,000	13	給　　料		
27,000	27,000	14	広　告　料		
12,000	12,000	15	通　信　費		
● 6,741,200	10,733,200			10,733,200	6,741,200

解説

〈仕訳帳〉

❶ 仕訳帳の元丁欄にはそれぞれの勘定科目のページ数「1」から「15」を記入する。

❷ 納品書の金額¥792,000で処理する。

❸ 借用証書で貸し付けたときに，次の仕訳がしてある。

　(借) 貸　付　金 450,000　(貸) 現　金　な　ど 450,000

　返済を受けたときの利息は，受取利息勘定（収益の勘定）で処理する。

❹ 小切手の金額¥680,000で処理する。

❺ 領収証の金額¥486,000で処理する。

〈総勘定元帳〉

❻ 総勘定元帳には，日付と金額のみを記入する。

〈買掛金元帳〉

❼ 買掛金勘定に記入した取引を，該当する商店ごとに日付と金額を記入する。また，月末の残高は借方に記入して締め切る。

〈合計残高試算表〉

❽ 総勘定元帳の各勘定の借方合計金額と貸方合計金額を合計欄に記入する。
合計欄の借方合計金額と貸方合計金額とが一致することを確認する。
資産と費用は借方の合計金額から貸方の合計金額を差し引いて残高を求める。
負債と資本，収益は貸方の合計金額から借方の合計金額を差し引いて残高を求める。
残高欄の借方合計金額と貸方合計金額が一致することを確認する。

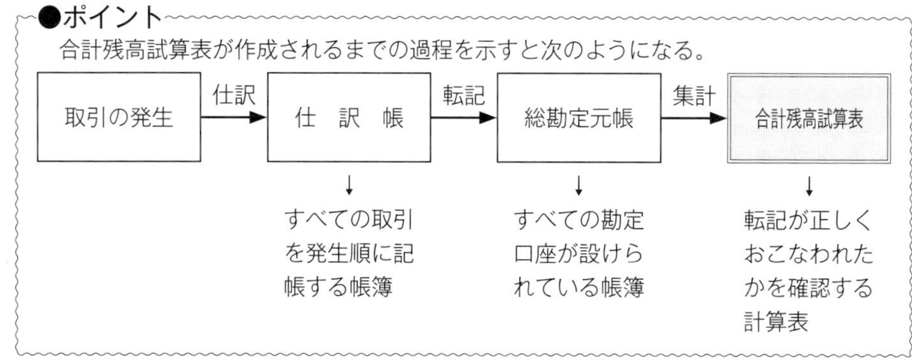

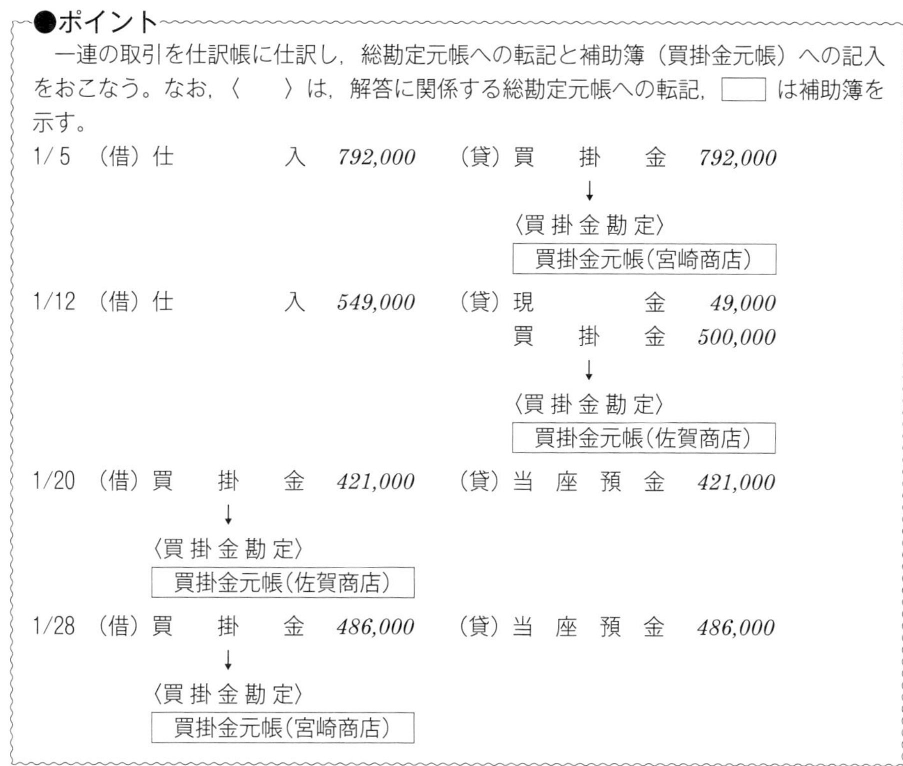

4

@2点×5＝10点

(1)

ア	4	イ	3	ウ	5

解説

main book	title of account	payment slip	account	expenses	liabilities
主要簿	勘定科目	出金伝票	勘定	費用	負債

(2)

a	¥ 6,956,000 ❶	b	¥ 3,223,000 ❷

解説

期首貸借対照表

期首資産 3,460,000	期首負債 1,128,000
	期首資本 ②2,332,000

③

期末貸借対照表

期末資産 ④(b)	期末負債 1,428,000
当期純損失 537,000	期末資本 期首資本 2,332,000

損益計算書

費用 ①(a)	収益 6,419,000
	当期純損失 537,000

① 損益計算書から
期間中の費用総額＝収益総額¥6,419,000＋当期純損失¥537,000＝¥6,956,000❶
② 期首貸借対照表から
期首の資産総額¥3,460,000－期首の負債総額¥1,128,000
＝期首の資本(純資産)¥2,332,000
③ 期首の資本（純資産） ¥2,332,000を期末貸借対照表の貸方に書き移す。
④ 期末貸借対照表から
期末の負債総額¥1,428,000＋期首の資本(純資産)¥2,332,000－当期純損失¥537,000
＝期末の資産総額¥3,223,000❷

5

●印@4点×6＝24点

(1)

	借方		貸方		
a	仕入	520,000	繰越商品	520,000	❶●
	繰越商品	490,000	仕入	490,000	
b	貸倒引当金繰入	34,000	貸倒引当金	34,000	❷
c	減価償却費	145,000	備品	145,000	❸

(2) （注意）勘定には，日付・相手科目・金額を記入し，締め切ること。

貸倒引当金 ❹● 4

8/4	売掛金	12,000	1/1	前期繰越	20,000
12/31	次期繰越	42,000	12/31	貸倒引当金繰入	34,000
		54,000			54,000

消耗品費 ❺● 16

1/9	現金	68,000	12/31	損益	68,000

(3)

損益計算書

四国商店　令和○年1月1日から令和○年12月31日まで　(単位：円)

費用	金額	収益	金額
売上原価	4,850,000	売上高	7,610,000
給料	1,560,000	受取手数料	26,000
貸倒引当金繰入	34,000		
減価償却費	● 145,000		
支払家賃	684,000		
消耗品費	68,000		
雑費	72,000		
支払利息	6,000		
(当期純利益)	●217,000		
	7,636,000		7,636,000

貸借対照表

四国商店　　　　令和○年12月31日　　　　(単位：円)

資　　産		金　額	負債および純資産	金　額
現　金		654,000	買　掛　金	1,020,000
当座預金		910,000	借　入　金	820,000
売　掛　金	(2,100,000)		資　本　金	2,560,000
貸倒引当金	(42,000)	2,058,000	(当期純利益)	217,000
(商　品)……●……		490,000		
前　払　金		70,000		
備　品		435,000		
		4,617,000		4,617,000

解説

❶ 売上原価を算定するための決算整理である。

繰越商品

借方		貸方	
前期繰越	520,000	仕　入	520,000
仕　入	490,000	次期繰越	490,000

↓ **貸借対照表(借方)へ**

仕　入

借方		貸方	
整理前残高	4,820,000	繰越商品	490,000
繰越商品	520,000	損　益	4,850,000

↓ **損益計算書(借方)へ**

❷ 売掛金に対する貸倒引当金を見積もるための決算整理である。

貸倒引当金見積額＝売掛金残高¥2,100,000×2％＝¥42,000

貸倒引当金繰入額＝¥42,000－貸倒引当金勘定残高¥8,000＝¥34,000（差額計上額）

貸倒引当金

借方		貸方	
次期繰越	42,000	整理前残高	8,000
		貸倒引当金繰入	34,000

↓ **貸借対照表(借方の売掛金勘定から控除)へ**

貸倒引当金繰入

借方		貸方	
貸倒引当金	34,000	損　益	34,000

↓ **損益計算書(借方)へ**

❸ 備品の減価償却費を計上するための決算整理である。直接法による記帳法では，備品勘定（資産の勘定）を減少させる。なお，減価償却費は次の方法で計算する。

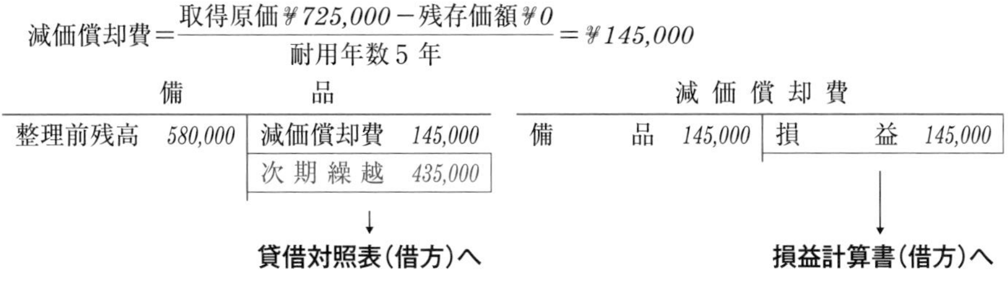

$$減価償却費＝\frac{取得原価¥725,000－残存価額¥0}{耐用年数5年}＝¥145,000$$

備　品

借方		貸方	
整理前残高	580,000	減価償却費	145,000
		次期繰越	435,000

↓ **貸借対照表(借方)へ**

減価償却費

借方		貸方	
備　品	145,000	損　益	145,000

↓ **損益計算書(借方)へ**

❹ 貸倒引当金勘定は，b．の決算整理仕訳を転記し，差額を「次期繰越」として締め切る。

❺ 消耗品費勘定は，残高を損益勘定に振り替える振替仕訳をおこない，転記して締め切る。
(借) 損　　益 68,000　(貸) 消耗品費 68,000

●ポイント

損益計算書・貸借対照表を作成する手順およびポイントは，以下のとおりである。

① 決算整理事項を正しく仕訳する。

a．**3分法による商品に関する勘定の整理**

(借) 仕　　入 ×××　(貸) 繰越商品 ×××
期首棚卸高を仕入勘定へ

(借) 繰越商品 ×××　(貸) 仕　　入 ×××
期末棚卸高を繰越商品勘定へ

→仕入勘定で，売上原価が算出される。

b．**貸倒引当金**は，当期の設定額から決算整理前の元帳勘定残高を差し引いて，補充分のみを計上すること。

c．**減価償却費**は，直接法なので，備品勘定を直接減少させる。

② 損益計算書

・売上勘定→当期の売上高を貸方へ記載する。なお，売上勘定の残高は「売上高」と表示する。
・仕入勘定→売上原価に修正し，借方へ記載する。なお，決算整理後の仕入勘定の残高は「売上原価」と表示する。
・貸倒引当金繰入勘定→決算時に見積もった貸倒引当金の額と決算整理前の貸倒引当金の残高との差額を借方へ記載する。
・減価償却費勘定→決算時に計上した当期償却分を借方へ記載する。
・収益総額から費用総額を差し引いて，当期純利益または当期純損失を算出する。

③ 貸借対照表

・繰越商品勘定→期末商品棚卸高に修正し，借方へ記載する。なお，繰越商品勘定の残高は「商品」と表示する。
・貸倒引当金勘定→当期の設定額に修正し，売掛金勘定から控除する形式で記載する。
・備品勘定→決算時に計上した当期償却分を帳簿価額から差し引き，借方へ記載する。
・他の資産の金額は借方へ，負債および純資産（資本）の金額は貸方へ記載する。
・資産総額から負債および純資産の総額を差し引いて，当期純利益または当期純損失を算出する。

3級模擬試験問題　第 10 回

@４点×４＝16点

	借方		貸方		
a	売掛金 発送費	170,000 8,000	売上 現金	170,000 8,000	❶
b	従業員立替金	69,000	現金	69,000	❷
c	現金	721,000	貸付金 受取利息	700,000 21,000	❸
d	旅費 現金	83,000 7,000	仮払金	90,000	❹

解説

❶ 商品を売り渡したときの発送費は，発送費勘定（費用の勘定）で処理する。

❷ 立替金勘定とは区別して，従業員立替金勘定（資産の勘定）で処理する。

❸ 借用証書で貸し付けたときに，次の仕訳がしてある。

（借）貸　付　金　700,000　（貸）現　金　な　ど　700,000

返済を受けたときの利息は，受取利息勘定（収益の勘定）で処理する。

❹ 旅費の仮払いをしたときに，次の仕訳がしてある。

（借）仮　払　金　90,000　（貸）現　金　な　ど　90,000

¥7,000を現金で受け取ったので，¥90,000から差し引いた金額¥83,000を旅費勘定（費用の勘定）で処理する。

●ポイント

仕訳の問題では，取引文をよく読んで，その内容を理解し，「どの勘定科目に」「どれだけの金額の増減が生じたのか」をしっかりと把握しよう。また，勘定科目は指定されたものを用いること。

a．商品を売り渡したときの発送運賃　→　発送費勘定で処理

　　商品を仕入れたときの引取運賃　→　仕入勘定に含める

b．従業員のために立て替えた場合は，立替金勘定とは区別して処理する。

d．仮払金勘定（資産の勘定）は，支出があったときに，勘定科目や金額がはっきりしていない場合に用いられる一時的な勘定科目である。

2

●印@４点×２＝８点

入　金　伝　票 ❸

令和○年　月　日　　No.

科目		入金先	殿
摘　　要		金　　額	
合　　計			

出　金　伝　票 ❷●

令和○年１月19日　　No. 17

科目	当座預金	支払先	全商銀行殿
摘　　要		金　　額	
当座預金に預け入れ		130000	
合　　計		130000	

振　替　伝　票 ❶●

令和○年１月19日　　No. 23

勘定科目	借　方	勘定科目	貸　方
買掛金	420000	当座預金	420000
合　　計	420000	合　　計	420000
摘要	宮崎商店に買掛金支払い　小切手＃７		

解説

❶ １月19日　買掛金を支払うために小切手を振り出したときは，当座預金勘定で処理する。この取引は，現金の入出金をともなわないので，振替伝票で処理する。

（借）買　掛　金 *420,000*　（貸）当座預金 *420,000*

→振替伝票：勘定科目欄には，仕訳と同様に記入する。

❷ 〃　当座預金口座に現金を預け入れたので出金取引となるので，出金伝票で処理する。

（借）当座預金 *130,000*　（貸）現　　金 *130,000*

→出金伝票：科目欄には，現金勘定の相手科目である「当座預金」を記入する。

❸ 入金伝票は空欄のままとなる。

●ポイント

① ３伝票制（入金伝票，出金伝票，振替伝票）を採用している場合は，次のように考える。

・入金取引（現金勘定が増加する取引）

→（借）現　金　×××　（貸）相手科目　×××

→入金伝票へ記入する。

入金伝票に記入する場合は，日付・伝票番号・科目・入金先・金額・合計金額・摘要の記入もれに注意すること。

・出金取引（現金勘定が減少する取引）

→（借）相手科目　×××　（貸）現　金　×××

→出金伝票へ記入する。

出金伝票に記入する場合は，日付・伝票番号・科目・支払先・金額・合計金額・摘要の記入もれに注意すること。

・上記以外の取引（現金取引以外の取引）

→仕訳のとおりに，振替伝票へ記入する。

振替伝票に記入する場合は，日付・伝票番号・借方科目・貸方科目・金額・合計金額・摘要の記入もれに注意すること。

② それぞれの伝票に記入する摘要は，取引内容がわかるように簡潔に表現すること。

3

●印@３点×14＝42点

(1)

仕　訳　帳　　1

令和○年		摘要		元丁❶	借方	貸方
/	/	前期繰越高		√	4,410,000	4,410,000
●	6	仕入		11	572,000	
			買掛金	6		572,000
	9	備品		5	❷ 235,000	
			当座預金	2		235,000
	11	現金		1	320,000	
		売掛金		3	208,000	
			売上	10		528,000
	13	仕入		11	440,000	
			現金	1		140,000
			買掛金	6		300,000
❸●	14	買掛金		6	5,500	
			仕入	11		5,500
	16	当座預金		2	367,000	
			売掛金	3		367,000
	19	通信費		14	❹ 24,000	
			当座預金	2		24,000
	20	仕入		11	363,000	
			買掛金	6		363,000
	22	広告料		13	❺ 82,000	
			未払金	7		82,000
●	24	現金		1	1,012,000	
			売上	10		1,012,000
●	25	給料		12	290,000	
			所得税預り金	8		20,000
			現金	1		270,000
	26	現金		1	528,000	
			売掛金	3		528,000
●	28	水道光熱費		15	49,000	
			当座預金	2		49,000
	30	買掛金		6	276,000	
			現金	1		276,000

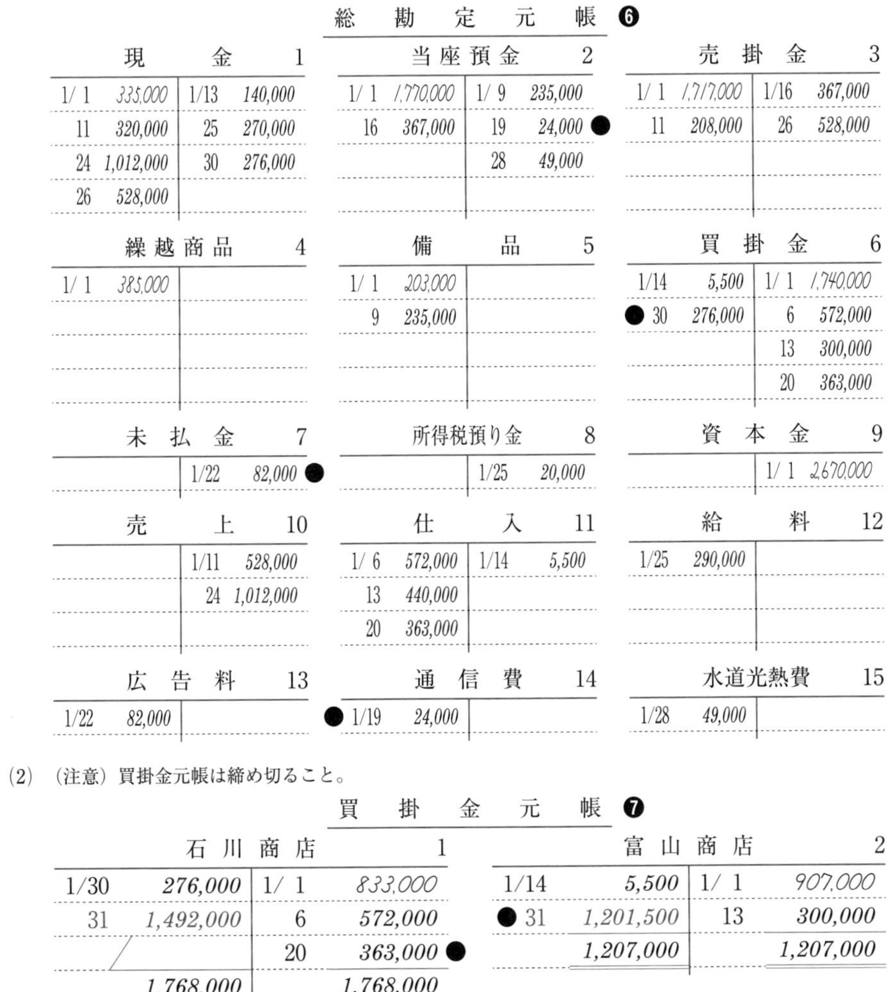

総勘定元帳 ❻

現金　1

借方		貸方	
1/ 1	335,000	1/13	140,000
11	320,000	25	270,000
24	1,012,000	30	276,000
26	528,000		

当座預金　2

借方		貸方	
1/ 1	1,770,000	1/ 9	235,000
16	367,000	19	24,000 ●
		28	49,000

売掛金　3

借方		貸方	
1/ 1	1,717,000	1/16	367,000
11	208,000	26	528,000

繰越商品　4

借方		貸方	
1/ 1	385,000		

備品　5

借方		貸方	
1/ 1	203,000		
9	235,000		

買掛金　6

借方		貸方	
1/14	5,500	1/ 1	1,740,000
● 30	276,000	6	572,000
		13	300,000
		20	363,000

未払金　7

借方		貸方	
		1/22	82,000 ●

所得税預り金　8

借方		貸方	
		1/25	20,000

資本金　9

借方		貸方	
		1/ 1	2,670,000

売上　10

借方		貸方	
		1/11	528,000
		24	1,012,000

仕入　11

借方		貸方	
1/ 6	572,000	1/14	5,500
13	440,000		
20	363,000		

給料　12

借方		貸方	
1/25	290,000		

広告料　13

借方		貸方	
1/22	82,000		

通信費　14

借方		貸方	
● 1/19	24,000		

水道光熱費　15

借方		貸方	
1/28	49,000		

(2)　(注意) 買掛金元帳は締め切ること。

買掛金元帳 ❼

石川商店　1

借方		貸方	
1/30	276,000	1/ 1	833,000
31	1,492,000	6	572,000
		20	363,000 ●
	1,768,000		1,768,000

富山商店　2

借方		貸方	
1/14	5,500	1/ 1	907,000
● 31	1,201,500	13	300,000
	1,207,000		1,207,000

(3)

合　計　試　算　表 ❽

令和○年1月31日

借　方	元丁	勘定科目	貸　方
2,195,000	1	現　金	686,000
2,137,000	2	当座預金	308,000
● 1,925,000	3	売掛金	895,000
385,000	4	繰越商品	
● 438,000	5	備　品	
281,500	6	買掛金	2,975,000
	7	未払金	82,000
	8	所得税預り金	20,000
	9	資本金	2,670,000
	10	売　上	1,540,000
1,375,000	11	仕　入	5,500
290,000	12	給　料	
82,000	13	広告料	
24,000	14	通信費	
49,000	15	水道光熱費	
● 9,181,500			9,181,500

解説

〈仕訳帳〉

❶ 仕訳帳の元丁欄にはそれぞれの勘定科目のページ数「1」から「15」を記入する。

❷ 小切手の金額¥*235,000*で処理する。

❸ 仕入れた商品の返品は，仕入れたときの逆仕訳をおこなう。

❹ 領収証の金額¥*24,000*で処理する。

❺ 請求書の金額¥*82,000*で処理する。

〈総勘定元帳〉

❻ 総勘定元帳には，日付と金額のみを記入する。

〈買掛金元帳〉

❼ 買掛金勘定に記入した取引を，該当する商店ごとに日付と金額を記入する。また，月末の残高は借方に記入して締め切る。

〈合計試算表〉

❽ 総勘定元帳の各勘定の借方合計金額と貸方合計金額を記入する。
借方合計金額と貸方合計金額とが一致することを確認する。

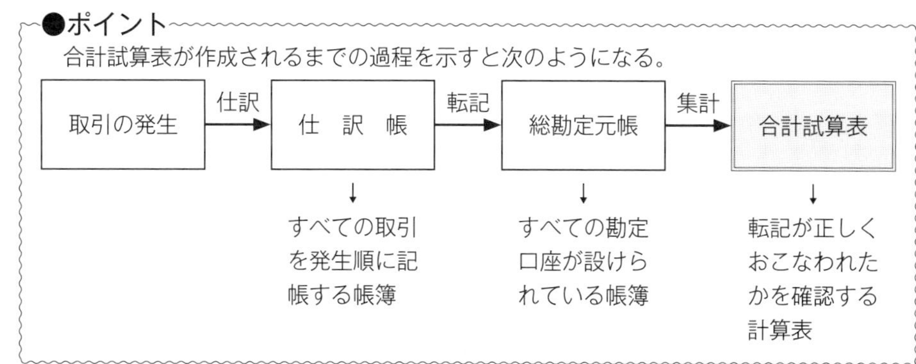

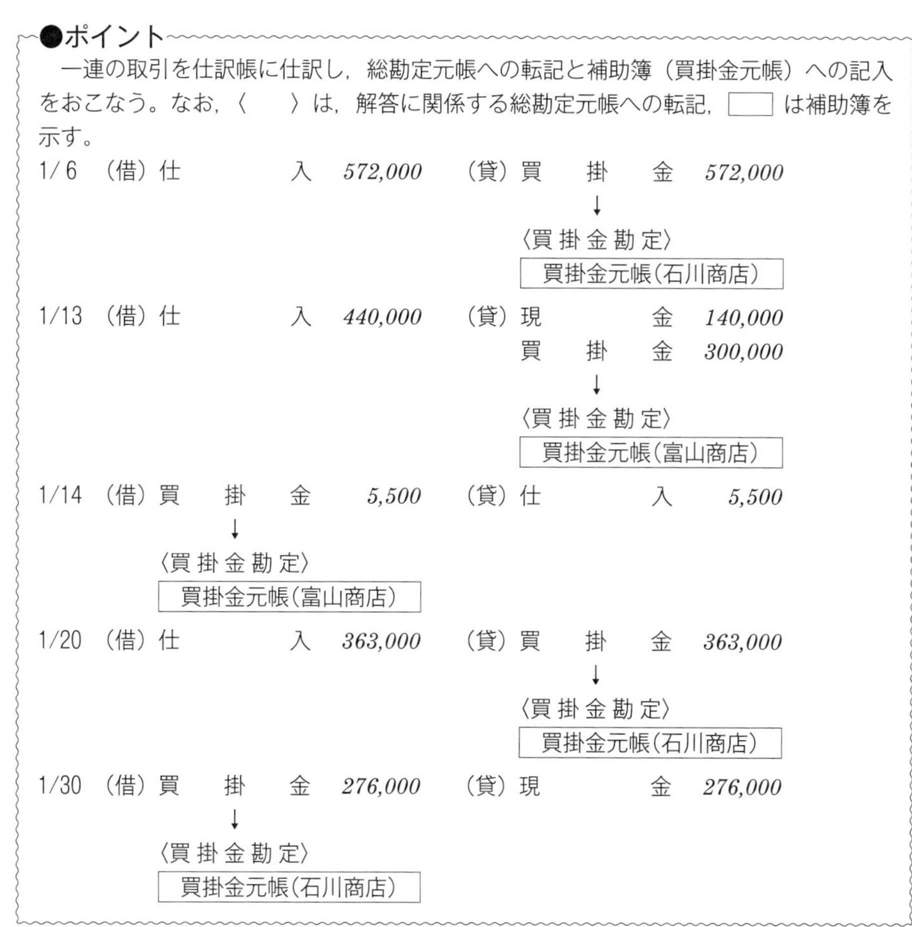
●ポイント

一連の取引を仕訳帳に仕訳し，総勘定元帳への転記と補助簿（買掛金元帳）への記入をおこなう。なお，〈　〉は，解答に関係する総勘定元帳への転記，［　］は補助簿を示す。

1/6　（借）仕　入 *572,000*　（貸）買掛金 *572,000*
↓ 〈買掛金勘定〉 ［買掛金元帳(石川商店)］

1/13　（借）仕　入 *440,000*　（貸）現　金 *140,000*
　　　　　　　　　　　　　　　　買掛金 *300,000*
↓ 〈買掛金勘定〉 ［買掛金元帳(富山商店)］

1/14　（借）買掛金 *5,500*　（貸）仕　入 *5,500*
↓ 〈買掛金勘定〉 ［買掛金元帳(富山商店)］

1/20　（借）仕　入 *363,000*　（貸）買掛金 *363,000*
↓ 〈買掛金勘定〉 ［買掛金元帳(石川商店)］

1/30　（借）買掛金 *276,000*　（貸）現　金 *276,000*
↓ 〈買掛金勘定〉 ［買掛金元帳(石川商店)］

4

@2点×5＝10点

(1)

ア	4	イ	1	ウ	6

解説

journal	purchases account	work sheet	cash book	slip	subsidiary book
仕訳帳	仕入勘定	精算表	現金出納帳	伝票	補助簿

(2)

ア	¥ 1,137,000 ❶	イ	¥ 3,690,000 ❷

解説

a. 損益計算書

費用 (ア)	収益 1,175,000
当期純利益 38,000	

損益計算書から
期間中の収益総額¥1,175,000－当期純利益¥38,000
＝期間中の費用総額¥1,137,000❶

b. 期首貸借対照表

期首資産 3,180,000	期首負債 2,246,000
	期首資本 ①934,000

② 期末貸借対照表

期末資産 ③(イ)	期末負債 2,546,000
	期末資本 期首資本 934,000
	期末資本 当期純利益 210,000

① 期首貸借対照表から
期首の資産総額¥3,180,000－期首の負債総額¥2,246,000
＝期首の資本(純資産)¥934,000

② 期首の資本¥934,000を期末貸借対照表の貸方に書き移す。

③ 期末貸借対照表から
期末の負債総額¥2,546,000＋期首の資本(純資産)¥934,000＋当期純利益¥210,000
＝期末の資産総額¥3,690,000❷

5

●印@4点×6＝24点

(1)

精　算　表

令和○年12月31日

勘定科目	残高試算表 借方	残高試算表 貸方	整理記入 借方	整理記入 貸方	損益計算書 借方	損益計算書 貸方	貸借対照表 借方	貸借対照表 貸方
現金	413,000						413,000	
当座預金	1,079,000						1,079,000	
売掛金	1,300,000						1,300,000	
貸倒引当金		5,000		❷ 34,000				● 39,000
繰越商品	623,000		❶ 702,000	623,000			702,000	
貸付金	600,000						600,000	
備品	1,190,000			❸ 170,000			1,020,000	
買掛金		986,000						986,000
前受金		300,000						300,000
資本金		3,400,000						3,400,000
売上		9,340,000				9,340,000		
受取利息		24,000				24,000		
仕入	6,150,000		❶ 623,000	702,000	6,071,000 ●			
給料	1,620,000				1,620,000			
支払家賃	732,000				732,000			
保険料	264,000				264,000			
消耗品費	61,000				61,000			
雑費	23,000				23,000			
	14,055,000	14,055,000						
貸倒引当金繰入			❷ 34,000		34,000			
減価償却費			❸ 170,000		● 170,000			
(当期純利益)					389,000			● 389,000
			1,529,000	1,529,000	9,364,000	9,364,000	5,114,000	5,114,000

(2) (注意) i 給料勘定の記録は，合計額で示してある。
ii 勘定には，日付・相手科目・金額を記入し，締め切ること。

貸　付　金 ❹● 6

1/1 前期繰越	1,000,000	6/30 現金	400,000
		12/31 次期繰越	600,000
	1,000,000		1,000,000

給　料 ❺● 14

	1,620,000	12/31 損益	1,620,000

第10回

解説

精算表の作成に関する問題である。本問では，残高試算表欄は記入してあるので，整理記入欄および損益計算書欄・貸借対照表欄の記入までを問われている。

❶ 売上原価を算定するための決算整理である。

（借）仕　　入 623,000 （貸）繰越商品 623,000→期首商品棚卸高（残高試算表欄の繰越商品勘定借方残高）

（借）繰越商品 702,000 （貸）仕　　入 702,000→期末商品棚卸高（決算整理事項ａ）

精　　算　　表

令和○年12月31日

勘定科目	残高試算表		整理記入		損益計算書		貸借対照表	
	借方	貸方	借方	貸方	借方	貸方	借方	貸方
繰越商品	623,000		⊕702,000	⊖623,000			702,000	
仕入	6,150,000		⊕623,000	⊖702,000	6,071,000			

❷ 売掛金に対する貸倒引当金を見積もるための決算整理である。

貸倒引当金見積額＝売掛金残高￥1,300,000×３％＝￥39,000

貸倒引当金繰入額＝￥39,000－貸倒引当金勘定残高￥5,000＝￥34,000（差額計上額）

（借）貸倒引当金繰入 34,000 （貸）貸倒引当金 34,000

精　　算　　表

令和○年12月31日

勘定科目	残高試算表		整理記入		損益計算書		貸借対照表	
	借方	貸方	借方	貸方	借方	貸方	借方	貸方
貸倒引当金		5,000		⊕34,000				39,000
貸倒引当金繰入			34,000		34,000			

❸ 備品の減価償却費を計上するための決算整理である。直接法による記帳法では，備品勘定（資産の勘定）を減少させる。なお，減価償却費は次の方法で計算する。

$$減価償却費＝\frac{取得原価￥1,360,000－残存価額￥0}{耐用年数８年}＝￥170,000$$

（借）減価償却費 170,000 （貸）備　　品 170,000

精　　算　　表

令和○年12月31日

勘定科目	残高試算表		整理記入		損益計算書		貸借対照表	
	借方	貸方	借方	貸方	借方	貸方	借方	貸方
備品	1,190,000			⊖170,000			1,020,000	
減価償却費			170,000		170,000			

❹ 貸付金勘定は，差額を「次期繰越」として締め切る。

❺ 給料勘定は，残高を損益勘定へ振り替えるための振替仕訳をおこない，転記して締め切る。

（借）損　　益 1,620,000 （貸）給　　料 1,620,000

●ポイント

精算表を作成するポイントは，以下のとおりである。

① 整理記入欄の記入
- 決算整理事項を正しく仕訳する。
- 決算整理仕訳を整理記入欄に正しく記入する。

② 整理記入欄の記入に続き，次のように修正をおこなう。
- 残高試算表欄の借方に金額がある勘定→整理記入欄の借方に記入があるときはプラスし，貸方に記入があるときはマイナスする。
- 残高試算表欄の貸方に金額がある勘定→整理記入欄の借方に記入があるときはマイナスし，貸方に記入があるときはプラスする。

③ 修正が終わった勘定の金額は，次の要領で損益計算書欄と貸借対照表欄に書き移す。
- 資産の勘定の金額は，貸借対照表欄の借方に書き移す。
- 負債・純資産の勘定の金額は，貸借対照表欄の貸方に書き移す。
- 収益の勘定の金額は，損益計算書欄の貸方に書き移す。
- 費用の勘定の金額は，損益計算書欄の借方に書き移す。

④ 当期純利益または当期純損失を算出する。
- 貸借対照表欄では，資産総額から負債および資本の総額を差し引いて，差額を計算する。差額が貸方に生じた場合は当期純利益を示し，借方の場合は当期純損失を示す。
- 損益計算書欄では，収益総額から費用総額を差し引いて，差額を計算する。差額が借方に生じた場合は当期純利益を示し，貸方の場合は当期純損失を示す。

公益財団法人 全国商業高等学校協会主催・文部科学省後援

第95回　簿記実務検定　3級　商業簿記〔解　答〕

1

@4点×4＝16点

	借方		貸方		
a	定期預金	300,000	現金	300,000	❶
b	当座預金	70,000	仮受金	70,000	❷
c	貸付金	800,000	現金	800,000	❸
d	貸倒引当金 貸倒損失	26,000 19,000	売掛金	45,000	❹

解説

❶ 定期預金も当座預金と同様に，預金の名称を勘定科目として用いる。

❷ 内容不明の送金額を受け取ったときは，仮受金勘定（負債の勘定）で処理する。

❸ 借用証書によって現金を貸し付けた場合は，貸付金勘定（資産の勘定）で処理する。

❹ 貸し倒れが発生したときは，まず貸倒引当金勘定を取り崩す。

●ポイント

仕訳の問題では，取引文をよく読んで，その内容を理解し，「どの勘定科目に」「どれだけの金額の増減が生じたのか」をしっかりと把握しよう。また，勘定科目は指定されたものを用いること。

a．普通預金・定期預金も当座預金と同様に，預金の名称を勘定科目として用いる。

b．仮受金勘定（負債の勘定）は，内容不明の送金額を受け取ったときに，勘定科目や金額がはっきりしていない場合に用いられる一時的な勘定科目である。

d．前期に発生した売掛金などの売上債権が貸し倒れになった場合，設定されている貸倒引当金勘定の残高によって仕訳が異なるので，本問のケースと合わせて確認しておくこと。

ア．貸し倒れ額<貸倒引当金残高

（借）貸倒引当金　×××　（貸）売掛金　×××

イ．貸し倒れ額>貸倒引当金残高（本問のケース）

（借）貸倒引当金　×××　（貸）売掛金　×××
　　 貸倒損失(費用の勘定)　×××

ウ．貸倒引当金の残高がない場合

（借）貸倒損失　×××　（貸）売掛金　×××

2

●印@４点×２＝８点

入　金　伝　票　❸

令和○年　月　日　　No.____

科目		入金先	殿
摘　　要		金　　額	
合　　計			

出　金　伝　票　❶●

令和○年１月17日　　No. 39

科目	通　信　費	支払先	長崎郵便局殿
摘　　要		金　　額	
郵便切手買い入れ		4200	
合　　計		4200	

振　替　伝　票　❷●

令和○年１月17日　　No. 56

勘定科目	借　方	勘定科目	貸　方
備　　品	135000	当座預金	135000
合　　計	135000	合　　計	135000
摘要	福岡事務機器から営業用の金庫買い入れ　小切手＃８を振り出し		

解説

❶　切手を購入したときは，通信費勘定で処理する。この取引は，現金の出金取引なので，出金伝票で処理する。

（借）通　信　費　*4,200*　（貸）現　　　金　*4,200*

→出金伝票：科目欄には，現金勘定の相手科目である「通信費」を記入する。

❷　営業用の金庫を購入したときは，備品勘定で処理する。また，小切手を振り出して支払ったので当座預金勘定で処理する。この取引は，現金の入出金をともなわないので，振替伝票で処理する。

（借）備　　　品　*135,000*　（貸）当 座 預 金　*135,000*

→振替伝票：振替伝票の勘定科目欄には，仕訳帳と同様に記入する。

❸　入金伝票は空欄のままとなる。

●ポイント

①　３伝票制（入金伝票，出金伝票，振替伝票）を採用している場合は，次のように考える。

・入金取引（現金勘定が増加する取引）

→（借）現　　金　×××　（貸）相手科目　×××

→入金伝票へ記入する。

入金伝票に記入する場合は，日付・伝票番号・科目・入金先・金額・合計金額・摘要の記入もれに注意すること。

・出金取引（現金勘定が減少する取引）

→（借）相手科目　×××　（貸）現　　金　×××

→出金伝票へ記入する。

出金伝票に記入する場合は，日付・伝票番号・科目・支払先・金額・合計金額・摘要の記入もれに注意すること。

・上記以外の取引（現金取引以外の取引）

→仕訳のとおりに，振替伝票へ記入する。

振替伝票に記入する場合は，日付・伝票番号・借方科目・貸方科目・金額・合計金額・摘要の記入もれに注意すること。

②　それぞれの伝票に記入する摘要は，取引内容がわかるように簡潔に表現すること。

3

●印@3点×14=42点

(1) (仕訳帳の摘要欄に記入する勘定科目に（　）を付けてもよい。)
(勘定科目が2つ以上のとき諸口を記入してもよい。)

仕訳帳　1

令和○年		摘要		元丁❶	借方	貸方
/	/	前期繰越高		√	232,000	232,000
●	5	買掛金		6	8,000	
			当座預金	2		8,000
	6	売掛金		4	6,000	
			売上	9		6,000
	10	水道光熱費		14	4,700	
			普通預金	3		4,700
	11	仕入		10	❷ 20,000	
			買掛金	6		20,000
●	16	売掛金		4	39,000	
			売上	9		39,000
	18	当座預金		2	17,000	
			売掛金	4		17,000
●	20	❸消耗品費		13	4,300	
			現金	1		4,300
	23	仕入		10	16,000	
			買掛金	6		16,000
	25	給料		11	20,000	
			所得税預り金	7		1,000
			現金	1		19,000
●	26	現金		1	35,000	
			売掛金	4		35,000
	27	支払家賃		12	15,000	
			普通預金	3		15,000
	30	買掛金		6	❹ 28,000	
			当座預金	2		28,000

総勘定元帳 ❺

現金　1

日付	借方	日付	貸方
1/1	32,000	1/20	4,300
26	35,000	25	19,000

当座預金　2

日付	借方	日付	貸方
1/1	72,000	1/5	8,000
● 18	……17,000	30	28,000

普通預金　3

日付	借方	日付	貸方
1/1	38,000	1/10	4,700
		27	15,000

売掛金　4

日付	借方	日付	貸方
1/1	59,000	1/18	17,000
6	6,000	26	35,000
16	39,000		

繰越商品　5

日付	借方	日付	貸方
1/1	31,000		

買掛金　6

日付	借方	日付	貸方
1/5	8,000	1/1	32,000
30	28,000	11	……20,000 ●
		23	16,000

所得税預り金　7

日付	借方	日付	貸方
		1/25	1,000

資本金　8

日付	借方	日付	貸方
		1/1	200,000

売上　9

日付	借方	日付	貸方
		1/6	6,000
		16	39,000

仕入　10

日付	借方	日付	貸方
1/11	20,000		
23	16,000		

給料　11

日付	借方	日付	貸方
1/25	20,000		

支払家賃　12

日付	借方	日付	貸方
● 1/27	……15,000		

消耗品費　13

日付	借方	日付	貸方
1/20	4,300		

水道光熱費　14

日付	借方	日付	貸方
● 1/10	……4,700		

(2) 売掛金元帳 ❻

佐賀商店　1

日付	借方	日付	貸方
1/1	24,000	1/18	17,000
● 6	………6,000	31	13,000
	30,000		30,000

大分商店　2

日付	借方	日付	貸方
1/1	35,000	1/26	35,000
16	39,000	31	………39,000 ●
	74,000		74,000

(3) 残高試算表 ❼

令和○年/月3/日

借方	元丁	勘定科目	貸方
43,700	1	現金	
53,000	2	当座預金	
18,300	3	普通預金	
● 52,000	4	売掛金	
31,000	5	繰越商品	
	6	買掛金	32,000
	7	所得税預り金	● 1,000
	8	資本金	200,000
	9	売上	45,000
● 36,000	10	仕入	
20,000	11	給料	
15,000	12	支払家賃	
4,300	13	消耗品費	
4,700	14	水道光熱費	
● 278,000			278,000 ❽

第95回

解説

〈仕訳帳〉

❶ 仕訳帳の元丁欄にはそれぞれの勘定科目のページ数「1」から「14」を記入する。
❷ 納品書の金額￥20,000で処理する。
❸ 事務用帳簿・伝票は消耗品費勘定を用い，金額は領収証の￥4,300で処理する。
❹ 小切手の金額￥28,000で処理する。

〈総勘定元帳〉

❺ 総勘定元帳には，日付と金額のみを記入する。

〈売掛金元帳〉

❻ 売掛金勘定に記入した取引を，該当する商店ごとに日付と金額を記入する。また，月末の残高を貸方に記入して締め切る。

〈残高試算表〉

❼ 総勘定元帳の各勘定残高を計算する。

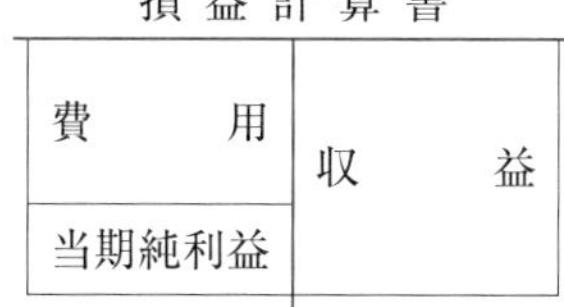

貸借対照表の各項目は，資産は借方に，負債と資本は貸方に残高が生じる。

損益計算書の各項目は，費用は借方に，収益は貸方に残高が生じる。

したがって，資産と費用は借方の合計金額から貸方の合計金額を差し引いて残高を求める。

負債と資本，収益は貸方の合計金額から借方の合計金額を差し引いて残高を求める。

❽ 残高試算表の借方合計金額と貸方合計金額が一致することを確認する。

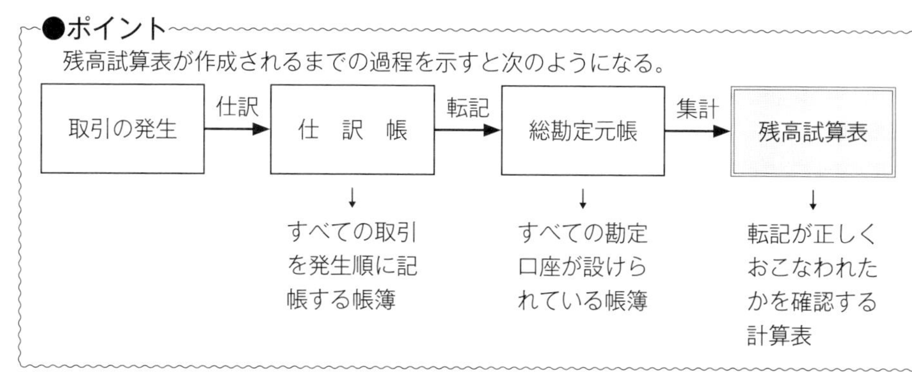

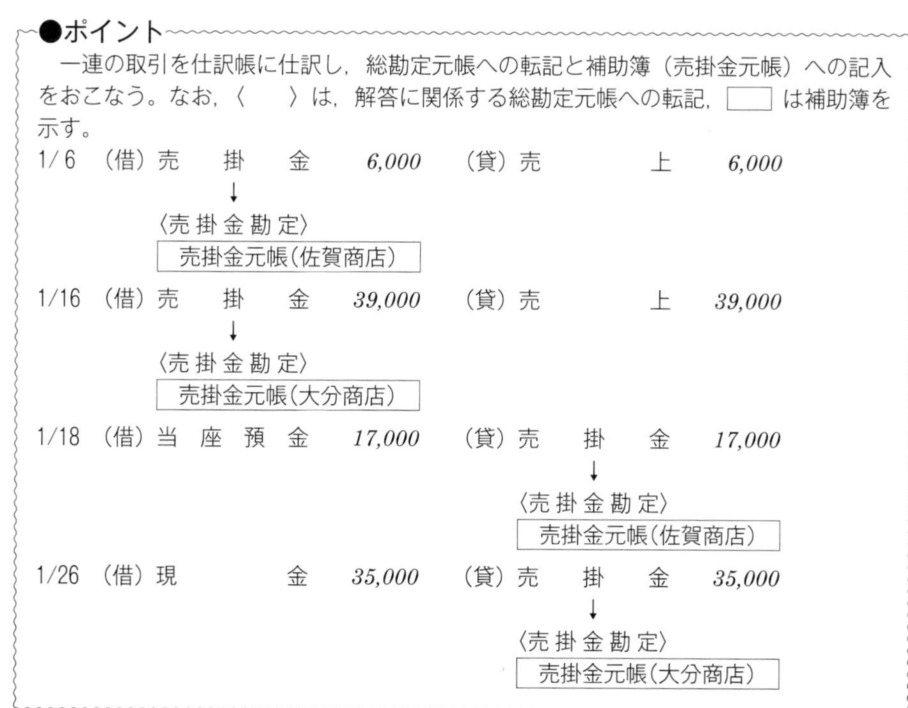

●ポイント

一連の取引を仕訳帳に仕訳し，総勘定元帳への転記と補助簿（売掛金元帳）への記入をおこなう。なお，〈　　〉は，解答に関係する総勘定元帳への転記，□は補助簿を示す。

日付		借方科目	金額		貸方科目	金額
1/6	（借）	売掛金	6,000	（貸）	売上	6,000
		↓〈売掛金勘定〉売掛金元帳（佐賀商店）				
1/16	（借）	売掛金	39,000	（貸）	売上	39,000
		↓〈売掛金勘定〉売掛金元帳（大分商店）				
1/18	（借）	当座預金	17,000	（貸）	売掛金	17,000
					↓〈売掛金勘定〉売掛金元帳（佐賀商店）	
1/26	（借）	現金	35,000	（貸）	売掛金	35,000
					↓〈売掛金勘定〉売掛金元帳（大分商店）	

4

@２点×５＝10点

(1)

ア	4	イ	2

解説

Sales account	Cash account	Assets	Bookkeeping
売上勘定	現金勘定	資産	簿記

(2)

3

解説

企業では，損益計算書を作成し，一会計期間の経営成績（収益・費用）を明らかにする。また，貸借対照表を作成し，一定時点の財政状態（資産・負債・純資産）を明らかにする。

(3)

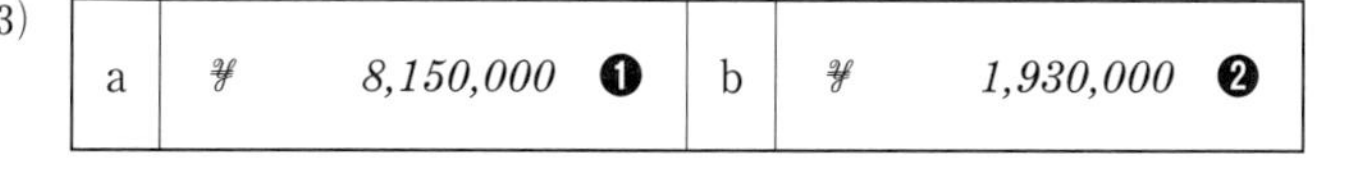

a	￥	8,150,000 ❶	b	￥	1,930,000 ❷

解説

① 損益計算書から

期間中の費用総額＝期間中の収益総額￥8,600,000－当期純利益￥450,000＝￥8,150,000❶

② 損益計算書の当期純利益￥450,000を期末貸借対照表に書き移す。

③ 期末貸借対照表から

期末の資産総額￥4,120,000－期末の負債総額￥1,900,000－当期純利益￥450,000
＝期首資本￥1,770,000

④ 期末貸借対照表の期首資本￥1,770,000を期首貸借対照表に書き移す。

⑤ 期首貸借対照表から

期首の資産総額￥3,700,000－期首資本￥1,770,000＝期首の負債総額￥1,930,000❷

5

●印@４点×６＝24点

(1)

	借方		貸方		
a	仕入	390,000	繰越商品	390,000	❶
	繰越商品	428,000	仕入	428,000	
b	貸倒引当金繰入	4,000	貸倒引当金	4,000	❷●
c	減価償却費	75,000	備品	75,000	❸

(2)

備品 ❹ 6

1/1	前期繰越	375,000	12/31	減価償却費	75,000 ●
			〃	次期繰越	300,000
		375,000			375,000

水道光熱費 ❺ 16

86,000	12/31	損益	86,000 ●

(3)

損益計算書

愛知商店　令和○年／月／日から令和○年12月31日まで　（単位：円）

費用	金額	収益	金額
売上原価	5,482,000	売上高	● 7,263,000
給料	1,068,000	受取手数料	192,000
貸倒引当金繰入	4,000		
減価償却費	75,000		
支払家賃	360,000		
保険料	54,000		
水道光熱費	86,000		
支払利息	16,000		
(当期純利益)	310,000		
	7,455,000		7,455,000

（損益計算書の当期純利益の記入は，赤記でもよい。）

第95回

貸借対照表

愛知商店　　令和○年12月31日　　（単位：円）

資産		金額	負債および純資産	金額
現金		397,000	買掛金	497,000
当座預金		692,000	借入金	500,000
売掛金	(500,000)		資本金	1,000,000
貸倒引当金	(10,000)	490,000	(当期純利益)……●	310,000
商品		● 428,000		
備品		300,000		
		2,307,000		2,307,000

解説

❶ 売上原価を算定するための決算整理である。

（借）仕　　　入 390,000　（貸）繰 越 商 品 390,000
（借）繰 越 商 品 428,000　（貸）仕　　　入 428,000

繰越商品

借方		貸方	
前期繰越	390,000	仕　入	390,000
仕　入	428,000	次期繰越	428,000

↓ **貸借対照表（借方）へ**

仕入

借方		貸方	
整理前残高	5,520,000	繰越商品	428,000
繰越商品	390,000	損　益	5,482,000

↓ **損益計算書（借方）へ**

❷ 売掛金に対する貸倒引当金を見積もるための決算整理である。

貸倒引当金見積額＝売掛金残高￥500,000×2％＝￥10,000

貸倒引当金繰入額＝￥10,000－貸倒引当金勘定残高￥6,000＝￥4,000（差額計上額）

（借）貸倒引当金繰入　4,000　（貸）貸 倒 引 当 金　4,000

貸倒引当金

借方		貸方	
次期繰越	10,000	整理前残高	6,000
		貸倒引当金繰入	4,000

↓ **貸借対照表（借方の売掛金勘定から控除）へ**

貸倒引当金繰入

借方		貸方	
貸倒引当金	4,000	損　益	4,000

↓ **損益計算書（借方）へ**

❸ 備品の減価償却費を計上するための決算整理である。直接法による記帳法では，備品勘定（資産の勘定）を減少させる。なお，減価償却費は次の方法で計算する。

$$減価償却費=\frac{取得原価￥450,000-残存価額￥0}{耐用年数6年}=￥75,000$$

（借）減 価 償 却 費　75,000　（貸）備　　　品　75,000

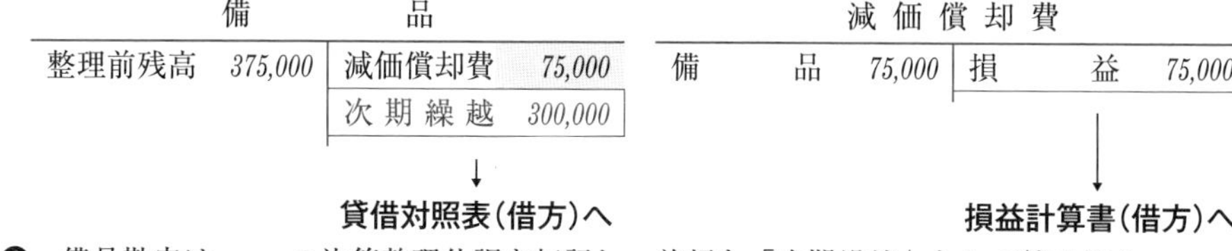

備品

借方		貸方	
整理前残高	375,000	減価償却費	75,000
		次期繰越	300,000

↓ **貸借対照表（借方）へ**

減価償却費

借方		貸方	
備　品	75,000	損　益	75,000

↓ **損益計算書（借方）へ**

❹ 備品勘定は，c. の決算整理仕訳を転記し，差額を「次期繰越」として締め切る。

❺ 水道光熱費勘定は，残高を損益勘定に振り替えて締め切る。

（借）損　　　益　86,000　（貸）水 道 光 熱 費　86,000

●ポイント

損益計算書・貸借対照表を作成する手順およびポイントは，以下のとおりである。

① 決算整理事項を正しく仕訳する。

a. **3分法による商品に関する勘定の整理**

（借）仕　　　入 ×××　（貸）繰 越 商 品 ×××

期首棚卸高を仕入勘定へ

（借）繰 越 商 品 ×××　（貸）仕　　　入 ×××

期末棚卸高を繰越商品勘定へ

→仕入勘定で，売上原価が算出される。

b. **貸倒引当金**は，当期の設定額から決算整理前の元帳勘定残高を差し引いて，補充分のみを計上すること。

c. **減価償却費**は，直接法なので，備品勘定を直接減少させる。

② 損益計算書

- 売上勘定→当期の売上高を貸方へ記載する。なお，売上勘定の残高は「売上高」と表示する。
- 仕入勘定→売上原価に修正し，借方へ記載する。なお，決算整理後の仕入勘定の残高は「売上原価」と表示する。
- 貸倒引当金繰入勘定→決算時に見積もった貸倒引当金の額と決算整理前の貸倒引当金の残高との差額を借方へ記載する。
- 減価償却費勘定→決算時に計上した当期償却分を借方へ記載する。
- 収益総額から費用総額を差し引いて，当期純利益または当期純損失を算出する。

③ 貸借対照表

- 繰越商品勘定→期末商品棚卸高に修正し，借方へ記載する。なお，繰越商品勘定の残高は「商品」と表示する。
- 貸倒引当金勘定→当期の設定額に修正し，売掛金勘定から控除する形式で記載する。
- 備品勘定→決算時に計上した当期償却分を帳簿価額から差し引き，借方へ記載する。
- 他の資産の金額は借方へ，負債および純資産（資本）の金額は貸方へ記載する。
- 資産総額から負債および純資産の総額を差し引いて，当期純利益または当期純損失を算出する。

公益財団法人 全国商業高等学校協会主催・文部科学省後援

第96回 簿記実務検定 3級 商業簿記 〔 解 答 〕

1

@4点×4＝16点

	借方		貸方		
a	現金	800,000	借入金	800,000	❶
b	仮払金	97,000	現金	97,000	❷
c	現金	1,200,000	資本金	1,200,000	❸
d	交通費 消耗品費 雑費 小口現金	14,600 5,700 3,500 23,800	小口現金 当座預金	23,800 23,800	❹

d．別解 （借）交通費 14,600 （貸）当座預金 23,800
消耗品費 5,700
雑費 3,500

解説

❶ 借用証書によって現金を借り入れた場合は，借入金勘定（負債の勘定）で処理する。

❷ 旅費の概算額は，旅費の金額が確定していないので一時的に仮払金勘定（資産の勘定）で処理する。

❸ 現金の出資を受けたので現金勘定（資産の勘定）と資本金勘定（資本の勘定）で処理する。

❹ 少額の支払いにあてるための小口現金は，現金勘定（資産の勘定）と区別して小口現金勘定（資産の勘定）で処理する。

●ポイント

仕訳の問題では，取引文をよく読んで，その内容を理解し，「どの勘定科目に」「どれだけの金額の増減が生じたのか」をしっかりと把握しよう。また，勘定科目は指定されたものを用いること。

c．開業のために事業主から現金の出資を受けたときは，資本金勘定（資本の勘定）で処理する。

d．定額資金前渡法（インプレスト・システム）によれば，月初めや週の初めに庶務係はつねに一定の資金を小口現金として保有する。

① 庶務係に一定額（本問の¥30,000を使用）を前渡ししたときの仕訳
（借）小口現金 30,000 （貸）当座預金 30,000

② 庶務係より一定期間の支払いの報告を受けたときの仕訳
（借）費用の勘定など ××× （貸）小口現金 ×××

③ 支払った額を補給したときの仕訳
（借）小口現金 ××× （貸）当座預金 ×××

なお，②と③をまとめて次のように仕訳してもよい。
（借）費用の勘定など ××× （貸）当座預金 ×××

第96回

2

●印@4点×2＝8点

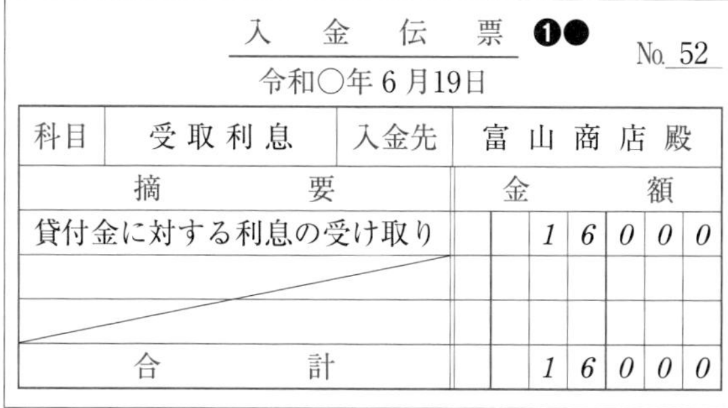

入　金　伝　票 ❶●

令和○年6月19日　　No. 52

科目	受取利息	入金先	富山商店殿
摘要		金額	
貸付金に対する利息の受け取り		16000	
合計		16000	

出　金　伝　票 ❸

令和○年　月　日　　No.

科目		支払先	殿
摘要		金額	
合計			

振　替　伝　票 ❷●

令和○年6月19日　　No. 83

勘定科目	借方	勘定科目	貸方
広告料	470000	当座預金	470000
合計	470000	合計	470000
摘要	福井通信社に広告料の支払い　小切手#20を振り出し		

解説

❶ 貸付金の利息を受け取ったときは，受取利息勘定（収益の勘定）で処理する。この取引は，現金の入金取引なので，入金伝票で処理する。

（借）現　　金　*16,000*　　（貸）受取利息　*16,000*

→入金伝票：科目欄には，現金勘定の相手科目である「受取利息」を記入する。

❷ 広告料を支払ったときは，広告料勘定（費用の勘定）で処理する。また，小切手を振り出して支払うので当座預金勘定で処理する。この取引は，入出金をともなわないので，振替伝票で処理する。

（借）広告料　*470,000*　　（貸）当座預金　*470,000*

→振替伝票：振替伝票の勘定科目欄には，仕訳帳と同様に記入する。

❸ 出金伝票は空欄のままとなる。

●ポイント

① 3伝票制（入金伝票，出金伝票，振替伝票）を採用している場合は，次のように考える。

・入金取引（現金勘定が増加する取引）

→［（借）現　金　×××　　（貸）相手科目　×××］

→入金伝票へ記入する。

入金伝票に記入する場合は，日付・伝票番号・科目・入金先・金額・合計金額・摘要の記入もれに注意すること。

・出金取引（現金勘定が減少する取引）

→［（借）相手科目　×××　　（貸）現　金　×××］

→出金伝票へ記入する。

出金伝票に記入する場合は，日付・伝票番号・科目・支払先・金額・合計金額・摘要の記入もれに注意すること。

・上記以外の取引（現金取引以外の取引）→仕訳のとおりに，振替伝票へ記入する。

振替伝票に記入する場合は，日付・伝票番号・借方科目・貸方科目・金額・合計金額・摘要の記入もれに注意すること。

② それぞれの伝票に記入する摘要は，取引内容がわかるように簡潔に表現すること。

3

●印@3点×14=42点

(1)（仕訳帳の摘要欄に記入する勘定科目に（　）を付けてもよい。）
（勘定科目が2つ以上のとき諸口を記入してもよい。）

仕訳帳 1

令和○年		摘要		元丁❶	借方	貸方
/	/	前期繰越高		√	473,000	473,000
●	4	売掛金		3	27,000	
			売上	8		27,000
	5	仕入		9	48,000	
			買掛金	5		48,000
	12	買掛金		5	28,000	
			現金	1		28,000
	13	当座預金		2	94,100	
			売掛金	3		94,100
●	16	仕入		9	❷ 37,000	
			買掛金	5		37,000
	18	売掛金		3	75,600	
			売上	8		75,600
	19	売上		8	1,500	
			売掛金	3		1,500
	20	買掛金		5	52,000	
			当座預金	2		52,000
●	24	通信費❸		11	4,600	
			現金	1		4,600
	25	給料		10	38,900	
			所得税預り金	6		3,200
			現金	1		35,700
	27	消耗品費❹		12	1,900	
			現金	1		1,900
●	30	現金❺		1	60,000	
			売掛金	3		60,000

総勘定元帳 ❻

現金 1

1/1	123,400	1/12	28,000
30	60,000	24	4,600
		25	35,700
		27	1,900

当座預金 2

1/1	113,000	1/20····52,000 ●	
13	94,100		

売掛金 3

1/1	161,200	1/13	94,100
4	27,000	19	1,500
● 18····75,600		30	60,000

繰越商品 4

1/1	75,400		

買掛金 5

1/12	28,000	1/1	104,000
20	52,000	5	48,000
		16	37,000

所得税預り金 6

		1/25	3,200

資本金 7

		1/1	369,000

売上 8

1/19	1,500	1/4	27,000
		18	75,600

仕入 9

● 1/5····48,000			
16	37,000		

給料 10

1/25	38,900		

通信費 11

1/24	4,600		

消耗品費 12

● 1/27·····1,900			

(2) 買掛金元帳 ❼

京都商店 1

1/20	52,000	1/1	76,000
● 31·······72,000		5	48,000
	124,000		124,000

大阪商店 2

● 1/12·······28,000		1/1	28,000
31	37,000	16	37,000
	65,000		65,000

(3) 合計試算表 ❽

令和○年/月3/日

借方	元丁	勘定科目	貸方
183,400	1	現金	● 70,200
207,100	2	当座預金	52,000
263,800	3	売掛金	155,600
75,400	4	繰越商品	
80,000	5	買掛金	189,000
	6	所得税預り金	3,200
	7	資本金	369,000
● 1,500	8	売上	······102,600
85,000	9	仕入	
● 38,900	10	給料	
4,600	11	通信費	
1,900	12	消耗品費	
● 941,600			941,600

解説

〈仕訳帳〉

❶ 仕訳帳の元丁欄にはそれぞれの勘定科目のページ数「1」から「12」を記入する。

❷ 納品書の金額¥*37,000*で処理する。

❸ 固定電話の利用料金は，通信費勘定（費用の勘定）で処理する。

❹ 事務用の文房具を購入したときは，消耗品費勘定（費用の勘定）で処理する。

❺ 他人振り出しの小切手を受け取ったときは，現金勘定（資産の勘定）で処理する。

〈総勘定元帳〉

❻ 総勘定元帳には，日付と金額のみを記入する。

〈買掛金元帳〉

❼ 買掛金勘定に記入した取引を，該当する商店ごとに日付と金額を記入する。また，月末の残高を借方に記入して締め切る。

〈合計試算表〉

❽ 総勘定元帳の各勘定の借方合計金額と貸方合計金額を記入する。
借方合計金額と貸方合計金額が一致することを確認する。

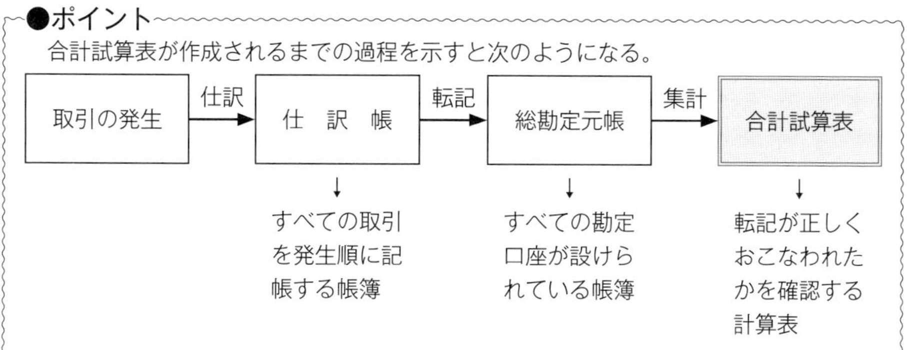

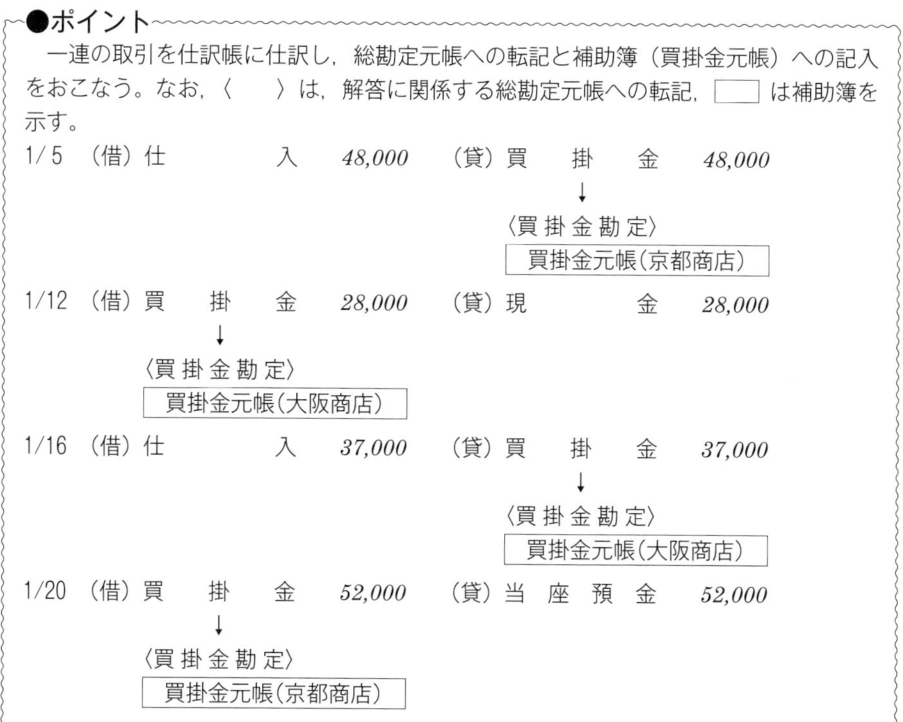

4 @２点×５＝10点

(1)

a	2	b	3

解説

a.

Liabilities	Assets	Net Assets
負債	資産	純資産

b.

簿記では，取引を記帳する方法のひとつとして，取引を二面的にとらえて借方の要素と貸方の要素に分解し，両者の結合関係を記録する方法がある。このように取引を二面的に記帳する方法を（複式簿記）といい，借方の金額と貸方の金額は必ず等しくなる。

(2)

a	¥ 6,413,000	b	¥ 3,578,000
c	¥ 2,419,000		

解説

期首貸借対照表

期首資産 5,738,000	期首負債 (b)
	期首資本

資本金

12/31 次期繰越 (c)	1/1 前期繰越 (期首資本) 2,160,000
	12/31 損益

損益計算書

費用総額 6,154,000	収益総額 ①(a)
当期純利益 259,000	

① 収益総額＝費用総額¥6,154,000＋当期純利益¥259,000＝¥6,413,000

② 資本金勘定の前期繰越高は期首の資本金を表すので，それを貸借対照表の期首資本に書き移す。

期首負債＝期首資産¥5,738,000－期首資本¥2,160,000＝¥3,578,000

③ 当期純利益¥259,000は以下の決算振替仕訳により，資本金勘定に振り替えられる。

（借）損　　益 259,000　（貸）資 本 金 259,000

よって，期末資本＝期首資本¥2,160,000＋当期純利益¥259,000＝¥2,419,000

5 ●印@４点×６＝24点

(1)

精　算　表

令和○年12月31日

勘定科目	残高試算表 借方	残高試算表 貸方	整理記入 借方	整理記入 貸方	損益計算書 借方	損益計算書 貸方	貸借対照表 借方	貸借対照表 貸方
現金	350,000						350,000	
当座預金	678,000						678,000	
売掛金	800,000						800,000	
貸倒引当金		6,000		❷ 10,000				16,000
繰越商品	538,000		❶ 723,000	538,000			723,000	
備品	360,000			❸ 40,000			320,000	
買掛金		1,020,000						1,020,000
資本金		1,700,000						1,700,000 ●
売上		6,857,000				6,857,000		
受取手数料		47,000				47,000		
仕入	4,090,000		❶ 538,000	723,000	3,905,000 ●			
給料	1,284,000				1,284,000			
支払家賃	912,000				912,000			
水道光熱費	579,000				579,000			
雑費	39,000				39,000			
	9,630,000	9,630,000						
貸倒引当金繰入			❷ 10,000	●	10,000			
減価償却費			❸ 40,000		40,000			
当期純利益					135,000		●	135,000
			1,311,000	1,311,000	6,904,000	6,904,000	2,871,000	2,871,000

（損益計算書欄の当期純利益135,000は赤記でもよい。）

(2)

備　品 ❹　6

1/1 前期繰越	360,000	12/31 減価償却費	40,000 ●
		〃 次期繰越	320,000
	360,000		360,000

給　料 ❺　12

	1,284,000	12/31 損益	1,284,000 ●

第96回

解説

精算表の完成に関する問題である。本問では，残高試算表欄は完成しているので，整理記入欄および損益計算書欄・貸借対照表欄の完成までを問われている。

❶ 売上原価を算定するための決算整理である。

（借）仕　　入　*538,000*　（貸）繰越商品　*538,000*→期首商品棚卸高（残高試算表欄の繰越商品勘定借方残高）

（借）繰越商品　*723,000*　（貸）仕　　入　*723,000*→期末商品棚卸高（決算整理事項 a ）

精　算　表

令和○年12月31日

勘定科目	残高試算表		整理記入		損益計算書		貸借対照表	
	借方	貸方	借方	貸方	借方	貸方	借方	貸方
繰越商品	538,000		⊕723,000	⊖538,000			723,000	
仕入	4,090,000		⊕538,000	⊖723,000	3,905,000			

❷ 売掛金に対する貸倒引当金を見積もるための決算整理である。

貸倒引当金見積額＝売掛金残高￥*800,000*×２％＝￥*16,000*

貸倒引当金繰入額＝￥*16,000*－貸倒引当金勘定残高￥*6,000*＝￥*10,000*（差額計上額）

（借）貸倒引当金繰入　*10,000*　（貸）貸倒引当金　*10,000*

精　算　表

令和○年12月31日

勘定科目	残高試算表		整理記入		損益計算書		貸借対照表	
	借方	貸方	借方	貸方	借方	貸方	借方	貸方
貸倒引当金		6,000		⊕10,000				16,000
貸倒引当金繰入			10,000		10,000			

❸ 備品の減価償却費を計上するための決算整理である。直接法による記帳法では，備品勘定（資産の勘定）を減少させる。なお，減価償却費は次の方法で計算する。

$$減価償却費＝\frac{取得原価￥400,000－残存価額￥0}{耐用年数10年}＝￥40,000$$

（借）減価償却費　*40,000*　（貸）備　　品　*40,000*

精　算　表

令和○年12月31日

勘定科目	残高試算表		整理記入		損益計算書		貸借対照表	
	借方	貸方	借方	貸方	借方	貸方	借方	貸方
備品	360,000			⊖40,000			320,000	
減価償却費			40,000		40,000			

❹ 備品勘定は，c. の決算整理仕訳を転記し，差額を「次期繰越」として締め切る。

❺ 給料勘定は残高を損益勘定に振り替えるための振替仕訳をおこない，転記して締め切る。

（借）損　　益　*1,284,000*　（貸）給　　料　*1,284,000*

●ポイント

精算表を作成するポイントは，以下のとおりである。

① 整理記入欄の記入
- 決算整理事項を正しく仕訳する。
- 決算整理仕訳を整理記入欄に正しく記入する。

② 整理記入欄の記入に続き，次のように修正をおこなう。
- 残高試算表欄の借方に金額がある勘定→整理記入欄の借方に記入があるときはプラスし，貸方に記入があるときはマイナスする。
- 残高試算表欄の貸方に金額がある勘定→整理記入欄の借方に記入があるときはマイナスし，貸方に記入があるときはプラスする。

③ 修正が終わった勘定の金額は，次の要領で損益計算書欄と貸借対照表欄に書き移す。
- 資産の勘定の金額は，貸借対照表欄の借方に書き移す。
- 負債・純資産の勘定の金額は，貸借対照表欄の貸方に書き移す。
- 収益の勘定の金額は，損益計算書欄の貸方に書き移す。
- 費用の勘定の金額は，損益計算書欄の借方に書き移す。

④ 当期純利益または当期純損失を算出する。
- 貸借対照表欄では，資産総額から負債および資本の総額を差し引いて，差額を計算する。差額が貸方に生じた場合は当期純利益を示し，借方の場合は当期純損失を示す。
- 損益計算書欄では，収益総額から費用総額を差し引いて，差額を計算する。差額が借方に生じた場合は当期純利益を示し，貸方の場合は当期純損失を示す。

重要仕訳問題

	借方		貸方		
1	通信費 消耗品費 交通費 雑費 小口現金	32,000 16,000 40,000 6,000 94,000	小口現金 当座預金	94,000 94,000	❶
2	普通預金	260,000	現金	260,000	❷
3	仕入	350,000	前払金 買掛金	70,000 280,000	❸
4	貸倒引当金	120,000	売掛金	120,000	❹
5	仮払金	86,000	現金	86,000	❺
6	土地	4,500,000	当座預金	4,500,000	❻
7	給料	740,000	所得税預り金 現金	58,000 682,000	❼
8	売掛金 発送費	400,000 20,000	売上 現金	400,000 20,000	❽
9	現金	850,000	資本金	850,000	❾
10	仮受金	270,000	売掛金	270,000	❿
11	仕入	296,000	買掛金 現金	290,000 6,000	⓫
12	借入金 支払利息	450,000 9,000	現金	459,000	⓬
13	当座預金	357,000	貸付金 受取利息	340,000 17,000	⓭
14	当座預金	130,000	仮受金	130,000	⓮
15	旅費 現金	83,000 7,000	仮払金	90,000	⓯
16	所得税預り金	67,000	現金	67,000	⓰

解説

❶ 定額資金前渡法を採用しているときは，支払った分を補給し，月末などにはつねに一定額になるようにしておく。なお，次の解答も正解となる。

(借) 通信費 32,000　(貸) 当座預金 94,000
　　消耗品費 16,000
　　交通費 40,000
　　雑費 6,000

❷ 普通預金も当座預金と同様に，預金の名称を勘定科目として用いる。

❸ 商品を仕入れる前に支払った内金は，前払金勘定（資産の勘定）で処理してある。

❹ 得意先に対する売掛金について，貸し倒れの処理をしたときは，貸倒引当金勘定（売掛金の評価勘定）をまず減少させる。

❺ 旅費の概算額は，旅費の金額が確定していないので一時的に仮払金勘定（資産の勘定）で処理する。

❻ 土地などの固定資産を購入したときに発生する登記料や手数料などの付随費用は，固定資産の取得原価に含める。

❼ 給料を支払うときに差し引いた所得税は，所得税預り金勘定（負債の勘定）で処理する。

❽ 商品の売り渡しにともない発生する発送費は，発送費勘定（費用の勘定）で処理する。

❾ 開業のために事業主から現金の出資を受けたときは資本金勘定（資本の勘定）で処理する。

❿ 仮受金勘定で処理していたときに，次の仕訳がしてある。

(借) 当座預金など 270,000　(貸) 仮受金 270,000

不明だった振込額の内容が判明したので，該当する売掛金勘定（資産の勘定）に振り替える。

⓫ 商品を仕入れるときに支払った引取運賃は，仕入勘定（費用の勘定）に含める。

⓬ 借用証書で借り入れたときに，次の仕訳がしてある。

(借) 現金など 450,000　(貸) 借入金 450,000

返済時の利息は，支払利息勘定（費用の勘定）で処理する。

⓭ 借用証書で貸し付けたときに，次の仕訳がしてある。

(借) 貸付金 340,000　(貸) 現金など 340,000

返済を受けたときの利息は，受取利息勘定（収益の勘定）で処理する。

⓮ 仮受金勘定（負債の勘定）は，受け取ったときに，勘定科目や金額がはっきりしていない場合に用いられる一時的な勘定科目である。

⓯ 旅費の仮払いをしたときに，次の仕訳がしてある。

(借) 仮払金 90,000　(貸) 現金など 90,000

¥7,000を現金で受け取ったので，¥90,000から¥7,000を差し引いた金額を旅費勘定(費用の勘定）で処理する。

⓰ 給料を支払ったさいに，次の仕訳がしてある。

(借) 給料 ×××　(貸) 所得税預り金 67,000
　　　　　　　　　　現金など ×××

目　次

出題形式別練習問題

模擬試験問題

検定試験問題

※(　)内は解答用紙のページ番号です。

本書の特色

本書は，公益財団法人全国商業高等学校協会が実施する簿記実務検定試験を受験するみなさんが，検定試験の形式と傾向を的確にとらえ，受験に備えられるように編集いたしました。

1．模擬試験問題の前に，検定試験で出題される５問の出題形式ごとに，問題演習ができるよう，**出題形式別練習問題**を掲載いたしました。
2．最新の傾向をとらえた**模擬試験問題10回分と検定試験問題２回分を掲載**いたしました。
3．収録しているすべての問題は，全商協会発表の「簿記実務検定試験出題範囲」に準拠して作成しました。
4．模擬試験の解答用紙は切り取り式とし，切り離して使えるようにしました。
5．解答は別冊とし，問題を解くうえで直接必要となる「解説」と，理解が深まるような内容の「**●ポイント**」を入れました。
6．補充問題（４回分）について，弊社WEBサイト（https://www.jikkyo.co.jp/）の「令和６年版　全商簿記実務検定模擬試験問題集３級」のページよりダウンロードしてご利用いただけます。パスワードは「bokimogi03」です。
7．出題形式別練習問題について，解説動画を用意しました。各問題ページのＱＲコードよりアクセスしてご利用ください。

※コンテンツ利用料は発生しませんが，通信料は自己負担となります。

出題形式別練習問題　仕訳の問題

1 下記の取引の仕訳を示しなさい。ただし，勘定科目は，次のなかからもっとも適当なものを使用すること。

現金	当座預金	小口現金	売掛金
貸倒引当金	貸付金	前払金	従業員立替金
仮払金	建物	車両運搬具	備品
土地	買掛金	未払金	前受金
所得税預り金	仮受金	資本金	売上
受取手数料	受取利息	仕入	給料
広告料	貸倒損失	支払家賃	通信費
旅費	消耗品費	保険料	水道光熱費
支払利息			

a．札幌商店は，事業主から現金 ¥600,000 の出資を受けて開業した。

b．岩手商店では定額資金前渡法を採用することとし，小口現金として小切手 ¥70,000 を振り出して庶務係に渡した。

c．福島商店から商品 ¥470,000 を仕入れ，代金は掛けとした。なお，引取運賃 ¥12,000 は現金で支払った。

d．栃木商店から商品の注文を受け，内金 ¥62,000 を現金で受け取った。

e．店舗を建てるため土地 ¥5,100,000 を購入し，代金は登記料と買入手数料の合計額 ¥250,000 とともに小切手を振り出して支払った。

f．東京商店に借用証書によって，現金 ¥250,000 を貸し付けた。

g．従業員の出張にあたり，旅費の概算額として ¥70,000 を現金で渡した。

h．従業員のために現金 ¥38,000 を立て替え払いした。

i．関東新聞販売店に折り込み広告代として ¥82,000 を現金で支払った。

j．営業用の乗用車 ¥1,200,000 を買い入れ，代金は月末に支払うことにした。

1

	借　方	貸　方
a		
b		
c		
d		
e		
f		
g		
h		
i		
j		

2 下記の取引の仕訳を示しなさい。ただし，勘定科目は，次のなかからもっとも適当なものを使用すること。

現金	当座預金	定期預金	売掛金
貸倒引当金	貸付金	前払金	従業員立替金
仮払金	備品	建物	土地
買掛金	未払金	前受金	所得税預り金
仮受金	資本金	売上	受取手数料
受取利息	仕入	給料	広告料
貸倒損失	支払家賃	通信費	旅費
消耗品費	保険料	水道光熱費	雑費
支払利息			

a．全商銀行に現金 ¥620,000 を定期預金として預け入れた。

b．商品売買の仲介をおこない，岐阜商店から手数料として ¥18,000 を現金で受け取った。

c．本月分の家賃 ¥104,000 を現金で支払った。

d．従業員の出張にさいし，旅費の概算額として ¥40,000 を仮払いしていたが，本日，従業員が帰店して精算をおこない，残額 ¥2,000 を現金で受け取った。

e．福井商店に借用証書によって貸し付けていた ¥650,000 の返済を受け，その利息 ¥20,000 とともに同店振り出しの小切手で受け取った。

f．得意先南北商店が倒産し，前期から繰り越された同店に対する売掛金 ¥82,000 が回収不能となったため，貸し倒れとして処理した。ただし，貸倒引当金勘定の残高が ¥120,000 ある。

g．群馬商店に商品 ¥280,000 を売り渡し，代金はさきに受け取っていた内金 ¥30,000 を差し引き，残額は掛けとした。

h．事務用のパーソナルコンピュータ ¥290,000 を買い入れ，代金は付随費用 ¥8,000 とともに現金で支払った。

i．従業員から預かっていた所得税の源泉徴収額 ¥39,000 を税務署に現金で納付した。

2

	借　　方	貸　　方
a		
b		
c		
d		
e		
f		
g		
h		
i		

3 下記の取引の仕訳を示しなさい。ただし，勘定科目は，次のなかからもっとも適当なものを使用すること。

現金	当座預金	小口現金	売掛金
貸倒引当金	貸付金	前払金	従業員立替金
仮払金	備品	建物	土地
買掛金	未払金	前受金	所得税預り金
仮受金	資本金	売上	受取手数料
受取利息	仕入	給料	広告料
発送費	貸倒損失	支払家賃	通信費
交通費	消耗品費	保険料	雑費
支払利息			

a．茨城商店に対する買掛金 ¥90,000 を小切手を振り出して支払った。

b．定額資金前渡法を採用している宮城商店の会計係は，月末に庶務係から次の小口現金出納帳にもとづいて，当月分の支払高の報告を受けたので，ただちに小切手を振り出して補給した。

小口現金出納帳

収入	令和○年		摘要	支出	内訳				残高
					通信費	交通費	消耗品費	雑費	
50,000	1	1	前月繰越						50,000
			合計	47,000	16,000	20,000	8,000	3,000	

c．2月分の保険料 ¥62,000 を小切手を振り出して支払った。

d．本月分の給料 ¥250,000 の支払いにあたり，所得税額 ¥20,000 を差し引いて，従業員の手取額を現金で支払った。

e．さきに，仮受金勘定で処理していた ¥120,000 について，本日，その金額は，得意先長野商店に対する売掛金の回収額であることがわかった。

f．店舗用に建物 ¥5,300,000 を購入し，代金は小切手を振り出して支払った。なお，登記料と買入手数料の合計額 ¥160,000 は現金で支払った。

g．千葉商店から売掛金 ¥260,000 を同店振り出しの小切手で受け取り，ただちに当座預金に預け入れた。

h．山形商店から商品 ¥340,000 を仕入れ，代金はさきに支払ってある内金 ¥30,000 を差し引き，残額は掛けとした。

i．電話料金およびインターネットの利用料金 ¥43,000 が当座預金口座から引き落とされた。

3

	借　　方	貸　　方
a		
b		
c		
d		
e		
f		
g		
h		
i		

4 下記の取引の仕訳を示しなさい。ただし，勘定科目は，次のなかからもっとも適当なものを使用すること。

現金	当座預金	普通預金	売掛金
貸倒引当金	貸付金	前払金	従業員立替金
仮払金	備品	建物	土地
買掛金	借入金	未払金	所得税預り金
仮受金	資本金	売上	受取手数料
受取利息	仕入	給料	発送費
広告料	貸倒損失	支払家賃	通信費
旅費	消耗品費	保険料	水道光熱費
支払利息			

a．全商銀行に普通預金として現金 ¥490,000 を預け入れた。

b．秋田商店に商品を注文し，内金として ¥25,000 を小切手を振り出して支払った。

c．埼玉商店に商品 ¥920,000 を売り渡し，代金は掛けとした。なお，発送費 ¥10,000 は現金で支払った。

d．得意先東西商店が倒産し，前期から繰り越された同店に対する売掛金 ¥91,000 が回収不能となったため，貸し倒れとして処理した。ただし，貸倒引当金勘定の残高が ¥75,000 ある。

e．富山商店から借用証書によって，現金 ¥330,000 を借り入れた。

f．山梨商店から，借用証書によって ¥400,000 を借り入れていたが，本日，利息 ¥12,000 とともに現金で返済した。

g．出張中の従業員から当店の当座預金口座に ¥34,000 の振り込みがあったが，その内容は不明である。

h．事務用消耗品 ¥49,000 を購入し，代金は翌月末に支払うことにした。

i．1月分の電気料金として ¥52,000 を現金で支払った。

4

	借　　方	貸　　方
a		
b		
c		
d		
e		
f		
g		
h		
i		

出題形式別練習問題　伝票の問題

1 静岡商店の次の取引を入金伝票・出金伝票・振替伝票のうち，必要な伝票に記入しなさい。

取　　引

2月 5日　愛知商店に対する買掛金の一部 ¥360,000 を，小切手#15を振り出して支払った。
（伝票番号　No.32）

〃日　三重商店に商品代金の内金として現金 ¥210,000 を支払った。（伝票番号　No.43）

〃日　滋賀商店から商品売買の仲介手数料として現金 ¥140,000 を受け取った。
（伝票番号　No.51）

入　金　伝　票　　No.____

令和○年　月　日

科目		入金先	殿
摘　　要		金　　額	
合　　計			

出　金　伝　票　　No.____

令和○年　月　日

科目		支払先	殿
摘　　要		金　　額	
合　　計			

振　替　伝　票　　No.____

令和○年　月　日

勘定科目	借　方	勘定科目	貸　方
合　　計		合　　計	
摘要			

2 京都商店の次の取引を入金伝票・出金伝票・振替伝票のうち，必要な伝票に記入しなさい。

取　　引

3月14日　大阪郵便局で切手・はがき ¥14,700 を購入し，代金は現金で支払った。
（伝票番号　No.44）

〃日　兵庫商店から売掛金の一部 ¥450,000 を同店振り出しの小切手#34で受け取った。
（伝票番号　No.78）

〃日　奈良不動産から店舗用建物 ¥5,000,000 を購入し，代金は登記料と買入手数料の合計額 ¥230,000 とともに小切手#16を振り出して支払った。（伝票番号　No.32）

入　金　伝　票　No._____

令和○年　月　日

科目		入金先	殿
摘　要		金　額	
合　計			

出　金　伝　票　No._____

令和○年　月　日

科目		支払先	殿
摘　要		金　額	
合　計			

振　替　伝　票　No._____

令和○年　月　日

勘定科目	借　方	勘定科目	貸　方
合　計		合　計	
摘要			

3 和歌山商店の次の取引を入金伝票・出金伝票・振替伝票のうち，必要な伝票に記入しなさい。

取　　引

1月20日　鳥取商店から商品の注文を受け，内金として現金 ¥40,000 を受け取った。（伝票番号　No.6）

〃日　島根文具店からコピー用紙・帳簿等 ¥90,000 を購入し，代金は現金で支払った。（伝票番号　No.16）

〃日　インターネット料金 ¥21,000 が当座預金口座から引き落とされた。（伝票番号　No.20）

入　金　伝　票　No._____

令和○年　月　日

科目		入金先	殿
摘　要		金　額	
合　計			

出　金　伝　票　No._____

令和○年　月　日

科目		支払先	殿
摘　要		金　額	
合　計			

振　替　伝　票　No._____

令和○年　月　日

勘定科目	借　方	勘定科目	貸　方
合　計		合　計	
摘要			

出題形式別練習問題　帳簿の問題

1 福岡商店の下記の取引について，

(1) 仕訳帳に記入して，総勘定元帳（略式）に転記しなさい。
(2) 売掛金元帳に記入して，締め切りなさい。
(3) 1月末における残高試算表を作成しなさい。

ただし，i 商品に関する勘定は3分法によること。
ii 仕訳帳における「諸口」の記入と小書きは省略する。
iii 総勘定元帳および売掛金元帳には，日付と金額を記入すればよい。

取　　引

1月4日 得意先　大分商店に次の商品を売り渡し，代金は掛けとした。
A 品　250個　@¥1,320　¥330,000

6日 事務用消耗品 ¥26,000 を購入し，代金は現金で支払った。

8日 仕入先　長崎商店に対する買掛金の一部 ¥140,000 を現金で支払った。

10日 仕入先　佐賀商店から商品を仕入れ，次の納品書を受け取った。なお，代金は掛けとした。

納　品　書　　　令和○年　1月10日

〒802-0801
福岡県北九州市小倉南区富士見3-5-1
福岡商店　御中

〒840-0804　佐賀県佐賀市神野東4-12-40
佐賀商店

下記のとおり納品いたしました。

商品名	数量	単価	金額	備考
A品	400	770	308,000	
以下余白				
		合計	¥308,000	

12日 インターネットの利用料金が当座預金口座から引き落とされ，次の領収証を受け取った。

領　収　証

令和○年　1月　12日

福岡商店　様

¥18,000－

但　インターネット利用料金として
上記正に領収いたしました

大分県大分市西浜4－2
大分通信社

15日　得意先　宮崎商店に次の商品を売り渡し，代金は掛けとした。

A　品　200個　@¥1,320　¥264,000
B　品　100〃　〃〃2,310　¥231,000

17日　仕入先　佐賀商店に対する買掛金の一部を，次の小切手を振り出して支払った。

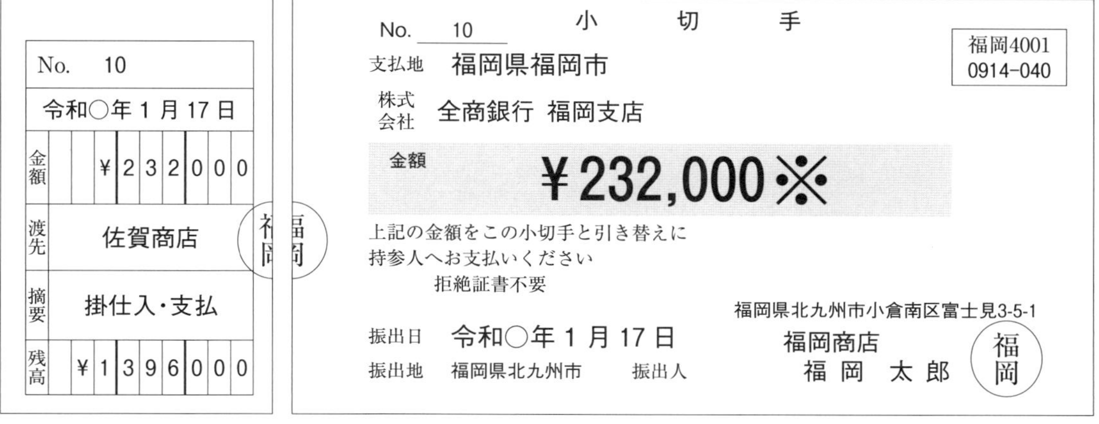
No.　10
令和○年1月17日
金額　¥232000
渡先　佐賀商店
摘要　掛仕入・支払
残高　¥1396000

No.　10　小　切　手　福岡4001 0914-040
支払地　福岡県福岡市
株式会社　全商銀行 福岡支店
金額　¥232,000※
上記の金額をこの小切手と引き替えに
持参人へお支払いください
拒絶証書不要
振出日　令和○年1月17日
振出地　福岡県北九州市　振出人　福岡県北九州市小倉南区富士見3-5-1
福岡商店
福岡 太郎

19日　仕入先　長崎商店から次の商品を仕入れ，代金のうち¥90,000は現金で支払い，残額は掛けとした。

B　品　200個　@¥1,320　¥264,000

22日　得意先　大分商店に対する売掛金の一部¥520,000を，現金で受け取った。

24日　仕入先　熊本商店から次の商品を仕入れ，代金は掛けとした。

A　品　300個　@¥　770　¥231,000

25日　本月分の給料¥210,000の支払いにあたり，所得税額¥14,000を差し引いて，従業員の手取額を現金で支払った。

26日　沖縄商店に借用証書によって現金¥250,000を貸し付けた。

28日　得意先　宮崎商店に対する売掛金の一部¥648,000を，同店振り出しの小切手で受け取り，ただちに当座預金とした。

30日　電気料金¥98,000が当座預金口座から引き落とされた。

1 (1)

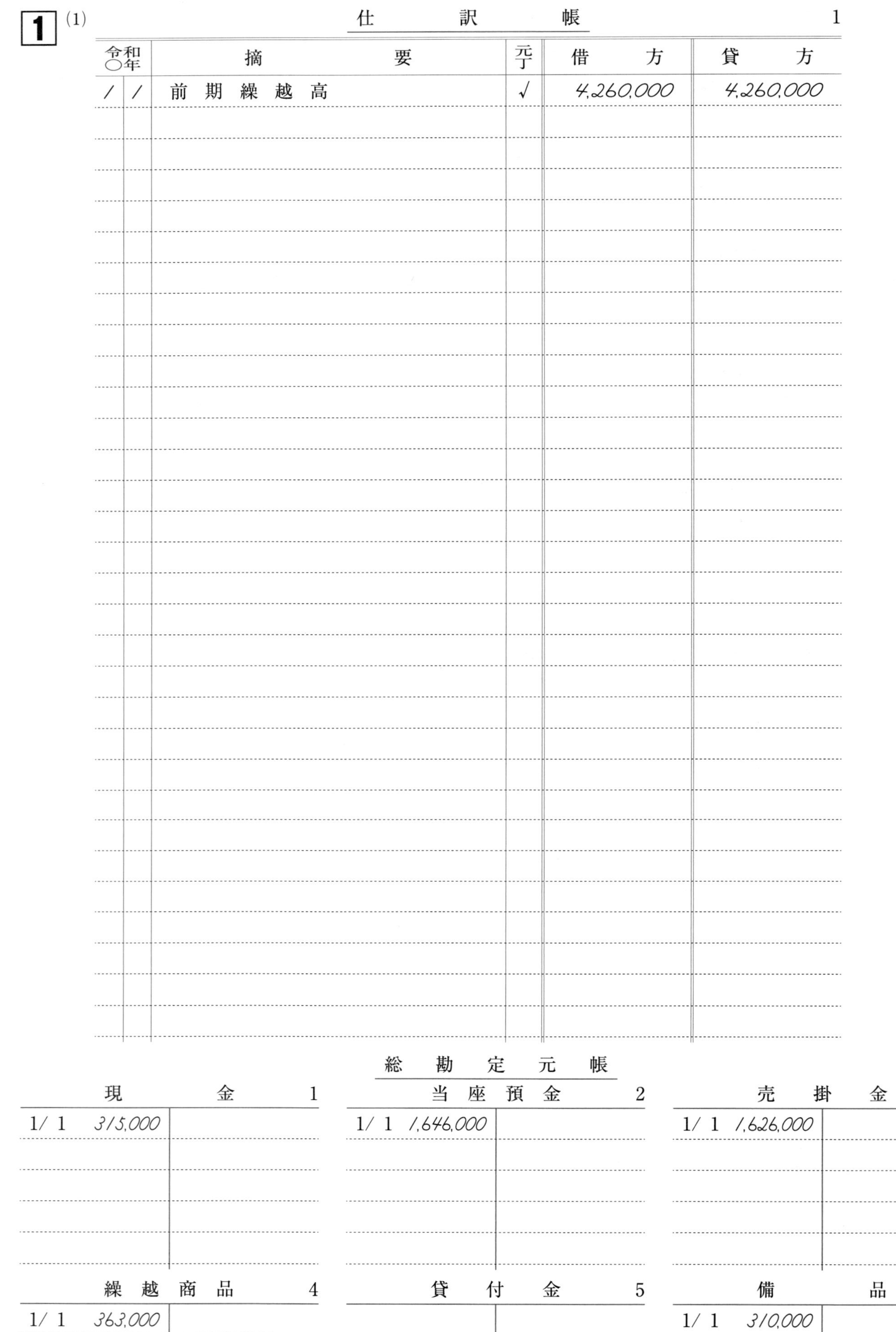

仕　訳　帳　1

令和○年		摘　要	元丁	借　方	貸　方
1	1	前期繰越高	√	4,260,000	4,260,000

総勘定元帳

現　金　1

借方	貸方
1/1　315,000	

当座預金　2

借方	貸方
1/1　1,646,000	

売掛金　3

借方	貸方
1/1　1,626,000	

繰越商品　4

借方	貸方
1/1　363,000	

貸付金　5

借方	貸方

備　品　6

借方	貸方
1/1　310,000	

買掛金	7
	1/1 1,760,000

所得税預り金	8

資本金	9
	1/1 2,500,000

売上	10

仕入	11

給料	12

通信費	13

消耗品費	14

水道光熱費	15

(2)（注意）売掛金元帳は締め切ること。

売掛金元帳

大分商店	1
1/1 762,000	

宮崎商店	2
1/1 864,000	

(3)

残高試算表

令和○年1月31日

借方	元丁	勘定科目	貸方
	1	現金	
	2	当座預金	
	3	売掛金	
	4	繰越商品	
	5	貸付金	
	6	備品	
	7	買掛金	
	8	所得税預り金	
	9	資本金	
	10	売上	
	11	仕入	
	12	給料	
	13	通信費	
	14	消耗品費	
	15	水道光熱費	

2 岡山商店の下記の取引について，

(1) 仕訳帳に記入して，総勘定元帳（略式）に転記しなさい。

(2) 買掛金元帳に記入して，締め切りなさい。

(3) /月末における合計残高試算表を作成しなさい。

ただし，i 商品に関する勘定は3分法によること。

ii 仕訳帳における「諸口」の記入と小書きは省略する。

iii 総勘定元帳および買掛金元帳には，日付と金額を記入すればよい。

取　　引

/月5日 仕入先 広島商店から次の商品を仕入れ，代金は掛けとした。

A 品	400個	@¥ 990	¥396,000

7日 事務用のコンピュータ ¥280,000 を買い入れ，代金は付随費用 ¥7,000 とともに小切手を振り出して支払った。

8日 仕入先 広島商店に対する買掛金の一部 ¥160,000 を現金で支払った。

/2日 得意先 山口商店に次の商品を売り渡し，代金は掛けとした。

A 品	300個	@¥1,650	¥495,000

/3日 本月分の家賃 ¥280,000 を小切手を振り出して支払った。

/5日 得意先 香川商店に次の商品を売り渡し，代金は掛けとした。

A 品	220個	@¥1,650	¥363,000
B 品	300〃	〃〃1,870	¥561,000

/8日 東西新聞社に折り込み広告代金を現金で支払い，次の領収証を受け取った。

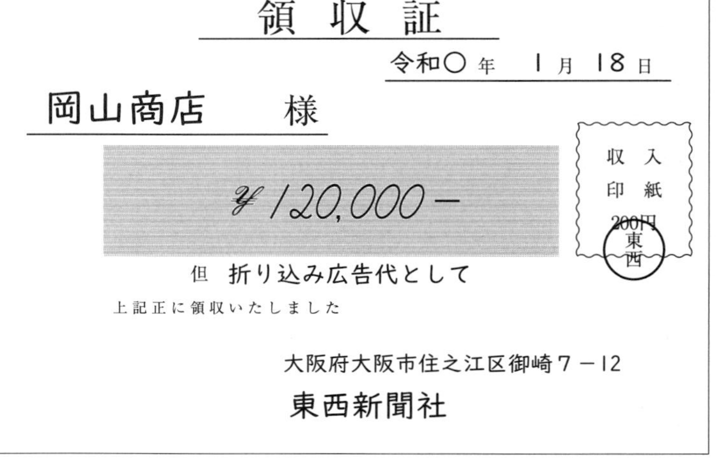

領　収　証

令和○年 1月 18日

岡山商店　様

¥120,000 −

但 折り込み広告代として

上記正に領収いたしました

収入印紙 200円 東西

大阪府大阪市住之江区御崎7－12

東西新聞社

20日　仕入先　徳島商店に対する買掛金の一部を，次の小切手を振り出して支払った。

No.　12	
令和○年 1 月 20 日	
金額	￥420000
渡先	徳島商店
摘要	掛仕入・支払
残高	￥923000

岡山

No. 12　　小　切　手　　岡山3301 0914-033

支払地　岡山県岡山市

株式会社　全商銀行 岡山支店

金額　¥420,000※

上記の金額をこの小切手と引き替えに
持参人へお支払いください
拒絶証書不要

振出日　令和○年 1 月 20 日　　岡山県倉敷市白楽町545

振出地　岡山県倉敷市　　振出人　岡山商店　岡 山　次 郎　（岡山）

21日　仕入先　徳島商店から商品を仕入れ，次の納品書を受け取った。なお，代金のうち ￥250,000 は小切手を振り出して支払い，残額は掛けとした。

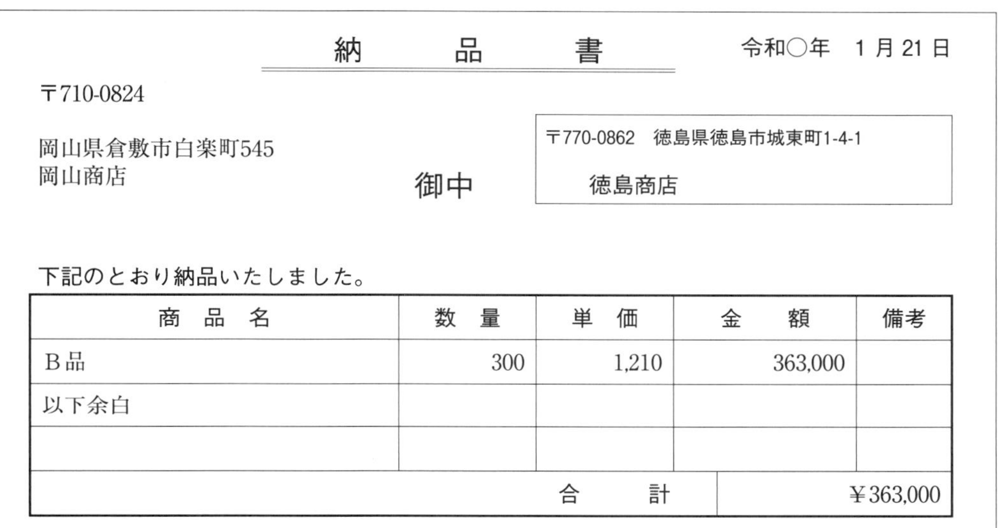

納　品　書　　令和○年　1 月 21 日

〒710-0824

岡山県倉敷市白楽町545
岡山商店

御中

〒770-0862　徳島県徳島市城東町1-4-1
徳島商店

下記のとおり納品いたしました。

商　品　名	数　量	単　価	金　額	備考
B品	300	1,210	363,000	
以下余白				
		合　計	¥363,000	

23日　得意先　香川商店に対する売掛金の一部 ￥520,000 を，現金で受け取った。

25日　本月分の給料 ￥310,000 の支払いにあたり，所得税額 ￥21,000 を差し引いて，従業員の手取額を現金で支払った。

27日　得意先　愛媛商店に次の商品を売り渡し，代金のうち ￥190,000 は同店振り出しの小切手で受け取り，残額は掛けとした。

B　品　　200個　　￥1,870　　￥374,000

29日　得意先　山口商店に対する売掛金の一部 ￥610,000 を，同店振り出しの小切手で受け取り，ただちに当座預金とした。

30日　高知商店から借用証書によって ￥400,000 を借り入れていたが，利息 ￥9,000 とともに小切手を振り出して支払った。

2 (1)

仕訳帳 1

令和○年		摘要	元丁	借方	貸方
1	1	前期繰越高	√	4,600,000	4,600,000

総勘定元帳

現金 1

1/ 1	390,000	

当座預金 2

1/ 1	1,910,000	

売掛金 3

1/ 1	1,630,000	

繰越商品 4	
1/1 520,000	

備品 5	
1/1 150,000	

買掛金 6	
	1/1 1,700,000

借入金 7	
	1/1 400,000

所得税預り金 8	

資本金 9	
	1/1 2,500,000

売上 10	

仕入 11	

給料 12	

支払家賃 13	

広告料 14	

支払利息 15	

(2)（注意）買掛金元帳は締め切ること。

買掛金元帳

広島商店 1	
	1/1 760,000

徳島商店 2	
	1/1 940,000

(3)

合計残高試算表

令和○年1月31日

借方 残高	借方 合計	元丁	勘定科目	貸方 合計	貸方 残高
		1	現金		
		2	当座預金		
		3	売掛金		
		4	繰越商品		
		5	備品		
		6	買掛金		
		7	借入金		
		8	所得税預り金		
		9	資本金		
		10	売上		
		11	仕入		
		12	給料		
		13	支払家賃		
		14	広告料		
		15	支払利息		

出題形式別練習問題　計算・英語表記の問題

1 次の各文の［　　］のなかに，適当な金額を記入しなさい。

a．札幌商店の売上高は ¥2,500,000 であり，商品売買益（売上総利益）は ¥1,240,000 であった。なお，この期間中の売上高以外の収益は ¥340,000 であり，当期純利益が ¥162,000 であるとき，売上原価は ¥［ア］であり，売上原価以外の費用総額は ¥［イ］である。

b．青森商店（個人企業）の期首資本は ¥1,700,000 であり，期末資産は ¥3,350,000 であった。なお，この期間中の費用総額が ¥3,810,000　当期純利益が ¥850,000 であるとき，期間中の収益総額は ¥［ウ］であり，期末の負債は ¥［エ］である。

c．岩手商店の売上高は ¥6,250,000 であり，期首商品棚卸高は ¥320,000　当期商品仕入高は ¥4,900,000 であった。当期の商品売買益（売上総利益）は ¥1,400,000 であるとき，売上原価は ¥［オ］であり，期末商品棚卸高は ¥［カ］である。

d．宮城商店（個人企業）の期首の資本は ¥1,000,000 であり，期末の負債は ¥1,850,000 であった。なお，この期間中の収益総額は ¥4,290,000　費用総額が ¥4,030,000 であるとき，当期純利益は ¥［キ］であり，期末の資産は ¥［ク］である。

ア	イ	ウ	エ
¥	¥	¥	¥
オ	カ	キ	ク
¥	¥	¥	¥

2 次の各問いに答えなさい。

(1) 長野商店（個人企業）の下記の資料によって，次の金額を計算しなさい。

a．期間中の費用総額　　b．期首の負債総額

資　料

i　期首の資産総額　¥8,500,000

ii　期末の資産および負債

現　金 ¥2,500,000　当座預金 ¥4,530,000　商　品 ¥1,600,000

備　品　1,900,000　買掛金　2,310,000　借入金　2,200,000

iii　期間中の収益総額　¥8,400,000

iv　当期純利益　¥960,000

a	b
¥	¥

(2) 愛媛商店（個人企業）の当期の資料は下記のとおりである。よって，次の金額を計算しなさい。

a．費用総額　　b．期末の負債総額

資　料

i　収益総額　¥2,730,000

ii　当期純利益　¥115,000

iii　期首の資産総額　¥2,300,000

iv　期首の負債総額　¥728,000

v　期末の資産総額　¥2,395,000

a	b
¥	¥

(3) 高知商店（個人企業）の下記の資本金勘定と資料によって，次の金額を計算しなさい。

a．期間中の収益総額　　b．期首の負債総額

資　本　金

12/31 次期繰越	8,520,000	1/1 前期繰越	(　　　)
		12/31 損　　益	(　　　)
	8,520,000		8,520,000

資　　料

i　期間中の費用総額　¥5,310,000
ii　当期純利益　¥1,810,000
iii　期首の資産総額　¥9,720,000

a	b
¥	¥

3 次の各問いに答えなさい。

(1) 次の用語を英語表記にした場合，もっとも適当な英語表記を下記の語群のなかから選び，その番号を記入しなさい。

ア．資　　産　　イ．精　算　表　　ウ．転　　記

1．account　　2．work sheet　　3．posting
4．assets　　5．imprest system　　6．credit

ア	イ	ウ

(2) 次の用語を英語表記にした場合，もっとも適当な英語表記を下記の語群のなかから選び，その番号を記入しなさい。

ア．資　　本　　イ．決　　算　　ウ．損益計算書

1．profit and loss statement　　2．slip　　3．checking account
4．capital　　5．revenues　　6．closing books

ア	イ	ウ

(3) 次の用語を英語表記にした場合，もっとも適当な英語表記を下記の語群のなかから選び，その番号を記入しなさい。

ア．貸借対照表　　イ．試　算　表　　ウ．仕　　訳

1．transactions　　2．trial balance　　3．purchases book
4．cost of goods sold　　5．journalizing　　6．balance sheet

ア	イ	ウ

出題形式別練習問題　決算の問題

1　沖縄商店（個人企業　決算年１回　12月31日）の総勘定元帳勘定残高と決算整理事項は，次のとおりであった。よって，

(1)　決算整理仕訳を示しなさい。

(2)　売上勘定に必要な記入をおこない，締め切りなさい。なお，勘定記入は日付・相手科目・金額を示すこと。

(3)　損益計算書および貸借対照表を完成しなさい。

元帳勘定残高

現金	¥ 469,000	当座預金	¥ 915,000	売掛金	¥1,900,000
貸倒引当金	4,000	繰越商品	420,000	前払金	192,000
備品	700,000	買掛金	978,000	借入金	600,000
資本金	2,500,000	売上	8,146,000	受取手数料	90,000
仕入	5,703,000	給料	1,380,000	支払家賃	540,000
消耗品費	56,000	雑費	19,000	支払利息	24,000

決算整理事項

a．期末商品棚卸高　¥470,000

b．貸倒見積高　売掛金残高の3％と見積もり，貸倒引当金を設定する。

c．備品減価償却高　取得原価 ¥840,000　残存価額は零（0）　耐用年数は6年とし，定額法により計算し，直接法で記帳している。

$$定額法による年間の減価償却費＝\frac{取得原価－残存価額}{耐用年数}$$

(1)

	借　　方	貸　　方
a		
b		
c		

(2)（注意）i　売上勘定の記録は，合計額で示してある。
ii　勘定には，日付・相手科目・金額を記入し，締め切ること。

売　　上	11
	8,146,000

(3)

損 益 計 算 書

沖縄商店　　令和○年1月1日から令和○年12月31日まで　　(単位：円)

費　　用	金　　額	収　　益	金　　額
売上原価		売上高	8,146,000
給料	1,380,000	受取手数料	90,000
貸倒引当金繰入			
減価償却費			
支払家賃	540,000		
消耗品費	56,000		
雑費	19,000		
支払利息	24,000		
(　　　　)			

貸 借 対 照 表

沖縄商店　　令和○年12月31日　　(単位：円)

資　　産	金　　額	負債および純資産	金　　額
現金	469,000	買掛金	978,000
当座預金	915,000	借入金	600,000
売掛金 (　　　　)		資本金	2,500,000
貸倒引当金 (　　　　)		(　　　　)	
(　　　　)			
前払金	192,000		
備品			

2 四国商店（個人企業　決算年1回　12月31日）の決算整理事項は，次のとおりであった。よって，

(1) 精算表を完成しなさい。

(2) 繰越商品勘定に必要な記入をおこない，締め切りなさい。なお，勘定記入は日付・相手科目・金額を示すこと。

決算整理事項

a．期末商品棚卸高　￥730,000

b．貸倒見積高　売掛金残高の2％と見積もり，貸倒引当金を設定する。

c．備品減価償却高　取得原価 ￥1,200,000　残存価額は零（0）　耐用年数は8年とし，定額法により計算し，直接法で記帳している。

$$定額法による年間の減価償却費=\frac{取得原価-残存価額}{耐用年数}$$

(1)

精　算　表

令和○年12月31日

勘定科目	残高試算表		整理記入		損益計算書		貸借対照表	
	借方	貸方	借方	貸方	借方	貸方	借方	貸方
現金	980,000						980,000	
当座預金	1,673,000						1,673,000	
売掛金	2,300,000						2,300,000	
貸倒引当金		6,000						
繰越商品	690,000							
備品	750,000							
買掛金		1,192,000						1,192,000
借入金		950,000						950,000
前受金		360,000						360,000
資本金		3,500,000						3,500,000
売上		9,400,000				9,400,000		
受取手数料		32,000				32,000		
仕入	6,554,000							
給料	1,386,000				1,386,000			
支払家賃	816,000				816,000			
水道光熱費	247,000				247,000			
雑費	41,000				41,000			
支払利息	3,000				3,000			
	15,440,000	15,440,000						
貸倒引当金繰入								
減価償却費								
(　　　)								

(2)（注意）勘定には，日付・相手科目・金額を記入し，締め切ること。

繰越商品　5

1/1	前期繰越	690,000		

公益財団法人全国商業高等学校協会主催・文部科学省後援

第1回　簿記実務検定第3級模擬試験問題　商業簿記

（制限時間1時間30分）

1　下記の取引の仕訳を示しなさい。ただし，勘定科目は，次のなかからもっとも適当なものを使用すること。

現金	当座預金	普通預金	売掛金
貸倒引当金	仮払金	建物	土地
買掛金	資本金	受取家賃	受取地代
交通費	旅費	消耗品費	支払家賃

a．全商銀行に普通預金として現金 ¥680,000 を預け入れた。

b．得意先東南商店が倒産し，前期から繰り越された同店に対する売掛金 ¥79,000 が回収不能となったため，貸し倒れとして処理した。ただし，貸倒引当金勘定の残高が ¥120,000 ある。

c．店舗を建てるため，土地 ¥6,200,000 を購入し，代金は登記料と買入手数料の合計額 ¥250,000 とともに小切手を振り出して支払った。

d．従業員の出張にあたり，旅費の概算額として ¥70,000 を現金で渡した。

2　岐阜商店の次の取引を入金伝票・出金伝票・振替伝票のうち，必要な伝票に記入しなさい。ただし，不要な伝票は空欄のままにしておくこと。

取　　引

1月18日　出張中の従業員から当店の当座預金口座に ¥80,000 の振り込みがあったが，その内容は不明である。（伝票番号　No.27）

〃 日　和歌山商店に借入金の利息 ¥4,000 を現金で支払った。（伝票番号　No.19）

3 沖縄商店の下記の取引について,

(1) 仕訳帳に記入して, 総勘定元帳（略式）に転記しなさい。

(2) 買掛金元帳に記入して, 締め切りなさい。

(3) /月末における残高試算表を作成しなさい。

ただし, i 商品に関する勘定は3分法によること。

ii 仕訳帳における「諸口」の記入と小書きは省略する。

iii 総勘定元帳および買掛金元帳には, 日付と金額を記入すればよい。

取　　引

/月4日 仕入先 大分商店から次の商品を仕入れ, 代金は掛けとした。

A 品 700個 @¥ 880 ¥616,000

6日 電話料金およびインターネットの利用料金 ¥32,000 が当座預金口座から引き落とされた。

9日 得意先 宮崎商店に次の商品を売り渡し, 代金は掛けとした。

A 品 300個 @¥1,320 ¥396,000

10日 仕入先 大分商店に対する買掛金の一部 ¥120,000 を現金で支払った。

12日 事務用の備品 ¥370,000 を購入し, 代金は小切手を振り出して支払った。

15日 得意先 熊本商店に対する売掛金の一部 ¥540,000 を, 同店振り出しの小切手で受け取った。

17日 得意先 熊本商店に次の商品を売り渡し, 代金のうち ¥190,000 は同店振り出しの小切手で受け取り, 残額は掛けとした。

B 品 400個 ¥1,100 ¥440,000

19日 仕入先 鹿児島商店に対する買掛金の一部を, 次の小切手を振り出して支払った。

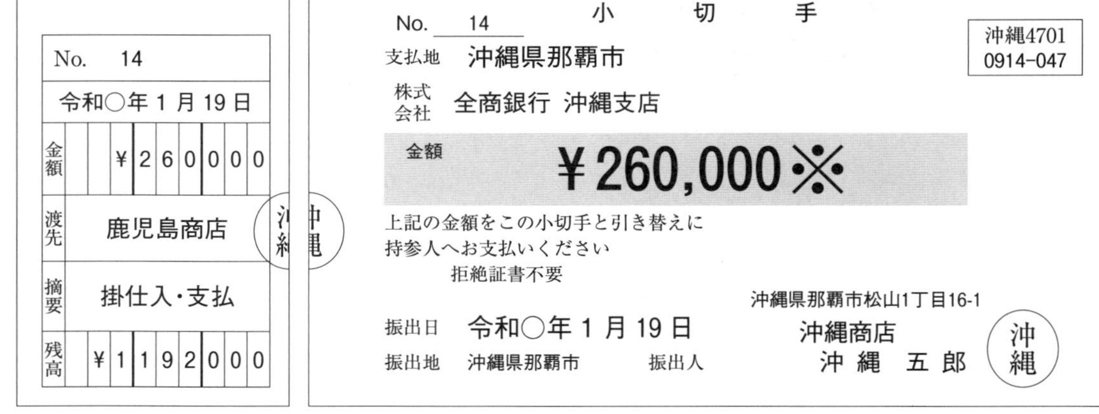

22日　長崎商店から借用証書によって ¥600,000 を借り入れていたが，利息 ¥1,500 とともに小切手を振り出して支払った。

24日　仕入先　鹿児島商店から商品を仕入れ，次の納品書を受け取った。なお，代金のうち ¥90,000 は現金で支払い，残額は掛けとした。

納　品　書　　令和○年　1月24日

〒900-0032
沖縄県那覇市松山1丁目16-1
沖縄商店　御中

〒892-0862　鹿児島県鹿児島市坂元町58-1
鹿児島商店

下記のとおり納品いたしました。

商品名	数量	単価	金額	備考
B品	800	440	352,000	
以下余白				
		合計	¥352,000	

25日　本月分の給料 ¥380,000 の支払いにあたり，所得税額 ¥31,000 を差し引いて，従業員の手取額を現金で支払った。

28日　得意先　宮崎商店に次の商品を売り渡し，代金は掛けとした。

A　品	200個	@¥1,210	¥242,000
B　品	300〃	〃〃 770	¥231,000

29日　コピー用紙を購入し，代金は現金で支払い，次の領収証を受け取った。

領　収　証

令和○年　1月　29日

沖縄商店　様

¥19,000−

但　コピー用紙代として
上記正に領収いたしました

佐賀県佐賀市神野東４−12−40
佐賀文具店

31日　得意先　宮崎商店に対する売掛金の一部 ¥460,000 を，同店振り出しの小切手で受け取り，ただちに当座預金に預け入れた。

4 次の各問いに答えなさい。

(1) 次の用語を英語表記にした場合，もっとも適当な英語表記を下記の語群のなかから選び，その番号を記入しなさい。

ア．売上勘定　　イ．試　算　表　　ウ．定額資金前渡法

1．imprest system　　2．sales account　　3．cost of goods sold
4．capital　　5．posting　　6．trial balance

(2) 京都商店（個人企業）の下記の資料によって，次の金額を計算しなさい。

a．期間中の費用総額　　b．期首の負債総額

資　料

i　期首の資産総額　¥7,620,000

ii　期末の資産および負債

現　金	¥1,350,000	当座預金	¥3,780,000	商　品	¥1,590,000
備　品	1,600,000	買掛金	2,030,000	借入金	1,280,000

iii　期間中の収益総額　¥6,600,000

iv　当期純利益　¥ 710,000

5 東北商店（個人企業　決算年1回　12月31日）の決算整理事項は，次のとおりであった。よって，

(1) 精算表を完成しなさい。

(2) 備品勘定および貸倒引当金繰入勘定に必要な記入をおこない，締め切りなさい。なお，勘定記入は日付・相手科目・金額を示すこと。

決算整理事項

a．期末商品棚卸高　¥798,000

b．貸倒見積高　売掛金残高の2%と見積もり，貸倒引当金を設定する。

c．備品減価償却高　取得原価 ¥1,320,000　残存価額は零（0）　耐用年数は8年とし，定額法により計算し，直接法で記帳している。

$$定額法による年間の減価償却費=\frac{取得原価-残存価額}{耐用年数}$$

公益財団法人全国商業高等学校協会主催・文部科学省後援

第２回　簿記実務検定第３級模擬試験問題　商業簿記

（制限時間１時間30分）

1 下記の取引の仕訳を示しなさい。ただし，勘定科目は，次のなかからもっとも適当なものを使用すること。

現金	小口現金	当座預金	売掛金
貸倒引当金	貸付金	建物	買掛金
資本金	受取家賃	受取利息	仕入
通信費	交通費	旅費	消耗品費
雑費			

a．定額資金前渡法を採用している新潟商店の会計係は，月末に庶務係から次の小口現金出納帳にもとづいて，当月分の支払高の報告を受けたので，ただちに小切手を振り出して補給した。

小口現金出納帳

収入	令和○年		摘要	支出	内訳				残高
					通信費	交通費	消耗品費	雑費	
40,000	3	1	前月繰越						40,000
			合計	37,000	9,000	17,000	8,000	3,000	

b．岩手商店は，事業主から現金 ¥800,000 の出資を受けて開業した。

c．三重商店から商品 ¥580,000 を仕入れ，代金は掛けとした。なお，引取運賃 ¥12,000 は現金で支払った。

d．和歌山商店に借用証書によって貸し付けていた ¥500,000 の返済を受け，その利息 ¥13,000 とともに現金 ¥513,000 を受け取った。

2 北海道商店の次の取引を入金伝票・出金伝票・振替伝票のうち，必要な伝票に記入しなさい。ただし，不要な伝票は空欄のままにしておくこと。

取　引

1月15日　全商銀行から借用証書により現金 ¥320,000 を借り入れた。（伝票番号　No.7）

〃日　インターネット料金および電話料金の合計額 ¥35,000 が，当座預金口座から引き落とされた。（伝票番号　No.18）

3 宮城商店の下記の取引について，

(1) 仕訳帳に記入して，総勘定元帳（略式）に転記しなさい。

(2) 売掛金元帳に記入して，締め切りなさい。

(3) /月末における合計試算表を作成しなさい。

ただし，i 商品に関する勘定は3分法によること。

ii 仕訳帳における「諸口」の記入と小書きは省略する。

iii 総勘定元帳および売掛金元帳には，日付と金額を記入すればよい。

取　　　引

/月5日 得意先 青森商店に次の商品を売り渡し，代金は掛けとした。

A 品	50個	@¥1,760	¥ 88,000
B 品	200〃	〃〃2,090	¥418,000

8日 事務用消耗品 ¥43,000 を購入し，代金は現金で支払った。

9日 得意先 岩手商店から商品の注文を受け，内金 ¥50,000 を現金で受け取った。

10日 仕入先 山形商店に対する買掛金の一部を，次の小切手を振り出して支払った。

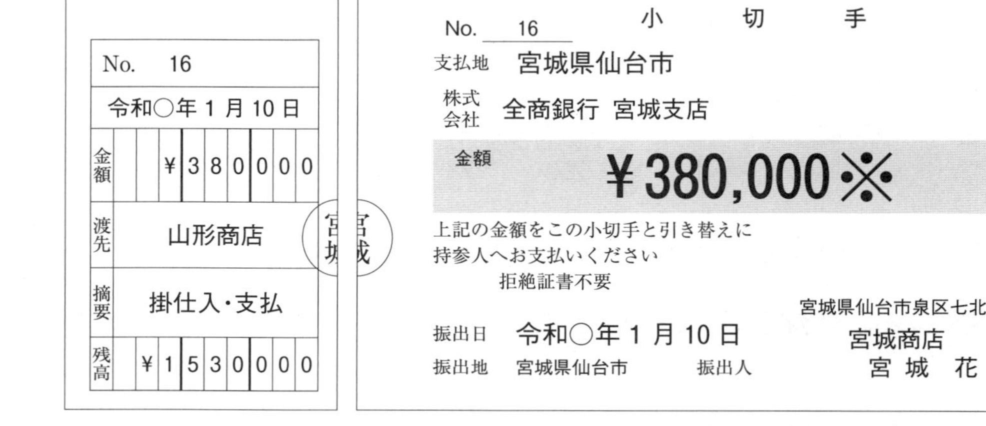

No. 16
令和○年 1 月 10 日
金額 ¥380000
渡先 山形商店
摘要 掛仕入・支払
残高 ¥1530000

小　切　手
No. 16
宮城0401
0914-004
支払地 宮城県仙台市
株式会社 全商銀行 宮城支店
金額 ¥380,000※
上記の金額をこの小切手と引き替えに
持参人へお支払いください
拒絶証書不要
振出日 令和○年 1 月 10 日
振出地 宮城県仙台市
宮城県仙台市泉区七北田字古内75
宮城商店
振出人 宮城 花子

12日 仕入先 山形商店から商品を仕入れ，次の納品書を受け取った。なお，代金は掛けとした。

納　品　書　　令和○年 1 月 12 日

〒981-3131
宮城県仙台市泉区七北田字古内75
宮城商店 御中

〒990-2481 山形県山形市あかねケ丘1-9-1
山形商店

下記のとおり納品いたしました。

商品名	数量	単価	金額	備考
A品	200	1,210	242,000	
B品	100	1,430	143,000	
以下余白				
		合計	¥385,000	

14日　営業用の自動車 ¥760,000 を購入し，代金は小切手を振り出して支払った。

16日　得意先　岩手商店に次の商品を売り渡し，代金のうち ¥50,000 は，かねて受け取っていた内金を差し引き，残額は掛けとした。

C　品　　200個　　@¥1,100　　¥220,000

17日　仕入先　福島商店に対する買掛金 ¥160,000 を現金で支払った。

20日　仕入先　山形商店から次の商品を仕入れ，代金は掛けとした。

B　品　　300個　　@¥1,430　　¥429,000

23日　得意先　岩手商店に対する売掛金の一部を現金で回収し，次の領収証を発行した。

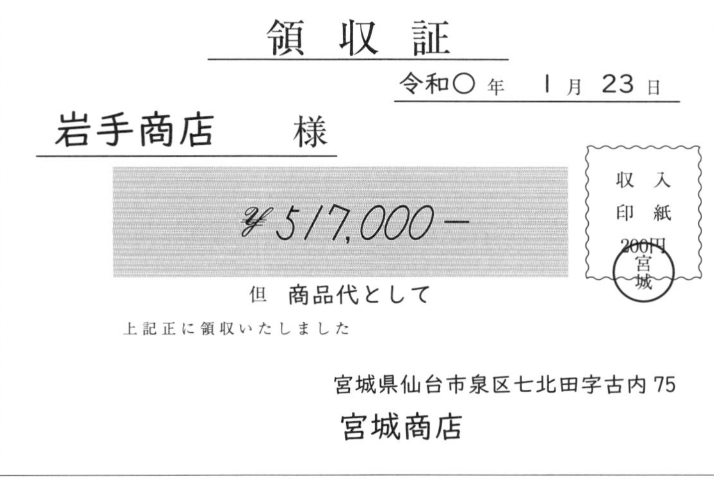
領　収　証

令和○年　1月 23日

岩手商店　様

¥517,000 −

但　商品代として

上記正に領収いたしました

収入印紙 200円 宮城

宮城県仙台市泉区七北田字古内75

宮城商店

25日　本月分の給料 ¥420,000 の支払いにあたり，所得税額 ¥33,000 を差し引いて，従業員の手取額を現金で支払った。

27日　仕入先　福島商店から次の商品を仕入れ，代金のうち ¥60,000 は現金で支払い，残額は掛けとした。

A　品　　200個　　@¥1,100　　¥220,000

29日　得意先　青森商店に対する売掛金の一部 ¥252,000 を，同店振り出しの小切手で受け取り，ただちに当座預金に預け入れた。

31日　本月分の家賃 ¥130,000 を現金で支払った。

4 次の各問いに答えなさい。

(1) 次の用語を英語表記にした場合，もっとも適当な英語表記を下記の語群のなかから選び，その番号を記入しなさい。

ア．売 上 帳　　イ．収　益　　ウ．当座預金

1．payment slip　　2．credit　　3．sales book
4．checking account　　5．revenues　　6．bank book

(2) 石川商店（個人企業）の下記の資本金勘定と資料によって，次の金額を計算しなさい。

a．期首の資本金　　b．期間中の費用総額

資　本　金

12/31 次期繰越	(　　　)	1/1 前期繰越	(　　　)
		12/31 損　益	639,000
	3,529,000		3,529,000

資　料

期間中の収益総額　¥7,239,000

5 北陸商店（個人企業　決算年1回　12月31日）の総勘定元帳勘定残高と決算整理事項は，次のとおりであった。よって，

(1) 決算整理仕訳を示しなさい。

(2) 繰越商品勘定および広告料勘定に必要な記入をおこない，締め切りなさい。なお，勘定記入は日付・相手科目・金額を示すこと。

(3) 損益計算書および貸借対照表を完成しなさい。

元帳勘定残高

現　　金	¥ 758,000	当座預金	¥1,386,000	売 掛 金	¥1,600,000
貸倒引当金	7,000	繰越商品	890,000	貸 付 金	1,400,000
備　　品	1,250,000	買 掛 金	2,315,000	前 受 金	250,000
資 本 金	4,000,000	売　　上	9,900,000	受取利息	42,000
仕　　入	5,858,000	給　　料	2,772,000	広 告 料	69,000
支払家賃	456,000	消耗品費	52,000	雑　　費	23,000

決算整理事項

a．期末商品棚卸高　¥670,000

b．貸倒見積高　売掛金残高の2％と見積もり，貸倒引当金を設定する。

c．備品減価償却高　取得原価 ¥1,500,000　残存価額は零（0）　耐用年数は6年とし，定額法により計算し，直接法で記帳している。

$$定額法による年間の減価償却費 = \frac{取得原価 - 残存価額}{耐用年数}$$

公益財団法人全国商業高等学校協会主催・文部科学省後援

第3回　簿記実務検定第3級模擬試験問題　商業簿記

（制限時間1時間30分）

1　下記の取引の仕訳を示しなさい。ただし，勘定科目は，次のなかからもっとも適当なものを使用すること。

現金	小口現金	当座預金	定期預金
売掛金	貸倒引当金	備品	買掛金
所得税預り金	資本金	受取利息	貸倒損失
支払家賃	雑費		

a．中部銀行に現金 ￥800,000 を定期預金として預け入れた。

b．得意先南北商店が倒産し，前期から繰り越された同店に対する売掛金 ￥76,000 が回収不能となったため，貸し倒れとして処理した。ただし，貸倒引当金勘定の残高が ￥60,000 ある。

c．事務用のパーソナルコンピュータ ￥350,000 を買い入れ，代金は付随費用 ￥9,000 とともに現金で支払った。

d．従業員から預かっていた所得税の源泉徴収額 ￥49,000 を税務署に現金で納付した。

2　佐賀商店の次の取引を入金伝票・出金伝票・振替伝票のうち，必要な伝票に記入しなさい。ただし，不要な伝票は空欄のままにしておくこと。

取　　引

1月20日　高知商店から貸付金の利息 ￥6,000 を現金で受け取った。（伝票番号　No.25）

〃 日　全商不動産から営業用の倉庫 ￥4,800,000 を購入し，代金は小切手#12を振り出して支払った。（伝票番号　No.31）

3 新潟商店の下記の取引について，

(1) 仕訳帳に記入して，総勘定元帳（略式）に転記しなさい。

(2) 買掛金元帳に記入して，締め切りなさい。

(3) 1月末における合計残高試算表を作成しなさい。

ただし，i 商品に関する勘定は3分法によること。

ii 仕訳帳における「諸口」の記入と小書きは省略する。

iii 総勘定元帳および買掛金元帳には，日付と金額を記入すればよい。

取　　引

1月4日 得意先 石川商店に次の商品を売り渡し，代金は掛けとした。

A 品	200個	@¥1,760	¥352,000
B 品	40〃	〃〃2,200	¥ 88,000

7日 従業員の出張にさいして，旅費の概算額 ¥90,000 を現金で仮払いした。

9日 仕入先 三重商店から次の商品を仕入れ，代金のうち ¥50,000 は現金で支払い，残額は掛けとした。

B 品	350個	@¥1,320	¥462,000

12日 電気料金 ¥82,000 が当座預金口座から引き落とされた。

15日 得意先 福井商店に次の商品を売り渡し，代金のうち ¥400,000 は同店振り出しの小切手で受け取り，残額は掛けとした。

B 品	300個	@¥2,200	¥660,000

16日 仕入先 富山商店に対する買掛金の一部を，小切手 ¥290,000 を振り出して支払った。

18日 従業員の出張にさいし，旅費の概算額として ¥90,000 を仮払いしていたが，本日，従業員が帰店して精算をおこない，残額 ¥7,000 を現金で受け取った。

20日 仕入先 富山商店から商品を仕入れ，次の納品書を受け取った。なお，代金は掛けとした。

納　品　書　　令和○年 1月20日

〒951-8131
新潟県新潟市中央区白山浦2-68-2
新潟商店　御中

〒930-0867 富山県富山市庄高田413
富山商店

下記のとおり納品いたしました。

商 品 名	数 量	単 価	金 額	備考
A品	400	1,210	484,000	
以下余白				
		合 計	¥484,000	

22日　得意先　福井商店に対する売掛金の一部 ¥310,000 を，同店振り出しの小切手で受け取った。

24日　得意先　山梨商店に次の商品を売り渡し，代金は掛けとした。

A　品　　150個　　@¥1,760　　¥264,000

26日　長野商店から借用証書によって ¥530,000 を借り入れていたが，利息 ¥1,300 とともに小切手を振り出して支払った。

27日　得意先　石川商店に対する売掛金の一部を次の小切手で受け取り，ただちに当座預金に預け入れた。

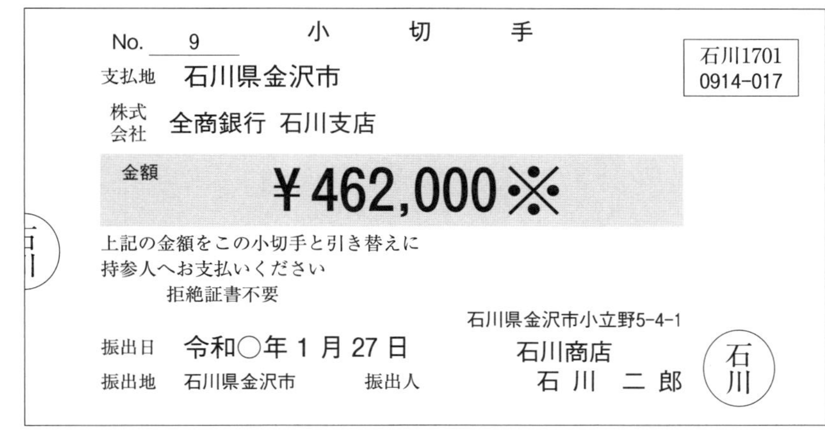

No. 9　　小　切　手　　石川1701 0914-017

支払地　石川県金沢市

株式会社　全商銀行 石川支店

金額　¥462,000※

上記の金額をこの小切手と引き替えに
持参人へお支払いください
拒絶証書不要

振出日　令和○年1月27日　　石川県金沢市小立野5-4-1

振出地　石川県金沢市　　振出人　石川商店　石 川　二 郎　（石川）

29日　岐阜広告社に対する広告料 ¥32,000 を現金で支払った。

31日　仕入先　三重商店に対する買掛金の一部を現金で支払い，次の領収証を受け取った。

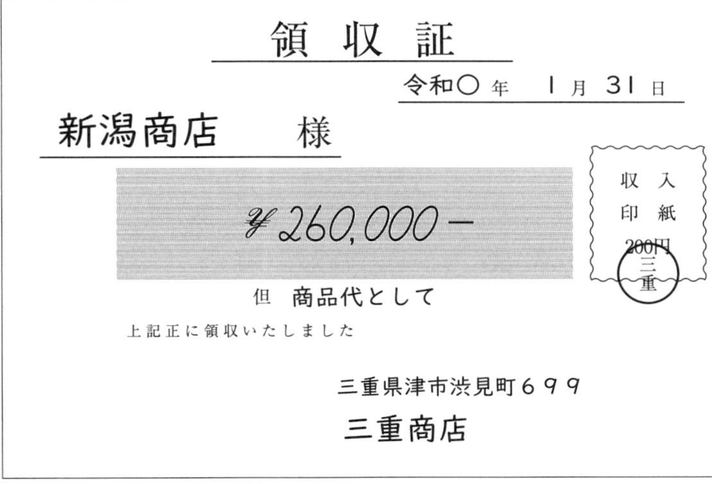

領　収　証

令和○年　1月　31日

新潟商店　様

¥260,000－

但　商品代として

上記正に領収いたしました

収入印紙 200円（三重）

三重県津市渋見町６９９

三重商店

4 次の各問いに答えなさい。

(1) 次の用語を英語表記にした場合，もっとも適当な英語表記を下記の語群のなかから選び，その番号を記入しなさい。

ア．借　方　　イ．主要簿　　ウ．入金伝票

1．debit　　2．receipt slip　　3．account
4．net assets　　5．main book　　6．expenses

(2) 次の各文の [　　] に入る金額を求めなさい。

a．大分商店（個人企業）の当期の収益総額は ¥4,270,000 で，当期の費用総額が ¥3,590,000 であるとき，当期純利益は ¥ [ア] である。

b．鹿児島商店（個人企業）の期首の資産総額は ¥4,380,000 負債総額は ¥2,750,000 であった。期末の資産総額は ¥5,190,000 で，この期間中の当期純利益が ¥420,000 であるとき，期末の負債総額は ¥ [イ] である。

5 東海商店（個人企業　決算年1回　12月31日）の総勘定元帳勘定残高と決算整理事項は，次のとおりであった。よって，

(1) 決算整理仕訳を示しなさい。

(2) 資本金勘定および保険料勘定に必要な記入をおこない，締め切りなさい。なお，勘定記入は日付・相手科目・金額を示すこと。

(3) 損益計算書および貸借対照表を完成しなさい。

元帳勘定残高

現金	¥769,000	当座預金	¥1,329,000	売掛金	¥1,400,000
貸倒引当金	15,000	繰越商品	723,000	貸付金	700,000
備品	1,330,000	買掛金	1,533,000	前受金	400,000
資本金	4,000,000	売上	9,490,000	受取利息	48,000
仕入	6,989,000	給料	1,212,000	支払家賃	332,000
保険料	408,000	消耗品費	195,000	雑費	99,000

決算整理事項

a．期末商品棚卸高　¥920,000

b．貸倒見積高　売掛金残高の3%と見積もり，貸倒引当金を設定する。

c．備品減価償却高　取得原価 ¥1,520,000 残存価額は零（0） 耐用年数は8年とし，定額法により計算し，直接法で記帳している。

$$定額法による年間の減価償却費=\frac{取得原価-残存価額}{耐用年数}$$

公益財団法人全国商業高等学校協会主催・文部科学省後援

第4回　簿記実務検定第3級模擬試験問題　商業簿記

（制限時間1時間30分）

1　下記の取引の仕訳を示しなさい。ただし，勘定科目は，次のなかからもっとも適当なものを使用すること。

現金	小口現金	当座預金	売掛金
貸倒引当金	建物	貸付金	買掛金
資本金	売上	受取利息	発送費
支払家賃	雑費		

a．宮城商店では定額資金前渡法を採用することにし，小口現金として小切手 ¥40,000 を振り出して庶務係に渡した。

b．秋田商店に商品 ¥240,000 を売り渡し，代金は掛けとした。なお，発送費 ¥9,000 は現金で支払った。

c．店舗用に建物 ¥6,300,000 を購入し，代金は小切手を振り出して支払った。なお，登記料と買入手数料の合計額 ¥290,000 は現金で支払った。

d．山形商店に借用証書によって，現金 ¥1,500,000 を貸し付けた。

2　愛知商店の次の取引を入金伝票・出金伝票・振替伝票のうち，必要な伝票に記入しなさい。ただし，不要な伝票は空欄のままにしておくこと。

取　　引

1月25日　三重商店から商品の注文を受け，内金として現金 ¥60,000 を受け取った。

（伝票番号　No.42）

〃日　奈良文具店から事務用のコピー用紙 ¥18,000 を購入し，代金は現金で支払った。

（伝票番号　No.38）

3 香川商店の下記の取引について，

(1) 仕訳帳に記入して，総勘定元帳（略式）に転記しなさい。

(2) 売掛金元帳に記入して，締め切りなさい。

(3) /月末における残高試算表を作成しなさい。

ただし，i　商品に関する勘定は3分法によること。

ii　仕訳帳における「諸口」の記入と小書きは省略する。

iii　総勘定元帳および売掛金元帳には，日付と金額を記入すればよい。

取　　引

/月 4日　仕入先　高知商店から商品を仕入れ，次の納品書を受け取った。なお，代金は掛けとした。

納　　品　　書　　　令和○年　1月4日

〒760-0068
香川県高松市松島町1-18-54
香川商店　　御中

〒780-0947　高知県高知市大谷6
高知商店

下記のとおり納品いたしました。

商品名	数量	単価	金額	備考
A品	400	550	220,000	
B品	300	1,210	363,000	
以下余白				
		合計	¥583,000	

6日　広島商店から借用証書によって現金 ¥400,000 を借り入れた。

8日　得意先　徳島商店に次の商品を売り渡し，代金は掛けとした。

A　品　300個　@¥ 990　¥297,000
B　品　100 〃　〃 〃 1,650　¥165,000

10日　仕入先　高知商店に対する買掛金の一部を小切手 ¥350,000 を振り出して支払った。

13日　インターネットの利用料金が当座預金口座から引き落とされ，次の領収証を受け取った。

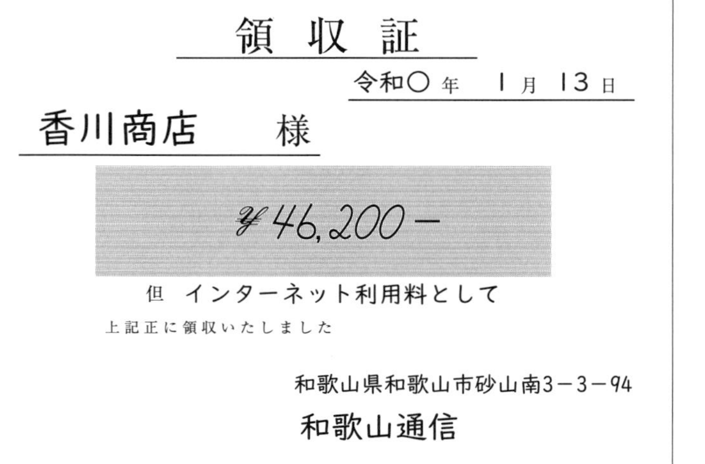
領　収　証
令和○ 年　1 月　13 日
香川商店　様
¥46,200－
但　インターネット利用料として
上記正に領収いたしました
和歌山県和歌山市砂山南3－3－94
和歌山通信

15日　得意先　徳島商店に対する売掛金の一部 ¥529,000 を，現金で受け取った。

16日　得意先　山口商店に次の商品を売り渡し，代金のうち ¥230,000 は同店振り出しの小切手で受け取り，残額は掛けとした。

C　品　200個　@¥1,760　¥352,000

18日　得意先　山口商店に売り渡した上記商品の一部について，次のとおり返品された。なお，この代金は売掛金から差し引くことにした。

C　品　10個　@¥1,760　¥ 17,600

20日　本月分の家賃 ¥280,000 を現金で支払った。

23日　仕入先　愛媛商店から次の商品を仕入れ，代金のうち ¥200,000 は現金で支払い，残額は掛けとした。

C　品　300個　@¥1,100　¥330,000

25日　本月分の給料 ¥240,000 の支払いにあたり，所得税額 ¥19,000 を差し引いて，従業員の手取額を現金で支払った。

26日　仕入先　愛媛商店に対する買掛金 ¥215,000 を現金で支払った。

29日　出張中の従業員から当店の当座預金口座に ¥130,000 の振り込みがあったが，その内容は不明である。

31日　得意先　山口商店に対する売掛金の一部を次の小切手で受け取り，ただちに当座預金に預け入れた。

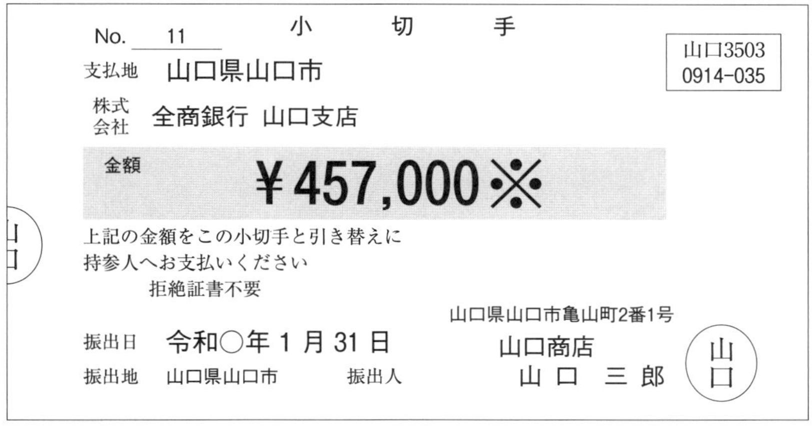

No. 11　小　切　手

山口3503
0914-035

支払地　山口県山口市
株式会社　全商銀行　山口支店

金額　¥457,000※

上記の金額をこの小切手と引き替えに
持参人へお支払いください
拒絶証書不要

振出日　令和○年1月31日
振出地　山口県山口市　振出人　山口県山口市亀山町2番1号
山口商店
山口　三郎　（山口）

4 次の各問いに答えなさい。

(1) 次の用語を英語表記にした場合，もっとも適当な英語表記を下記の語群のなかから選び，その番号を記入しなさい。

ア．勘定科目　　イ．仕　　訳　　ウ．負　　債

1．posting　　2．closing books　　3．liabilities
4．title of account　　5．transfer slip　　6．journalizing

(2) 次の文の［　　］に入る金額を求めなさい。

奈良商店（個人企業）の当期の収益総額は ¥4,680,000 で当期純利益は ¥280,000 であるとき，費用総額は ¥［ a ］である。また，期首の資産総額は ¥3,740,000 負債総額は ¥2,080,000 であり，期末の負債総額は ¥2,260,000 であるとき，期末の資産総額は ¥［ b ］である。

5 東北商店（個人企業　決算年1回　12月31日）の残高試算表と決算整理事項は，次のとおりであった。よって，

(1) 精算表を完成しなさい。

(2) 貸倒引当金勘定および減価償却費勘定に必要な記入をおこない，締め切りなさい。なお，勘定記入は日付・相手科目・金額を示すこと。

残　高　試　算　表

令和○年12月31日

借　方	勘定科目	貸　方
951,000	現金	
1,293,000	当座預金	
1,300,000	売掛金	
	貸倒引当金	9,000
650,000	繰越商品	
500,000	貸付金	
788,000	備品	
	買掛金	1,395,000
	前受金	250,000
	資本金	(　　　)
	売上	7,760,000
	受取手数料	140,000
	受取利息	7,000
5,017,000	仕入	
1,452,000	給料	
720,000	支払家賃	
54,000	消耗品費	
36,000	雑費	
12,761,000		12,761,000

決算整理事項

a．期末商品棚卸高　¥630,000

b．貸倒見積高　売掛金残高の2%と見積もり，貸倒引当金を設定する。

c．備品減価償却高　取得原価 ¥985,000 残存価額は零(0) 耐用年数は5年とし，定額法により計算し，直接法で記帳している。

$$定額法による年間の減価償却費=\frac{取得原価-残存価額}{耐用年数}$$

公益財団法人全国商業高等学校協会主催・文部科学省後援

第５回　簿記実務検定第３級模擬試験問題 商業簿記

（制限時間１時間30分）

1 下記の取引の仕訳を示しなさい。ただし，勘定科目は，次のなかからもっとも適当なものを使用すること。

現　　金	当座預金	売　掛　金	貸倒引当金
従業員立替金	買　掛　金	借　入　金	仮　受　金
資　本　金	売　　上	受取利息	支払家賃
水道光熱費	支払利息		

a．従業員のために現金 ¥80,000 を立て替え払いした。

b．福島商店から，借用証書によって ¥300,000 を借り入れていたが，本日，利息 ¥9,000 とともに小切手を振り出して返済した。

c．出張中の従業員から当店の当座預金口座に ¥160,000 の振り込みがあったが，その内容は不明である。

d．1月分の電気料金として ¥29,000 を現金で支払った。

2 滋賀商店の次の取引を入金伝票・出金伝票・振替伝票のうち，必要な伝票に記入しなさい。ただし，不要な伝票は空欄のままにしておくこと。

取　　引

1月12日　関西商店に，借用証書によって現金 ¥650,000 を貸し付けた。（伝票番号　No.26）

〃 日　徳島広告社に対する広告料 ¥26,000 は月末払いとした。（伝票番号　No.43）

3 栃木商店の下記の取引について，

(1) 仕訳帳に記入して，総勘定元帳（略式）に転記しなさい。

(2) 買掛金元帳に記入して，締め切りなさい。

(3) /月末における合計試算表を作成しなさい。

ただし，i 商品に関する勘定は3分法によること。

ii 仕訳帳における「諸口」の記入と小書きは省略する。

iii 総勘定元帳および買掛金元帳には，日付と金額を記入すればよい。

取　　引

/月 5日 得意先 東京商店に対する売掛金の一部 ¥200,000 を現金で受け取った。

8日 得意先 東京商店に次の商品を売り渡し，代金は現金で受け取った。

A 品	100個	@¥2,090	¥209,000
B 品	50〃	〃〃2,200	¥110,000

10日 山梨商店に借用証書によって貸し付けていた ¥700,000 を，その利息 ¥1,800 とともに小切手で受け取り，ただちに当座預金に預け入れた。

13日 仕入先 千葉商店から次の商品を仕入れ，代金は掛けとした。

C 品	400個	@¥1,320	¥528,000

14日 仕入先 千葉商店から仕入れた上記商品の一部について，次のとおり返品した。なお，この代金は買掛金から差し引くことにした。

C 品	10個	@¥1,320	¥ 13,200

15日 保険料を次の小切手を振り出して支払った。

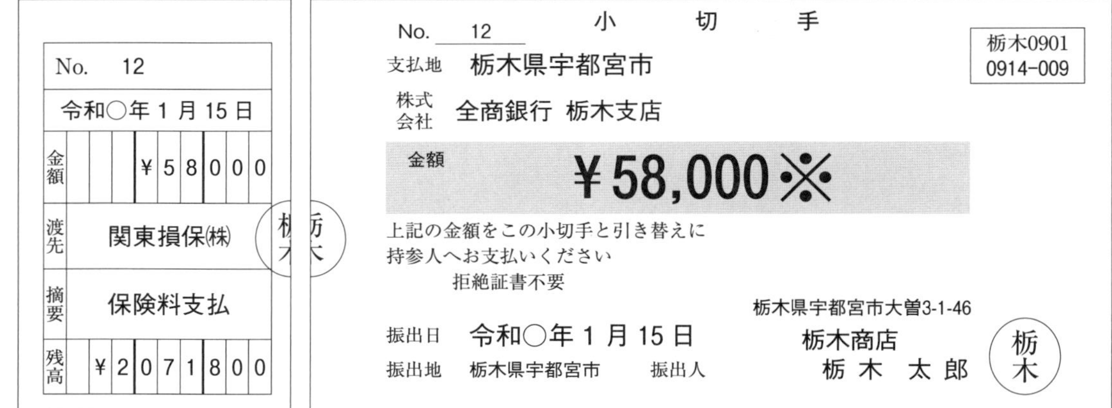
No. 12
令和○年1月15日

金額	¥58000
渡先	関東損保㈱
摘要	保険料支払
残高	¥2071800

No. 12　小　切　手　栃木0901 0914-009

支払地 栃木県宇都宮市

株式会社 全商銀行 栃木支店

金額 ¥58,000※

上記の金額をこの小切手と引き替えに
持参人へお支払いください
拒絶証書不要

振出日 令和○年1月15日　栃木県宇都宮市大曽3-1-46
振出地 栃木県宇都宮市　振出人 栃木商店 栃木太郎 (栃木)

17日 事務用の備品 ¥350,000 を購入し，代金は小切手を振り出して支払った。

19日 仕入先 群馬商店に対する買掛金の一部を小切手 ¥310,000 を振り出して支払った。

20日　茨城広告社に新聞折込広告代を支払い，次の領収証を受け取った。なお，代金は現金で支払った。

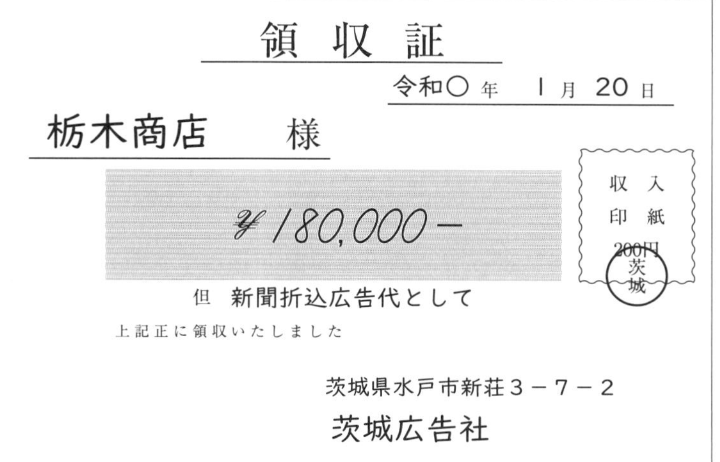
領　収　証

令和○ 年　1 月　20 日

栃木商店　　様

¥180,000－

但　新聞折込広告代として

上記正に領収いたしました

茨城県水戸市新荘３－７－２

茨城広告社

23日　得意先　神奈川商店に次の商品を売り渡し，代金は掛けとした。

　　C　品　　300個　@¥1,870　¥561,000

25日　得意先　埼玉商店に対する売掛金の一部 ¥480,000 を，同店振り出しの小切手で受け取った。

27日　仕入先　群馬商店から商品を仕入れ，次の納品書を受け取った。なお，代金はさきに支払ってある内金 ¥50,000 を差し引き，残額は掛けとした。

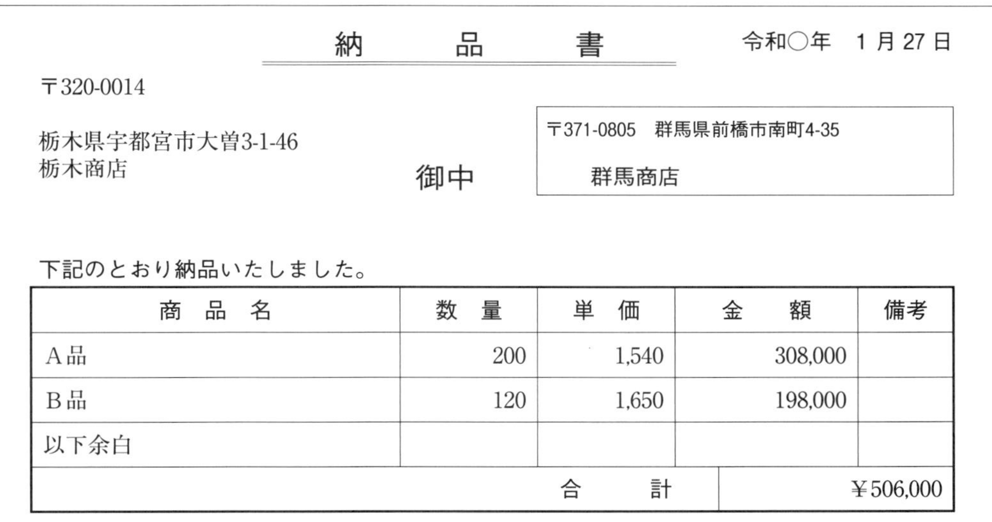
納　品　書　　令和○年　1 月 27 日

〒320-0014

栃木県宇都宮市大曽3-1-46
栃木商店　　御中

〒371-0805　群馬県前橋市南町4-35
群馬商店

下記のとおり納品いたしました。

商　品　名	数　量	単　価	金　額	備考
A品	200	1,540	308,000	
B品	120	1,650	198,000	
以下余白				
		合　計	¥506,000	

29日　仕入先　千葉商店に対する買掛金の一部 ¥246,000 を現金で支払った。

30日　従業員の出張にさいして，旅費の概算額 ¥43,000 を現金で仮払いした。

4 次の各問いに答えなさい。

(1) 次の用語を英語表記にした場合，もっとも適当な英語表記を下記の語群のなかから選び，その番号を記入しなさい。

ア．現　　金　　イ．精 算 表　　ウ．簿　　記

1．work sheet　　2．cash book　　3．cash
4．profit and loss statement　　5．subsidiary book　　6．bookkeeping

(2) 和歌山商店（個人企業）の下記の資料によって，次の金額を計算しなさい。

a．期間中の収益総額　　b．期末の資産総額

資　　料

i　期首の資産および負債

現　　金	¥650,000	当座預金	¥1,550,000	商　　品	¥300,000
備　　品	700,000	買 掛 金	440,000	借 入 金	500,000

ii　期末の負債総額　¥ 870,000
iii　期間中の費用総額　¥3,895,000
iv　当 期 純 利 益　¥ 305,000

5 山形商店（個人企業　決算年1回　12月31日）の総勘定元帳勘定残高と決算整理事項は，次のとおりであった。よって，

(1) 決算整理仕訳を示しなさい。

(2) 資本金勘定および消耗品費勘定に必要な記入をおこない，締め切りなさい。なお，勘定記入は日付・相手科目・金額を示すこと。

(3) 損益計算書および貸借対照表を完成しなさい。

元帳勘定残高

現　　金	¥ 318,000	当座預金	¥ 801,000	売 掛 金	¥1,050,000
貸倒引当金	14,000	繰越商品	844,000	前 払 金	80,000
備　　品	960,000	買 掛 金	984,000	前 受 金	250,000
資 本 金	2,400,000	売　　上	8,249,000	受取手数料	307,000
仕　　入	6,230,000	給　　料	1,032,000	支払家賃	580,000
水道光熱費	197,000	消耗品費	73,000	雑　　費	39,000

決算整理事項

a．期末商品棚卸高　¥850,000
b．貸 倒 見 積 高　売掛金残高の2%と見積もり，貸倒引当金を設定する。
c．備品減価償却高　取得原価 ¥1,200,000　残存価額は零（0）　耐用年数は5年とし，定額法により計算し，直接法で記帳している。

$$定額法による年間の減価償却費＝\frac{取得原価－残存価額}{耐用年数}$$

公益財団法人全国商業高等学校協会主催・文部科学省後援

第6回　簿記実務検定第3級模擬試験問題　商業簿記

（制限時間1時間30分）

1 下記の取引の仕訳を示しなさい。ただし，勘定科目は，次のなかからもっとも適当なものを使用すること。

現金	当座預金	売掛金	貸倒引当金
土地	買掛金	借入金	所得税預り金
資本金	売上	受取利息	支払家賃
水道光熱費	支払利息		

a．全商銀行に現金 ¥800,000 を当座預金として預け入れた。

b．店舗を建てるため，土地 ¥5,300,000 を購入し，代金は小切手を振り出して支払った。なお，登記料と買入手数料の合計額 ¥180,000 は現金で支払った。

c．茨城商店から現金 ¥600,000 を借用証書によって借り入れた。

d．従業員から預かっていた所得税の源泉徴収額 ¥36,000 を税務署に現金で納付した。

2 大阪商店の次の取引を入金伝票・出金伝票・振替伝票のうち，必要な伝票に記入しなさい。ただし，不要な伝票は空欄のままにしておくこと。

取　　引

1月26日　山口商店から貸付金の利息 ¥4,000 を現金で受け取った。（伝票番号　No.31）

〃　日　関東郵便局から切手 ¥21,000 を購入し，代金は現金で支払った。（伝票番号　No.29）

3 岐阜商店の下記の取引について,

(1) 仕訳帳に記入して，総勘定元帳（略式）に転記しなさい。

(2) 売掛金元帳に記入して，締め切りなさい。

(3) /月末における合計残高試算表を作成しなさい。

ただし，i 商品に関する勘定は3分法によること。

ii 仕訳帳における「諸口」の記入と小書きは省略する。

iii 総勘定元帳および売掛金元帳には，日付と金額を記入すればよい。

取　　引

/月5日 仕入先 静岡商店に対する買掛金を小切手 ¥290,000 を振り出して支払った。

8日 得意先 兵庫商店に次の商品を売り渡し，代金の一部については，次の小切手で受け取り，残額は掛けとした。

C 品	450個	@¥1,100	¥495,000

小　切　手

No. 21

兵庫2801
0914-028

支払地 兵庫県神戸市

株式会社 全商銀行 兵庫支店

金額 ¥300,000※

上記の金額をこの小切手と引き替えに
持参人へお支払いください
拒絶証書不要

振出日 令和○年1月8日

振出地 兵庫県神戸市

兵庫県神戸市
振出人 兵庫商店
兵 庫 良 子

（兵庫）

10日 仕入先 京都商店から次の商品を仕入れ，代金はさきに支払ってある内金 ¥50,000 を差し引き，残額は掛けとした。

B 品	200個	@¥ 690	¥138,000

11日 事務用の備品 ¥480,000 を購入し，代金は備品の据付費用 ¥10,000 とともに小切手を振り出して支払った。

13日 得意先 兵庫商店に対する売掛金の一部 ¥260,000 を，同店振り出しの小切手で受け取り，ただちに当座預金とした。

16日 仕入先 静岡商店から次の商品を仕入れ，代金は掛けとした。

A 品	500個	@¥ 430	¥215,000
B 品	200〃	〃〃 650	¥130,000

17日　得意先　大阪商店に対する売掛金の一部を，現金で回収し，次の領収証を発行した。

領　収　証

令和○年　1月　17日

大阪商店　様

¥210,000－

但　商品代として

上記正に領収いたしました

収入印紙 200円 岐阜

岐阜県岐阜市則武新屋敷 1816 － 6

岐阜商店

18日　保険料 ¥19,000 を現金で支払った。

20日　得意先　大阪商店に次の商品を売り渡し，代金は掛けとした。

A　品	250個	@¥600	¥150,000
B　品	400 〃	〃 〃 930	¥372,000

25日　本月分の給料 ¥240,000 の支払いにあたり，所得税額 ¥16,000 を差し引いて，従業員の手取額を現金で支払った。

27日　仕入先　京都商店に対する買掛金 ¥328,000 を現金で支払った。

28日　出張中の従業員から当店の当座預金口座に ¥130,000 の振り込みがあったが，その内容は不明である。

30日　仕入先　愛知商店から商品を仕入れ，次の納品書を受け取った。なお，代金は掛けとした。

納　品　書

令和○年　1月 30日

〒502-0931

岐阜県岐阜市則武新屋敷1816-6
岐阜商店　御中

〒461-0025　愛知県名古屋市東区徳川1-12-1
愛知商店

下記のとおり納品いたしました。

商品名	数量	単価	金額	備考
C品	400	770	308,000	
以下余白				
合計			¥308,000	

31日　電気料金および水道料金の合計額 ¥52,000 が当座預金口座から引き落とされた。

4 次の各問いに答えなさい。

(1) 次の用語を英語表記にした場合，もっとも適当な英語表記を下記の語群のなかから選び，その番号を記入しなさい。

ア．仕入勘定　　イ．貸借対照表　　ウ．伝　　票

1．purchases book　　2．balance sheet　　3．imprest system
4．slip　　5．purchases account　　6．transactions

(2) 四国商店は，下記のとおり移動平均法によって商品有高帳を記帳している。よって，(　ア　) に入る単価と (　イ　) に入る数量を求めなさい。

商　品　有　高　帳

(移動平均法)　　(品　名)　A　品　　(単位：個)

令和○年		摘　要	受入 数量	受入 単価	受入 金額	引渡 数量	引渡 単価	引渡 金額	残高 数量	残高 単価	残高 金額
1	1	前月繰越	200	600	120,000				200	600	120,000
	8	高知商店	300	650	195,000				(　)	(　)	(　)
	19	香川商店				(　)	(ア)	(　)	200	(　)	(　)
	24	徳島商店	200	690	138,000				(イ)	(　)	(　)
	31	次月繰越				(　)	(　)	(　)			
			700		453,000	700		453,000			

5 九州商店（個人企業　決算年1回　12月31日）の決算整理事項は，次のとおりであった。よって，

(1) 精算表を完成しなさい。

(2) 借入金勘定および仕入勘定に必要な記入をおこない，締め切りなさい。なお，勘定記入は日付・相手科目・金額を示すこと。

決算整理事項

a．期末商品棚卸高　¥590,000

b．貸倒見積高　売掛金残高の2％と見積もり，貸倒引当金を設定する。

c．備品減価償却高　取得原価 ¥850,000　残存価額は零（0）　耐用年数は5年とし，定額法により計算し，直接法で記帳している。

$$定額法による年間の減価償却費=\frac{取得原価-残存価額}{耐用年数}$$

公益財団法人全国商業高等学校協会主催・文部科学省後援

第７回　簿記実務検定第３級模擬試験問題　商業簿記

（制限時間１時間30分）

1 下記の取引の仕訳を示しなさい。ただし，勘定科目は，次のなかからもっとも適当なものを使用すること。

現　金	当座預金	売掛金	貸倒引当金
仮払金	建　物	買掛金	借入金
所得税預り金	前受金	資本金	売　上
受取利息	旅　費	雑　費	支払利息

a．栃木商店に商品 ¥900,000 を売り渡し，代金はさきに受け取っていた内金 ¥350,000 を差し引いて，残額は掛けとした。

b．群馬商店に対する売掛金の一部 ¥320,000 を，同店振り出しの小切手で受け取り，ただちに当座預金とした。

c．福島商店から借用証書によって現金 ¥500,000 を借り入れ，利息 ¥5,000 を差し引かれた残額を現金で受け取った。

d．従業員の出張にあたり，旅費の概算額として ¥7,000 を現金で渡した。

2 愛媛商店の次の取引を入金伝票・出金伝票・振替伝票のうち，必要な伝票に記入しなさい。ただし，不要な伝票は空欄のままにしておくこと。

取　引

1月28日　商品売買の仲介をおこない，山口商店から手数料として ¥34,000 を現金で受け取った。（伝票番号　No.41）

〃 日　兵庫文房具店から事務用文房具 ¥28,000 を購入し，代金は月末に支払うことにした。（伝票番号　No.43）

3 鳥取商店の下記の取引について，

(1) 仕訳帳に記入して，総勘定元帳（略式）に転記しなさい。

(2) 買掛金元帳に記入して，締め切りなさい。

(3) 1月末における残高試算表を作成しなさい。

ただし，i 商品に関する勘定は3分法によること。

ii 仕訳帳における「諸口」の記入と小書きは省略する。

iii 総勘定元帳および買掛金元帳には，日付と金額を記入すればよい。

取　　引

1月4日 仕入先 岡山商店から商品を仕入れ，次の納品書を受け取った。なお，代金は掛けとした。

納　品　書　　令和○年 1月4日

〒680-0941
鳥取県鳥取市湖山町北2-401
鳥取商店

御中

〒713-8122 岡山県倉敷市玉島中央町2-9-30
岡山商店

下記のとおり納品いたしました。

商品名	数量	単価	金額	備考
C品	400	360	144,000	
以下余白				
		合計	144,000	

5日 仕入先 岡山商店から仕入れた上記商品の一部について，次のとおり返品した。なお，この代金は買掛金から差し引くことにした。

C 品 5個 @¥360 ¥ 1,800

7日 山口商店から借用証書によって¥420,000を借り入れていたが，利息¥9,000とともに小切手を振り出して支払った。

8日 得意先 和歌山商店に次の商品を売り渡し，代金のうち¥110,000は同店振り出しの小切手で受け取り，残額は掛けとした。

C 品 300個 @¥530 ¥159,000

9日 仕入先 岡山商店に対する買掛金の一部¥164,000を現金で支払った。

11日 事務用の備品¥630,000を購入し，代金は小切手を振り出して支払った。

12日 得意先 和歌山商店に対する売掛金の一部¥390,000を，同店振り出しの小切手で受け取った。

15日 仕入先 島根商店から次の商品を仕入れ，代金は掛けとした。

A 品 300個 @¥440 ¥132,000

B 品 500〃 〃〃220 ¥110,000

18日　伝票，コピー用紙を購入し，代金は現金で支払い，次の領収証を受け取った。

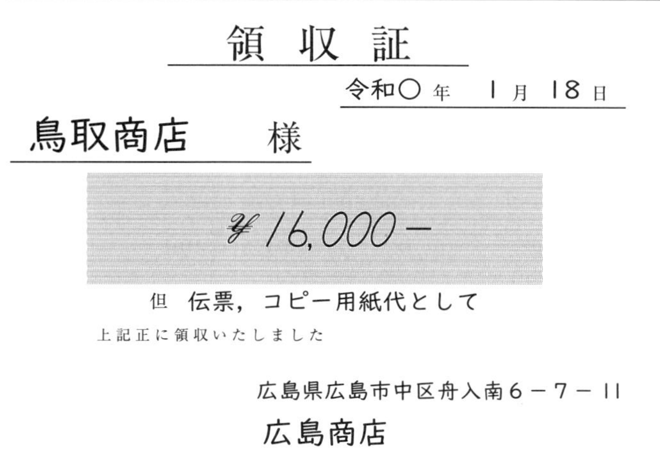

領　収　証

令和○ 年　1 月　18 日

鳥取商店　　様

¥16,000 −

但　伝票，コピー用紙代として

上記正に領収いたしました

広島県広島市中区舟入南６－７－11

広島商店

20日　得意先　滋賀商店に次の商品を売り渡し，代金は掛けとした。

　A　品　　300個　　@¥750　　¥225,000

21日　仕入先　島根商店に対する買掛金の一部を次の小切手を振り出して支払った。

No.　5

令和○年 1 月 21 日

金額	¥147000
渡先	島根商店
摘要	掛仕入・支払
残高	¥540000

鳥取

No.　5　　小　切　手

鳥取3101
0914-031

支払地　鳥取県鳥取市

株式会社　全商銀行 鳥取支店

金額　¥147,000※

上記の金額をこの小切手と引き替えに
持参人へお支払いください
拒絶証書不要

振出日　令和○年 1 月 21 日

振出地　鳥取県鳥取市

鳥取県鳥取市湖山町北2-401
鳥取商店
振出人　鳥 取　秀 樹

鳥取

22日　来月分の家賃 ¥123,000 を現金で支払った。

25日　本月分の給料 ¥190,000 の支払いにあたり，所得税額 ¥13,000 を差し引いて，従業員の手取額を現金で支払った。

28日　得意先　奈良商店に次の商品を売り渡し，代金は掛けとした。

　A　品　　600個　　@¥750　　¥450,000

　B　品　　250 〃　　〃 〃 320　　¥ 80,000

4 次の各問いに答えなさい。

(1) 次の用語を英語表記にした場合，もっとも適当な英語表記を下記の語群のなかから選び，その番号を記入しなさい。

ア．資　　産　　イ．転　　記　　ウ．売上原価

1．assets　　2．sales book　　3．cost of goods sold
4．trial balance　　5．posting　　6．checking account

(2) 島根商店（個人企業）の下記の資本金勘定と資料によって，次の金額を計算しなさい。

a．期間中の収益総額　　b．期首の資本金

資　本　金　11

12/31 次期繰越	4,450,000	1/1 前期繰越	(　　　)
		12/31 損　益	(　　　)
	4,450,000		4,450,000

資　料

i　期間中の費用総額　¥6,310,000
ii　当期純利益　¥650,000

5 広島商店（個人企業　決算年1回　12月31日）の総勘定元帳勘定残高と決算整理事項は，次のとおりであった。よって，

(1) 決算整理仕訳を示しなさい。
(2) 繰越商品勘定および支払家賃勘定に必要な記入をおこない，締め切りなさい。なお，勘定記入は日付・相手科目・金額を示すこと。
(3) 損益計算書および貸借対照表を完成しなさい。

元帳勘定残高

現　金	¥674,000	当座預金	¥3,183,000	売掛金	¥1,600,000
貸倒引当金	19,000	繰越商品	630,000	貸付金	450,000
備　品	840,000	買掛金	1,492,000	資本金	5,200,000
売　上	9,620,000	受取手数料	193,000	受取利息	9,000
仕　入	6,263,000	給　料	1,512,000	支払家賃	1,008,000
保険料	174,000	消耗品費	118,000	雑　費	81,000

決算整理事項

a．期末商品棚卸高　¥640,000
b．貸倒見積高　売掛金残高の3％と見積もり，貸倒引当金を設定する。
c．備品減価償却高　取得原価 ¥1,400,000　残存価額は零（0）　耐用年数は5年とし，定額法により計算し，直接法で記帳している。

$$\text{定額法による年間の減価償却費} = \frac{\text{取得原価} - \text{残存価額}}{\text{耐用年数}}$$

公益財団法人全国商業高等学校協会主催・文部科学省後援

第8回　簿記実務検定第3級模擬試験問題　商業簿記

（制限時間1時間30分）

1 下記の取引の仕訳を示しなさい。ただし，勘定科目は，次のなかからもっとも適当なものを使用すること。

現金	小口現金	当座預金	定期預金
売掛金	貸倒引当金	買掛金	借入金
所得税預り金	資本金	受取利息	貸倒損失
支払家賃	支払利息	雑費	

a．全商銀行に定期預金として現金 ¥500,000 を預け入れた。

b．得意先東西商店が倒産し，前期から繰り越された同店に対する売掛金 ¥130,000 を貸し倒れとして処理した。ただし，貸倒引当金勘定の残高が ¥160,000 ある。

c．青森商店では定額資金前渡法を採用することとし，小口現金として小切手 ¥80,000 を振り出して庶務係に渡した。

d．滋賀商店から借用証書によって ¥450,000 を借り入れていたが，本日，利息 ¥9,000 とともに現金で返済した。

2 徳島商店の次の取引を入金伝票・出金伝票・振替伝票のうち，必要な伝票に記入しなさい。ただし，不要な伝票は空欄のままにしておくこと。

取　　引

1月23日　香川商店から，借用証書によって貸し付けていた ¥370,000 を現金で受け取った。（伝票番号　No.26）

〃 日　出張中の従業員から当店の当座預金口座に ¥80,000 の振り込みがあったが，その内容は不明である。（伝票番号　No.29）

3 島根商店の下記の取引について，

(1) 仕訳帳に記入して，総勘定元帳（略式）に転記しなさい。

(2) 売掛金元帳に記入して，締め切りなさい。

(3) /月末における合計残高試算表を作成しなさい。

ただし，i 商品に関する勘定は3分法によること。

ii 仕訳帳における「諸口」の記入と小書きは省略する。

iii 総勘定元帳および売掛金元帳には，日付と金額を記入すればよい。

取　　　引

/月4日 仕入先 鳥取商店から次の商品を仕入れ，代金は掛けとした。

A 品　300個　@¥ 990　¥297,000

7日 出張中の従業員から当店の当座預金口座に ¥120,000 の振り込みがあったが，その内容は不明である。

9日 得意先 岡山商店に次の商品を売り渡し，代金は掛けとした。

A 品　200個　@¥1,650　¥330,000

10日 得意先 岡山商店に売り渡した商品の一部について，次のとおり返品された。なお，この代金は売掛金から差し引くことにした。

A 品　10個　@¥1,650　¥ 16,500

12日 さきに，仮受金勘定で処理していた ¥120,000 について，本日，その金額は，得意先岡山商店に対する売掛金の回収額であることがわかった。

15日 仕入先 鳥取商店に対する買掛金の一部 ¥197,000 を現金で支払った。

16日 本月分の家賃 ¥212,000 を現金で支払った。

18日 得意先 岡山商店に次の商品を売り渡し，代金のうち ¥300,000 は同店振り出しの小切手で受け取り，残額は掛けとした。

A 品　320個　@¥1,650　¥528,000

20日 仕入先 奈良商店に対する買掛金を次の小切手#16を振り出して支払った。

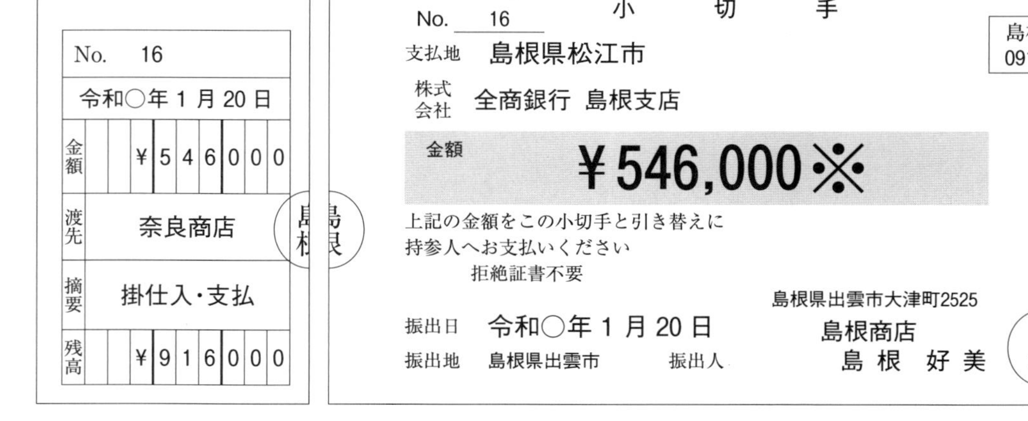

22日　仕入先　奈良商店から次の商品を仕入れ，代金は現金で支払った。

A　品　　250個　@¥1,100　¥275,000

24日　得意先　広島商店に商品を売り渡し，次の納品書を渡した。なお，代金は掛けとした。

納　品　書　　令和○年　1月24日

〒737-0112

広島県呉市広古新開4-1-1
広島商店　　御中

〒693-0011　島根県出雲市大津町2525
島根商店

下記のとおり納品いたしました。

商品名	数量	単価	金額	備考
A品	300	1,650	495,000	
以下余白				
		合計	¥495,000	

25日　本月分の給料 ¥250,000 の支払いにあたり，所得税額 ¥17,000 を差し引いて，従業員の手取額を現金で支払った。

27日　得意先　広島商店に対する売掛金の一部を，現金で回収し，次の領収証を発行した。

領　収　証

令和○年　1月　27日

広島商店　様

¥628,000 −

但　商品代として

上記正に領収いたしました

島根県出雲市大津町 2525

島根商店

31日　保険料 ¥190,000 を小切手を振り出して支払った。

4 次の各問いに答えなさい。

(1) 次の用語を英語表記にした場合，もっとも適当な英語表記を下記の語群のなかから選び，その番号を記入しなさい。

ア．仕　入　帳　　イ．損益計算書　　ウ．取　　引

1．assets　　2．transactions　　3．purchases book
4．sales account　　5．profit and loss statement　　6．balance sheet

(2) 埼玉商店は，下記のとおり先入先出法によって商品有高帳を記帳している。よって，（　ア　）と（　イ　）に入る金額を求めなさい。

商　品　有　高　帳

（先入先出法）　　（品　名）　A　品　　（単位：個）

令和○年		摘要	受入 数量	受入 単価	受入 金額	引渡 数量	引渡 単価	引渡 金額	残高 数量	残高 単価	残高 金額
1	1	前月繰越	80	1,400	112,000				80	1,400	112,000
	6	大宮商店	300	1,500	450,000				80	1,400	112,000
									300	1,500	450,000
	17	川口商店				（　）	（　）	（　）			
						120	（ア）	（　）	（　）	（　）	（　）
	28	和光商店	400	1,600	640,000				180	1,500	270,000
									（　）	（　）	（イ）

5 三重商店（個人企業　決算年1回　12月31日）の総勘定元帳勘定残高と決算整理事項は，次のとおりであった。よって，

(1) 決算整理仕訳を示しなさい。
(2) 備品勘定および受取手数料勘定に必要な記入をおこない，締め切りなさい。なお，勘定記入は日付・相手科目・金額を示すこと。
(3) 損益計算書および貸借対照表を完成しなさい。

元帳勘定残高

現金	¥621,000	当座預金	¥1,203,000	売掛金	¥1,500,000
貸倒引当金	7,000	繰越商品	550,000	貸付金	420,000
備品	780,000	買掛金	601,000	前受金	254,000
資本金	3,700,000	売上	7,560,000	受取手数料	83,000
受取利息	6,000	仕入	4,894,000	給料	1,356,000
支払家賃	816,000	消耗品費	45,000	雑費	26,000

決算整理事項

a．期末商品棚卸高　¥530,000
b．貸倒見積高　売掛金残高の2％と見積もり，貸倒引当金を設定する。
c．備品減価償却高　取得原価 ¥975,000　残存価額は零（0）　耐用年数は5年とし，定額法により計算し，直接法で記帳している。

$$\text{定額法による年間の減価償却費} = \frac{\text{取得原価} - \text{残存価額}}{\text{耐用年数}}$$

公益財団法人全国商業高等学校協会主催・文部科学省後援

第9回　簿記実務検定第3級模擬試験問題　商業簿記

（制限時間1時間30分）

1 下記の取引の仕訳を示しなさい。ただし，勘定科目は，次のなかからもっとも適当なものを使用すること。

現金	当座預金	普通預金	売掛金
貸倒引当金	仮払金	建物	買掛金
借入金	仮受金	受取利息	広告料
水道光熱費	雑費		

a．全商銀行に現金 ¥120,000 を普通預金として預け入れた。

b．店舗用に建物 ¥3,000,000 を購入し，代金は小切手を振り出して支払った。なお，登記料と買入手数料の合計額 ¥200,000 は現金で支払った。

c．東西新聞販売店に折り込み広告代として ¥30,000 を現金で支払った。

d．3月分の電気料金 ¥42,000 と水道料金 ¥31,000 が当座預金口座から引き落とされた。

2 東京商店の次の取引を入金伝票・出金伝票・振替伝票のうち，必要な伝票に記入しなさい。ただし，不要な伝票は空欄のままにしておくこと。

取　　引

1月14日　福井商店に商品の注文をおこない，内金として ¥38,000 を現金で支払った。（伝票番号　No.26）

〃日　富山商店から借用証書によって借り入れていた ¥250,000 を，小切手#13を振り出して返済した。（伝票番号　No.17）

3 福岡商店の下記の取引について，

(1) 仕訳帳に記入して，総勘定元帳（略式）に転記しなさい。

(2) 買掛金元帳に記入して，締め切りなさい。

(3) /月末における合計残高試算表を作成しなさい。

ただし，i 商品に関する勘定は3分法によること。

ii 仕訳帳における「諸口」の記入と小書きは省略する。

iii 総勘定元帳および買掛金元帳には，日付と金額を記入すればよい。

取　　引

/月5日 仕入先 宮崎商店から商品を仕入れ，次の納品書を受け取った。なお，代金は掛けとした。

納　品　書　　令和○年 1月5日

〒807-0863
福岡県北九州市八幡西区大膳2-23-1
福岡商店　御中

〒880-0023 宮崎県宮崎市和知川原3-24
宮崎商店

下記のとおり納品いたしました。

商品名	数量	単価	金額	備考
C品	600	1,320	792,000	
以下余白				
		合計	¥792,000	

7日 事務用の備品 ¥397,000 を購入し，代金は小切手を振り出して支払った。

8日 得意先 熊本商店に次の商品を売り渡し，代金は掛けとした。

C　品　500個　@¥1,980　¥990,000

10日 大分商店に借用証書によって貸し付けていた ¥450,000 を，その利息 ¥1,200 とともに小切手で受け取り，ただちに当座預金に預け入れた。

12日 仕入先 佐賀商店から次の商品を仕入れ，代金のうち ¥49,000 は現金で支払い，残額は掛けとした。

A　品　200個　@¥　930　¥186,000
B　品　300 〃　〃〃1,210　¥363,000

15日　得意先　長崎商店に対する売掛金の一部を，次の小切手で受け取った。

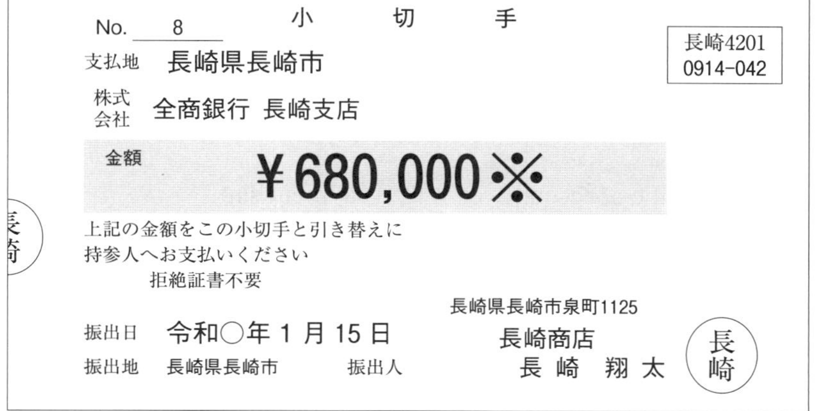
小　切　手
No. 8
長崎4201
0914-042
支払地　長崎県長崎市
株式会社　全商銀行 長崎支店
金額　¥680,000※
上記の金額をこの小切手と引き替えに
持参人へお支払いください
拒絶証書不要
振出日　令和○年 1 月 15 日
振出地　長崎県長崎市
長崎県長崎市泉町1125
振出人　長崎商店
長崎 翔太

16日　得意先　長崎商店に次の商品を売り渡し，代金は掛けとした。

A　品	200個	@¥1,320	¥264,000
B　品	100 〃	〃 〃 1,650	¥165,000

17日　鹿児島広告社に広告料 ¥27,000 を現金で支払った。

20日　仕入先　佐賀商店に対する買掛金の一部を小切手 ¥421,000 を振り出して支払った。

24日　得意先　沖縄商店に次の商品を売り渡し，代金は掛けとした。

A　品	200個	@¥1,320	¥264,000

25日　本月分の給料 ¥180,000 の支払いにあたり，所得税額 ¥12,000 を差し引いて，従業員の手取額を現金で支払った。

27日　インターネット利用料金 ¥12,000 が当座預金口座から引き落とされた。

28日　仕入先　宮崎商店に対する買掛金の一部を小切手を振り出して支払い，次の領収証を受け取った。

領　収　証
令和○ 年　1 月　28 日
福岡商店　様
¥486,000－
但　商品代として
上記正に領収いたしました
収入印紙 200円
宮崎県宮崎市和知川原３－24
宮崎商店

31日　得意先　沖縄商店に対する売掛金の一部 ¥395,000 を現金で受け取った。

4 次の各問いに答えなさい。

(1) 次の用語を英語表記にした場合，もっとも適当な英語表記を下記の語群のなかから選び，その番号を記入しなさい。

ア．勘　定　　イ．出金伝票　　ウ．費　用

1．main book　　2．title of account　　3．payment slip
4．account　　5．expenses　　6．liabilities

(2) 広島商店（個人企業）の当期の資料は下記のとおりである。よって，次の金額を計算しなさい。

a．期間中の費用総額　　b．期末の資産総額

資　料

i　期間中の収益総額　¥6,419,000
ii　当期純損失　¥537,000
iii　期首の資産総額　¥3,460,000
iv　期首の負債総額　¥1,128,000
v　期末の負債総額　¥1,428,000

5 四国商店（個人企業　決算年1回　12月31日）の総勘定元帳勘定残高と決算整理事項は，次のとおりであった。よって，

(1) 決算整理仕訳を示しなさい。
(2) 貸倒引当金勘定および消耗品費勘定に必要な記入をおこない，締め切りなさい。なお，勘定記入は日付・相手科目・金額を示すこと。
(3) 損益計算書および貸借対照表を完成しなさい。

元帳勘定残高

現　金	¥654,000	当座預金	¥910,000	売掛金	¥2,100,000
貸倒引当金	8,000	繰越商品	520,000	前払金	70,000
備　品	580,000	買掛金	1,020,000	借入金	820,000
資本金	2,560,000	売　上	7,610,000	受取手数料	26,000
仕　入	4,820,000	給　料	1,560,000	支払家賃	684,000
消耗品費	68,000	雑　費	72,000	支払利息	6,000

決算整理事項

a．期末商品棚卸高　¥490,000
b．貸倒見積高　売掛金残高の2%と見積もり，貸倒引当金を設定する。
c．備品減価償却高　取得原価 ¥725,000 残存価額は零（0） 耐用年数は5年とし，定額法により計算し，直接法で記帳している。

$$定額法による年間の減価償却費=\frac{取得原価-残存価額}{耐用年数}$$

公益財団法人全国商業高等学校協会主催・文部科学省後援

第10回　簿記実務検定第3級模擬試験問題　商業簿記

（制限時間1時間30分）

1 下記の取引の仕訳を示しなさい。ただし，勘定科目は，次のなかからもっとも適当なものを使用すること。

現金	当座預金	売掛金	貸付金
従業員立替金	仮払金	建物	買掛金
借入金	資本金	売上	受取利息
発送費	旅費	雑費	

a．愛知商店に商品 ¥170,000 を売り渡し，代金は掛けとした。なお，発送費 ¥8,000 は現金で支払った。

b．従業員のために現金 ¥69,000 を立て替え払いした。

c．三重商店に借用証書によって貸し付けていた ¥700,000 の返済を受け，その利息 ¥21,000 とともに同店振り出しの小切手で受け取った。

d．従業員の出張にさいし，旅費の概算額として ¥90,000 を仮払いしていたが，本日，従業員が帰店して精算をおこない，残額 ¥7,000 を現金で受け取った。

2 鹿児島商店の次の取引を入金伝票・出金伝票・振替伝票のうち，必要な伝票に記入しなさい。ただし，不要な伝票は空欄のままにしておくこと。

取　　引

1月19日　宮崎商店に対する買掛金の一部 ¥420,000 を小切手#7を振り出して支払った。（伝票番号　No.23）

〃 日　全商銀行の当座預金口座に現金 ¥130,000 を預け入れた。（伝票番号　No.17）

3 新潟商店の下記の取引について，

(1) 仕訳帳に記入して，総勘定元帳（略式）に転記しなさい。

(2) 買掛金元帳に記入して，締め切りなさい。

(3) 1月末における合計試算表を作成しなさい。

ただし，i 商品に関する勘定は3分法によること。

ii 仕訳帳における「諸口」の記入と小書きは省略する。

iii 総勘定元帳および買掛金元帳には，日付と金額を記入すればよい。

取　　　引

1月6日 仕入先 石川商店から次の商品を仕入れ，代金は掛けとした。

A 品 400個 @¥1,430 ¥572,000

9日 事務用のパーソナルコンピュータを購入し，代金は次の小切手を振り出して支払った。

No. 27									
令和○年1月9日									
金額			¥	2	3	5	0	0	0
渡先	岐阜電器								
摘要	パーソナル コンピュータ購入								
残高		¥	1	5	3	5	0	0	0

No. 27　小　切　手　新潟1501 0914-015

支払地 新潟県新潟市

株式会社 全商銀行 新潟支店

金額 ¥235,000※

上記の金額をこの小切手と引き替えに
持参人へお支払いください
拒絶証書不要

振出日 令和○年1月9日
振出地 新潟県新発田市

新潟県新発田市板敷521-1
新潟商店
振出人 新潟大輔 (新潟)

11日 得意先 長野商店に次の商品を売り渡し，代金のうち¥320,000は同店振り出しの小切手で受け取り，残額は掛けとした。

B 品 300個 @¥1,760 ¥528,000

13日 仕入先 富山商店から次の商品を仕入れ，代金のうち¥140,000は現金で支払い，残額は掛けとした。

B 品 400個 @¥1,100 ¥440,000

14日 仕入先 富山商店から仕入れた上記商品の一部について，次のとおり返品した。なお，この代金は買掛金から差し引くことにした。

B 品 5個 @¥1,100 ¥ 5,500

16日 得意先 福井商店に対する売掛金の一部¥367,000を，同店振り出しの小切手で受け取り，ただちに当座預金に預け入れた。

19日　インターネットの利用料金が当座預金口座から引き落とされ，次の領収証を受け取った。

領　収　証

令和○年　1月　19日

新潟商店　様

¥24,000－

但　インターネット利用料金として

上記正に領収いたしました

静岡県静岡市葵区田町7－90

静岡通信社

20日　仕入先　石川商店から次の商品を仕入れ，代金は掛けとした。

C　品　　300個　　@¥1,210　　¥363,000

22日　群馬広告社に対する広告料は翌月末払いとし，次の請求書を受け取った。

請　求　書

令和○年　1月22日

〒957-0013

新潟県新発田市板敷521-1
新潟商店

御中

〒372-0001　群馬県伊勢崎市波志江町1116

群馬広告社

請求金額は下記のとおりです。

商品名	数量	単価	金額	備考
広告掲載	1	82,000	82,000	
以下余白				
		合計	¥82,000	

24日　得意先　福井商店に次の商品を売り渡し，代金は同店振り出しの小切手で受け取った。

A　品　　300個　　@¥2,200　　¥660,000

B　品　　200〃　　〃〃1,760　　¥352,000

25日　本月分の給料 ¥290,000 の支払いにあたり，所得税額 ¥20,000 を差し引いて，従業員の手取額を現金で支払った。

26日　得意先　長野商店に対する売掛金の一部 ¥528,000 を現金で受け取った。

28日　電気料金および水道料金の合計額 ¥49,000 が当座預金口座から引き落とされた。

30日　仕入先　石川商店に対する買掛金の一部 ¥276,000 を現金で支払った。

4 次の各問いに答えなさい。

(1) 次の用語を英語表記にした場合，もっとも適当な英語表記を下記の語群のなかから選び，その番号を記入しなさい。

ア．現金出納帳　　イ．仕　訳　帳　　ウ．補　助　簿

1．journal　　2．purchases account　　3．work sheet
4．cash book　　5．slip　　6．subsidiary book

(2) 次の各文の [　　] に入る金額を求めなさい。

a．徳島商店（個人企業）の当期の収益総額が ¥1,175,000 で，当期純利益が ¥38,000 であるとき，当期の費用総額は ¥ [ア] である。

b．愛媛商店（個人企業）の期首の資産総額は ¥3,180,000 負債総額は ¥2,246,000 であった。当期純利益が ¥210,000 で，期末の負債総額が ¥2,546,000 であるとき，期末の資産総額は ¥ [イ] である。

5 中部商店（個人企業　決算年1回　12月31日）の決算整理事項は，次のとおりであった。よって，

(1) 精算表を完成しなさい。

(2) 貸付金勘定および給料勘定に必要な記入をおこない，締め切りなさい。なお，勘定記入は日付・相手科目・金額を示すこと。

決算整理事項

a．期末商品棚卸高　　¥702,000

b．貸 倒 見 積 高　　売掛金残高の3%と見積もり，貸倒引当金を設定する。

c．備品減価償却高　　取得原価 ¥1,360,000 残存価額は零（0） 耐用年数は8年とし，定額法により計算し，直接法で記帳している。

$$定額法による年間の減価償却費=\frac{取得原価-残存価額}{耐用年数}$$

公益財団法人全国商業高等学校協会主催・文部科学省後援　令和5年1月22日実施

第95回　簿記実務検定第3級試験問題　商業簿記　（制限時間1時間30分）

1 下記の取引の仕訳を示しなさい。ただし，勘定科目は，次のなかからもっとも適当なものを使用すること。

現金	当座預金	普通預金	定期預金
売掛金	貸倒引当金	貸付金	仮払金
買掛金	借入金	仮受金	貸倒損失

a．山梨銀行に定期預金として現金 ¥300,000 を預け入れた。

b．出張中の従業員から当店の当座預金口座に ¥70,000 の振り込みがあったが，その内容は不明である。

c．鹿児島商店へ借用証書によって，現金 ¥800,000 を貸し付けた。

d．得意先 南北商店が倒産し，前期から繰り越された同店に対する売掛金 ¥45,000 が回収不能となったため，貸し倒れとして処理した。ただし，貸倒引当金勘定の残高が ¥26,000 ある。

2 熊本商店の次の取引を入金伝票・出金伝票・振替伝票のうち，必要な伝票に記入しなさい。ただし，不要な伝票は空欄のままにしておくこと。

取　　引

1月17日　長崎郵便局で郵便切手 ¥4,200 を買い入れ，代金は現金で支払った。
（伝票番号　No.39）

〃 日　福岡事務機器から営業用の金庫 ¥135,000 を買い入れ，代金は小切手#8を振り出して支払った。
（伝票番号　No.56）

3 岐阜商店（個人企業）の下記の取引について，

(1) 仕訳帳に記入して，総勘定元帳（略式）に転記しなさい。

(2) 売掛金元帳に記入して締め切りなさい。

(3) 1月末における残高試算表を作成しなさい。

ただし，i 商品に関する勘定は3分法によること。

ii 仕訳帳における小書きは省略すること。

iii 総勘定元帳および売掛金元帳には，日付と金額を記入すればよい。

取　　　引

1月 5日 仕入先 長野商店に対する買掛金の一部 ¥8,000 を，小切手を振り出して支払った。

6日 得意先 佐賀商店に次の商品を売り渡し，代金は掛けとした。

A 品　50個　@¥120　¥6,000

10日 水道光熱費 ¥4,700 が普通預金口座から引き落とされた。

11日 仕入先 静岡商店から商品を仕入れ，次の納品書を受け取った。なお，代金は掛けとした。

納　品　書

令和○年１月11日

〒502-0931
岐阜市則武新屋敷1816-6
岐阜商店　　御中

〒420-0068　静岡市葵区田町7-90
静岡商店（静岡商店）

下記のとおり納品いたします。

商品名	数量	単位	単価	金額	備考
A品	200	個	100	20,000	
以下余白					
合計				¥20,000	

16日 得意先 大分商店に次の商品を売り渡し，代金は掛けとした。

A 品　200個　@¥120　¥24,000

B 品　60〃　〃〃250　¥15,000

18日 得意先 佐賀商店に対する売掛金の一部 ¥17,000 を小切手で受け取り，ただちに当座預金に預け入れた。

20日　高山文房具店から事務用帳簿・伝票を購入し，代金は現金で支払い，次の領収証を受け取った。

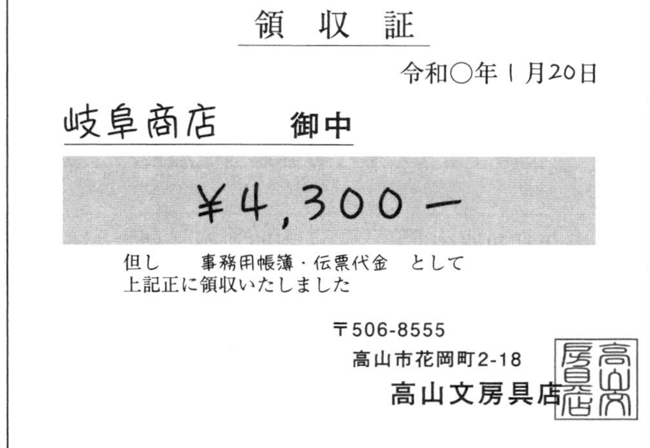

領　収　証

令和○年１月20日

岐阜商店　御中

¥4,300－

但し　事務用帳簿・伝票代金　として
上記正に領収いたしました

〒506-8555
高山市花岡町2-18
高山文房具店

23日　仕入先 長野商店から次の商品を仕入れ，代金は掛けとした。

B　品　80個　@¥200　¥16,000

25日　本月分の給料 ¥20,000 の支払いにあたり，所得税額 ¥1,000 を差し引いて，従業員の手取額を現金で支払った。

26日　得意先 大分商店に対する売掛金 ¥35,000 を現金で受け取った。

27日　1月分の家賃 ¥15,000 が普通預金口座から引き落とされた。

30日　仕入先 長野商店に対する買掛金の一部について，次の小切手を振り出して支払った。

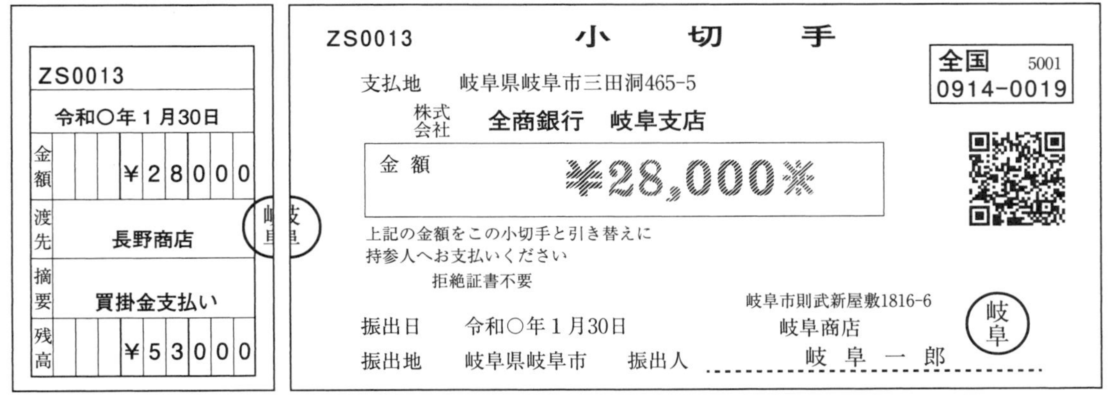

ZS0013
令和○年１月30日

金額	¥28000
渡先	長野商店
摘要	買掛金支払い
残高	¥53000

ZS0013　小　切　手

全国 5001
0914-0019

支払地　岐阜県岐阜市三田洞465-5
株式会社　全商銀行　岐阜支店

金額　¥28,000※

上記の金額をこの小切手と引き替えに
持参人へお支払いください
拒絶証書不要

振出日　令和○年１月30日
振出地　岐阜県岐阜市
岐阜市則武新屋敷1816-6
岐阜商店
振出人　岐阜一郎

4 次の各問いに答えなさい。

(1) 次の用語を英語であらわした場合，もっとも適当な語を下記の語群のなかから選び，その番号を記入しなさい。

ア．簿記　　　イ．現金勘定

1. Sales account　2. Cash account　3. Assets　4. Bookkeeping

(2) 次の文の［　　］にあてはまるもっとも適当な語を，下記の語群のなかから選び，その番号を記入しなさい。

損益計算書は，一会計期間の［　　］を明らかにするために，収益と費用の内容を示した報告書である。

1. 財政状態　2. 財産管理　3. 経営成績

(3) 宮崎商店（個人企業）の下記の資料によって，次の金額を計算しなさい。

a．期間中の費用総額　　b．期首の負債総額

資　　料

i	期間中の収益総額	¥8,600,000
ii	当期純利益	¥ 450,000
iii	期首の資産総額	¥3,700,000
iv	期末の資産総額	¥4,120,000
v	期末の負債総額	¥1,900,000

5 愛知商店（個人企業　決算年1回　12月31日）の総勘定元帳勘定残高と決算整理事項は，次のとおりであった。よって，

(1) 決算整理事項の仕訳を示しなさい。

(2) 備品勘定と水道光熱費勘定に必要な記入をおこない，締め切りなさい。ただし，勘定記入は日付・相手科目・金額を示すこと。

(3) 損益計算書および貸借対照表を完成しなさい。

元帳勘定残高

現金	¥ 397,000	当座預金	¥ 692,000	売掛金	¥ 500,000
貸倒引当金	6,000	繰越商品	390,000	備品	375,000
買掛金	497,000	借入金	500,000	資本金	1,000,000
売上	7,263,000	受取手数料	192,000	仕入	5,520,000
給料	1,068,000	支払家賃	360,000	保険料	54,000
水道光熱費	86,000	支払利息	16,000		

決算整理事項

a．期末商品棚卸高　¥428,000

b．貸倒見積高　売掛金残高の2％と見積もり，貸倒引当金を設定する。

c．備品減価償却高　取得原価 ¥450,000 残存価額は零（0）耐用年数6年とし，定額法により計算し，直接法で記帳している。

$$定額法による年間の減価償却費 = \frac{取得原価 - 残存価額}{耐用年数}$$

公益財団法人全国商業高等学校協会主催・文部科学省後援　令和5年6月25日実施

第96回　簿記実務検定第3級試験問題　商業簿記　（制限時間1時間30分）

1 下記の取引の仕訳を示しなさい。ただし，勘定科目は，次のなかからもっとも適当なものを使用すること。

現金	小口現金	当座預金	普通預金
貸付金	仮払金	借入金	仮受金
資本金	交通費	消耗品費	雑費

a．近畿商店から借用証書によって，現金 ¥800,000 を借り入れた。

b．従業員の出張にあたり，旅費の概算額として ¥97,000 を現金で渡した。

c．和歌山商店（個人企業）は，現金 ¥1,200,000 を出資して開業した。

d．定額資金前渡法を採用している新潟商店の会計係は，月末に庶務係から次の小口現金出納帳にもとづいて，当月分の支払高の報告を受けたので，ただちに小切手を振り出して補給した。

小口現金出納帳

収入	令和○年		摘要	支出	内訳			残高
					交通費	消耗品費	雑費	
30,000	6	1	前月繰越					30,000
			合計	23,800	14,600	5,700	3,500	

2 石川商店の次の取引を入金伝票・出金伝票・振替伝票のうち，必要な伝票に記入しなさい。ただし，不要な伝票は空欄のままにしておくこと。

取引

6月19日　富山商店から貸付金に対する利息 ¥16,000 を現金で受け取った。

（伝票番号　No.52）

〃日　福井通信社に，広告料 ¥470,000 を小切手#20を振り出して支払った。

（伝票番号　No.83）

3 滋賀商店（個人企業）の下記の取引について，

(1) 仕訳帳に記入して，総勘定元帳（略式）に転記しなさい。

(2) 買掛金元帳に記入して締め切りなさい。

(3) /月末における合計試算表を作成しなさい。

ただし，i 商品に関する勘定は3分法によること。

ii 仕訳帳における小書きは省略すること。

iii 総勘定元帳および買掛金元帳には，日付と金額のみを記入すればよい。

取　　　引

/月 4日 得意先 奈良商店に次の商品を売り渡し，代金は掛けとした。

B品　250個　@¥108　¥27,000

5日 仕入先 京都商店から次の商品を仕入れ，代金は掛けとした。

A品　400個　@¥120　¥48,000

12日 仕入先 大阪商店に対する買掛金¥28,000を現金で支払った。

13日 得意先 兵庫商店に対する売掛金の一部¥94,100が当座預金口座に入金された。

16日 仕入先 大阪商店から商品を仕入れ，次の納品書を受け取った。なお，代金は掛けとした。

No. 0007961　　**納　品　書**　　令和○年1月16日

〒520-0037
滋賀県大津市御陵町2番1号
滋賀商店　御中

〒543-0042
大阪府大阪市天王寺区烏ヶ辻2-9-26
大阪商店

下記のとおり納品いたします。

品　名	数　量	単位	単　価	金　額
B　品	250	個	80	20,000
C　品	425	個	40	17,000
			合　計	¥37,000

18日 得意先 兵庫商店に次の商品を売り渡し，代金は掛けとした。

A品　325個　@¥168　¥54,600

C品　350個　@¥ 60　¥21,000

19日 得意先 兵庫商店に売り渡した商品の一部について，次のとおり返品された。なお，この代金は売掛金から差し引くことにした。

C品　25個　@¥ 60　¥ 1,500

次ページに続く

20日　仕入先 京都商店に対する買掛金の一部 ¥52,000 について，小切手を振り出して支払った。

24日　固定電話の利用料金 ¥4,600 を現金で支払った。

25日　本月分の給料 ¥38,900 の支払いにあたり，所得税額 ¥3,200 を差し引いて，従業員の手取額を現金で支払った。

27日　大津文具店から事務用の文房具を現金で購入し，次のレシートを受け取った。

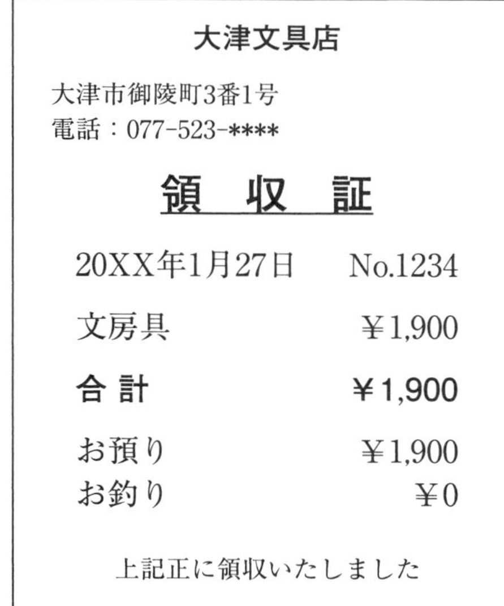

大津文具店

大津市御陵町3番1号
電話：077-523-****

領　収　証

20XX年1月27日	No.1234
文房具	¥1,900
合 計	¥1,900
お預り	¥1,900
お釣り	¥0

上記正に領収いたしました

30日　得意先 奈良商店に対する売掛金の一部を次の小切手で受け取った。

ZS0105　小　切　手　全国5001 0914-098

支払地　奈良県奈良市柏木町248
株式会社　全商銀行奈良支店

金額　¥60,000※

上記の金額をこの小切手と引き替えに
持参人へお支払いください
拒絶証書不要
振出日　令和○年1月30日
振出地　奈良県大和高田市

奈良県大和高田市材木町8-3
奈良商店
振出人　奈良一郎

4 次の各問いに答えなさい。

(1) 次の文の [　　] にあてはまるもっとも適当な語を，下記の語群のなかから選び，その番号を記入しなさい。

a．企業は，経営活動をおこなうため，現金・商品・建物・備品などの財貨や，後日，一定金額を受け取る権利である売掛金・貸付金などの債権をもっている。このような企業の経営活動に必要な財貨や債権を資産といい，英語では [　　] という。

1. Liabilities　　2. Assets　　3. Net Assets

b．簿記では，取引を記帳する方法のひとつとして，取引を二面的にとらえて借方の要素と貸方の要素に分解し，両者の結合関係を記録する方法がある。このように取引を二面的に記帳する方法を [　　] といい，借方の金額と貸方の金額は必ず等しくなる。

1. 単式簿記　　2. 会計単位　　3. 複式簿記

(2) 北海道商店（個人企業）の下記の資本金勘定と資料によって，次の金額を計算しなさい。

a．期間中の収益総額　　b．期首の負債総額　　c．期末の資本金

資　本　金

12/31	**次期繰越**	（　　）	1/1	前期繰越	2,160,000
			12/31	損　　益	（　　）
		（　　）			（　　）

資　　料

i	期首の資産総額	¥5,738,000
ii	期間中の費用総額	¥6,154,000
iii	当期純利益	¥　259,000

5 三重商店（個人企業　決算年/回　12月31日）の決算整理事項は，次のとおりであった。よって，

(1) 精算表を完成しなさい。

(2) 備品勘定および給料勘定に必要な記入をおこない，締め切りなさい。ただし，勘定記入は，日付・相手科目・金額を示すこと。

決算整理事項

a．期末商品棚卸高　　¥723,000

b．貸倒見積高　　売掛金残高の2%と見積もり，貸倒引当金を設定する。

c．備品減価償却高　　取得原価 ¥400,000　残存価額は零（0）　耐用年数10年とし，定額法により計算し，直接法で記帳している。

$$定額法による年間の減価償却費 = \frac{取得原価 - 残存価額}{耐用年数}$$

3級模擬試験問題　第1回〔解　答　用　紙〕

1

	借　　方	貸　　方
a		
b		
c		
d		

2

入　金　伝　票　No.____
令和○年　月　日

科目		入金先	殿
摘　要		金　額	
合　計			

出　金　伝　票　No.____
令和○年　月　日

科目		支払先	殿
摘　要		金　額	
合　計			

振　替　伝　票　No.____
令和○年　月　日

勘　定　科　目	借　方	勘　定　科　目	貸　方
合　計		合　計	
摘要			

1 得点	2 得点	3 得点	4 得点	5 得点	合計

組	番　号	名　　前

3 (1)

仕　訳　帳　　1

令和○年		摘　要	元丁	借　方	貸　方
1	1	前期繰越高	√	4,617,000	4,617,000

総勘定元帳

現　金　1

1/ 1	210,000			

当座預金　2

1/ 1	1,854,000			

売掛金　3

1/ 1	1,795,000			

繰越商品　4

1/ 1	528,000			

備　品　5

1/ 1	230,000			

買掛金　6

			1/ 1	1,087,000

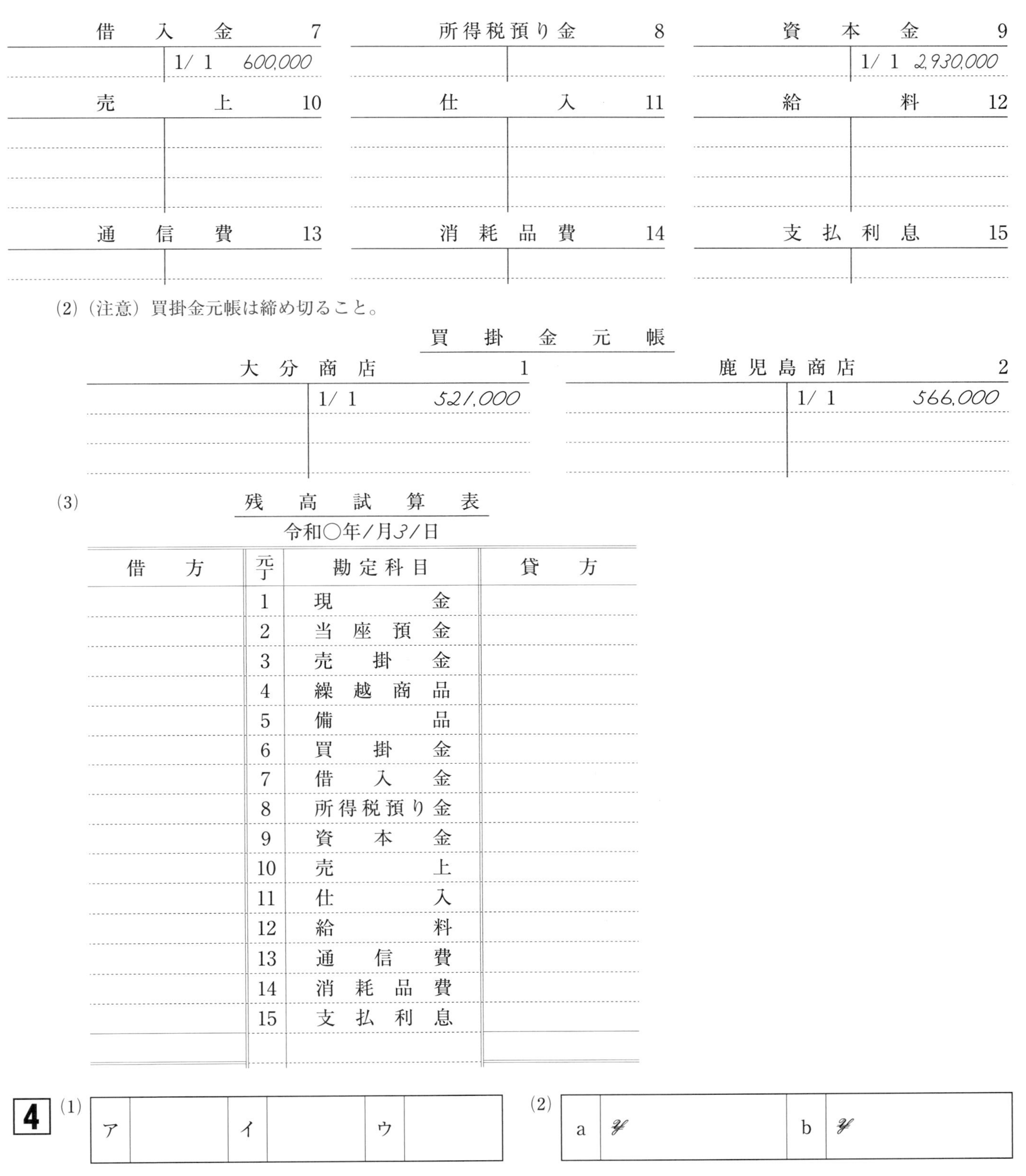

借入金	7
	1/1 600,000

所得税預り金	8

資本金	9
	1/1 2,930,000

売上	10

仕入	11

給料	12

通信費	13

消耗品費	14

支払利息	15

(2)（注意）買掛金元帳は締め切ること。

買掛金元帳

大分商店	1
	1/1 521,000

鹿児島商店	2
	1/1 566,000

(3)

残高試算表

令和○年1月31日

借方	元丁	勘定科目	貸方
	1	現金	
	2	当座預金	
	3	売掛金	
	4	繰越商品	
	5	備品	
	6	買掛金	
	7	借入金	
	8	所得税預り金	
	9	資本金	
	10	売上	
	11	仕入	
	12	給料	
	13	通信費	
	14	消耗品費	
	15	支払利息	

4

(1)

ア		イ		ウ	

(2)

a	¥	b	¥

組	番号	名前

3 得点	

4 得点	

5 (1)

精　算　表

令和○年12月31日

勘定科目	残高試算表		整理記入		損益計算書		貸借対照表	
	借方	貸方	借方	貸方	借方	貸方	借方	貸方
現金	497,000						497,000	
当座預金	1,221,000						1,221,000	
売掛金	2,500,000						2,500,000	
貸倒引当金		12,000						
繰越商品	754,000							
備品	495,000							
買掛金		1,597,000						1,597,000
借入金		740,000						740,000
前受金		470,000						470,000
資本金		2,300,000						2,300,000
売上		9,260,000				9,260,000		
受取手数料		42,000				42,000		
仕入	6,514,000							
給料	1,284,000				1,284,000			
支払家賃	876,000				876,000			
水道光熱費	249,000				249,000			
雑費	28,000				28,000			
支払利息	3,000				3,000			
	14,421,000	14,421,000						
貸倒引当金繰入								
減価償却費								
(　　)								

(2)（注意）勘定には，日付・相手科目・金額を記入し，締め切ること。

備　品　6

1/ 1	前期繰越	495,000	

貸倒引当金繰入　19

5 得点	

3級模擬試験問題　第2回〔解　答　用　紙〕

1

	借　　方	貸　　方
a		
b		
c		
d		

2

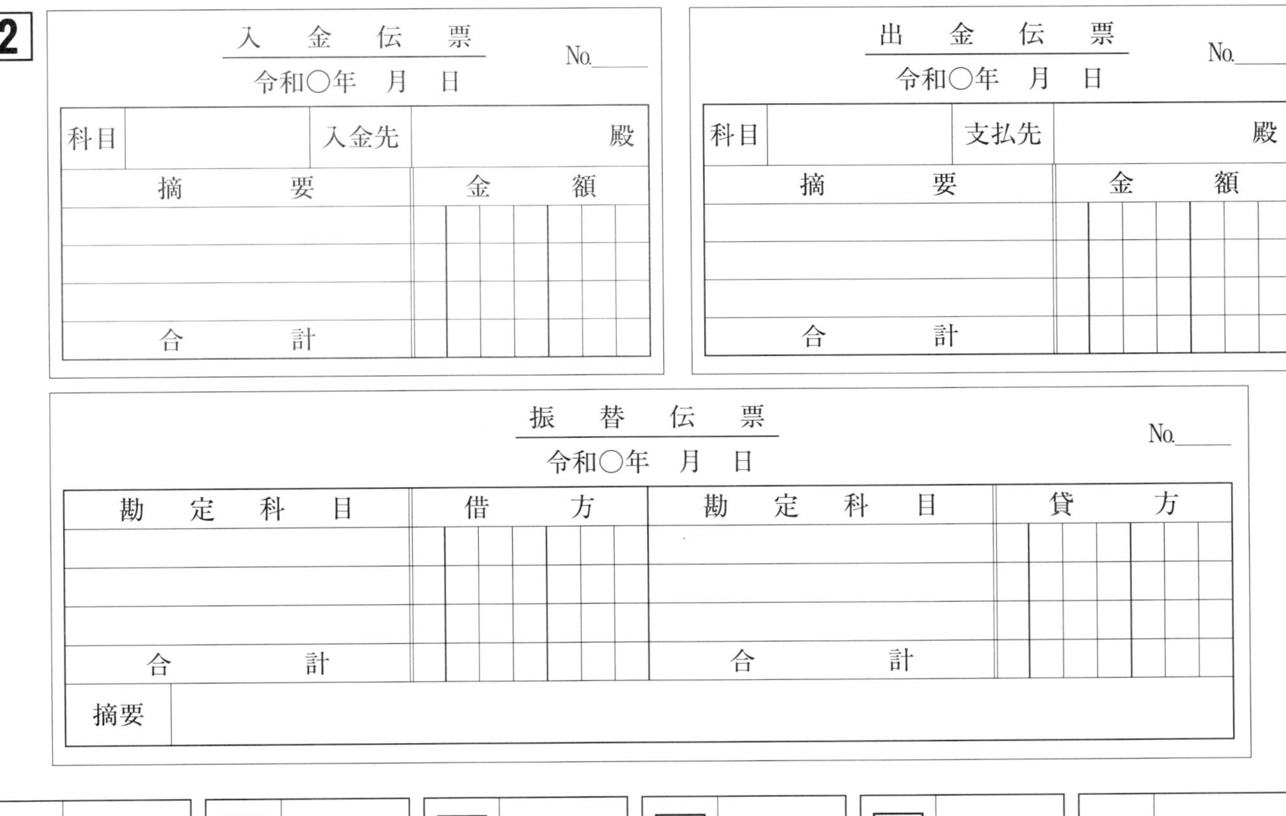

入　金　伝　票　　No.＿＿
令和○年　月　日

科目		入金先	殿
摘　　要		金　　額	
合　　計			

出　金　伝　票　　No.＿＿
令和○年　月　日

科目		支払先	殿
摘　　要		金　　額	
合　　計			

振　替　伝　票　　No.＿＿
令和○年　月　日

勘　定　科　目	借　　方	勘　定　科　目	貸　　方
合　　計		合　　計	
摘要			

1 得点	2 得点	3 得点	4 得点	5 得点	合計

組	番　号	名　　前

3 (1)

仕　訳　帳　　1

令和○年		摘　要	元丁	借　方	貸　方
1	1	前期繰越高	√	4,966,000	4,966,000

総 勘 定 元 帳

現　金　1

1/ 1	300,000		

当座預金　2

1/ 1	1,910,000		

売掛金　3

1/ 1	1,830,000		

繰越商品　4

1/ 1	536,000		

車両運搬具　5

備　品　6

1/ 1	390,000		

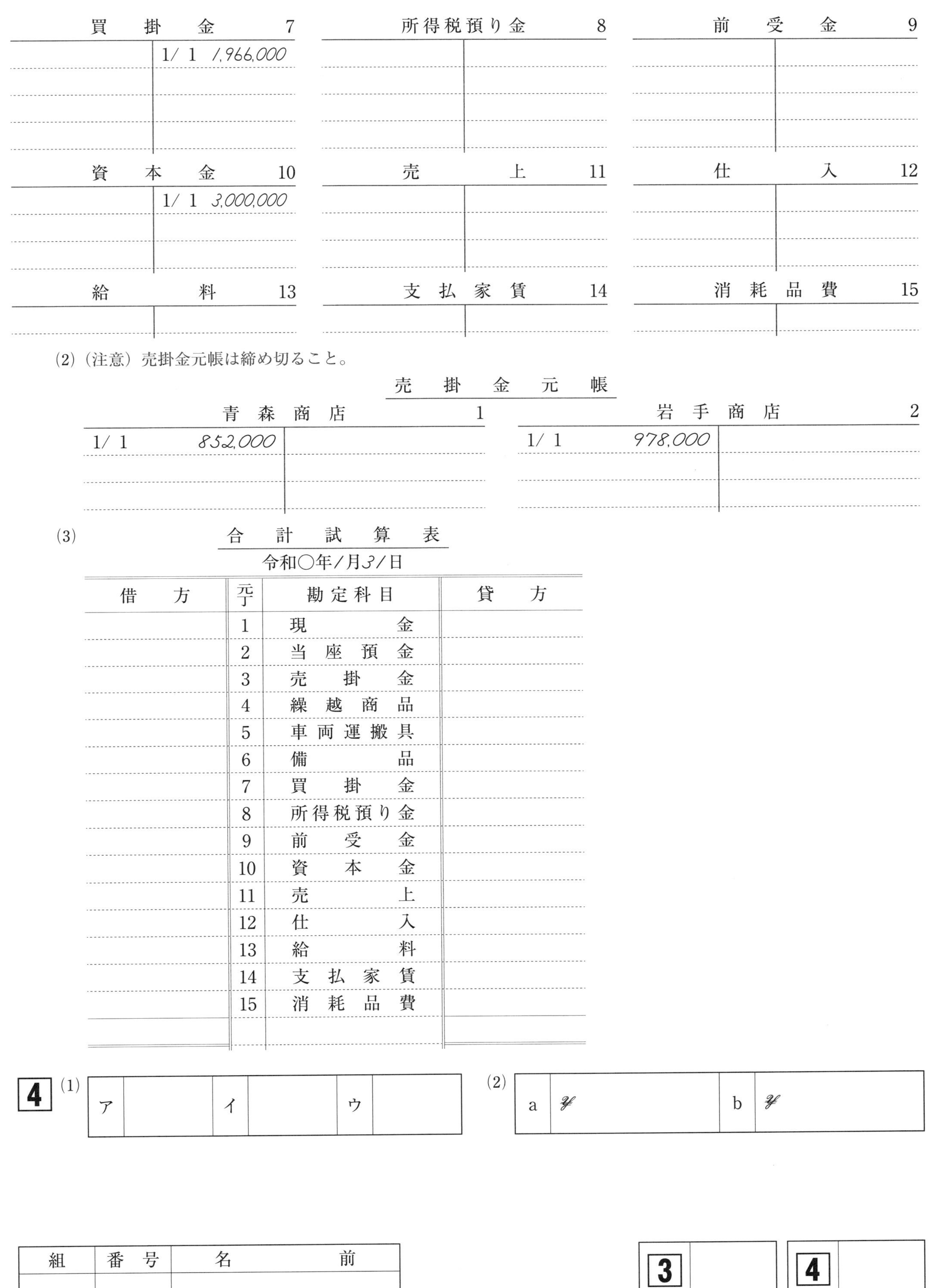

買掛金	7
	1/1 1,966,000

所得税預り金	8

前受金	9

資本金	10
	1/1 3,000,000

売上	11

仕入	12

給料	13

支払家賃	14

消耗品費	15

(2)（注意）売掛金元帳は締め切ること。

売掛金元帳

青森商店	1
1/1 852,000	

岩手商店	2
1/1 978,000	

(3)

合計試算表

令和○年1月31日

借方	元丁	勘定科目	貸方
	1	現金	
	2	当座預金	
	3	売掛金	
	4	繰越商品	
	5	車両運搬具	
	6	備品	
	7	買掛金	
	8	所得税預り金	
	9	前受金	
	10	資本金	
	11	売上	
	12	仕入	
	13	給料	
	14	支払家賃	
	15	消耗品費	

4 (1)

ア		イ		ウ	

(2)

a	¥	b	¥

組	番号	名前

3 得点	

4 得点	

5 (1)

	借方	貸方
a		
b		
c		

(2)（注意）勘定には，日付・相手科目・金額を記入し，締め切ること。

繰越商品　5

日付	摘要	金額	日付	摘要	金額
1/1	前期繰越	890,000			

広告料　15

日付	摘要	金額	日付	摘要	金額
3/30	現金	34,000			
9/28	現金	35,000			

(3)

損益計算書

北陸商店　令和○年1月1日から令和○年12月31日まで　(単位：円)

費用	金額	収益	金額
売上原価		売上高	9,900,000
給料	2,772,000	受取利息	42,000
貸倒引当金繰入			
減価償却費			
広告料	69,000		
支払家賃	456,000		
消耗品費	52,000		
雑費	23,000		
(　　)			

貸借対照表

北陸商店　令和○年12月31日　(単位：円)

資産	金額	負債および純資産	金額
現金	758,000	買掛金	2,315,000
当座預金	1,386,000	前受金	250,000
売掛金(　　)		資本金	4,000,000
貸倒引当金(　　)		(　　)	
(　　)			
貸付金	1,400,000		
備品			

3級模擬試験問題　第3回〔解　答　用　紙〕

1

	借　　方	貸　　方
a		
b		
c		
d		

2

入　金　伝　票

令和○年　月　日　　No.

科目		入金先	殿
摘　　要		金　　額	
合　　計			

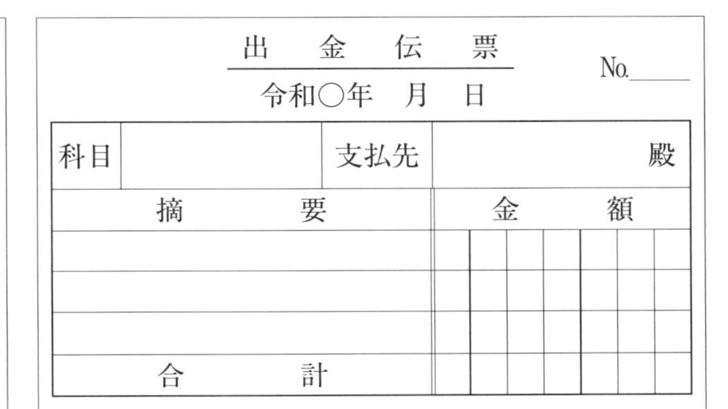

出　金　伝　票

令和○年　月　日　　No.

科目		支払先	殿
摘　　要		金　　額	
合　　計			

振　替　伝　票

令和○年　月　日　　No.

勘　定　科　目	借　　方	勘　定　科　目	貸　　方
合　　計		合　　計	
摘要			

1 得点	2 得点	3 得点	4 得点	5 得点	合計

組	番　号	名　　前

3 (1)

仕訳帳 1

令和○年		摘要	元丁	借方	貸方
1	1	前期繰越高	√	4,488,000	4,488,000

総勘定元帳

現金 1

1/ 1	245,000	

当座預金 2

1/ 1	1,630,000	

売掛金 3

1/ 1	1,554,000	

繰越商品 4

1/ 1	369,000	

仮払金 5

備品 6

1/ 1	690,000	

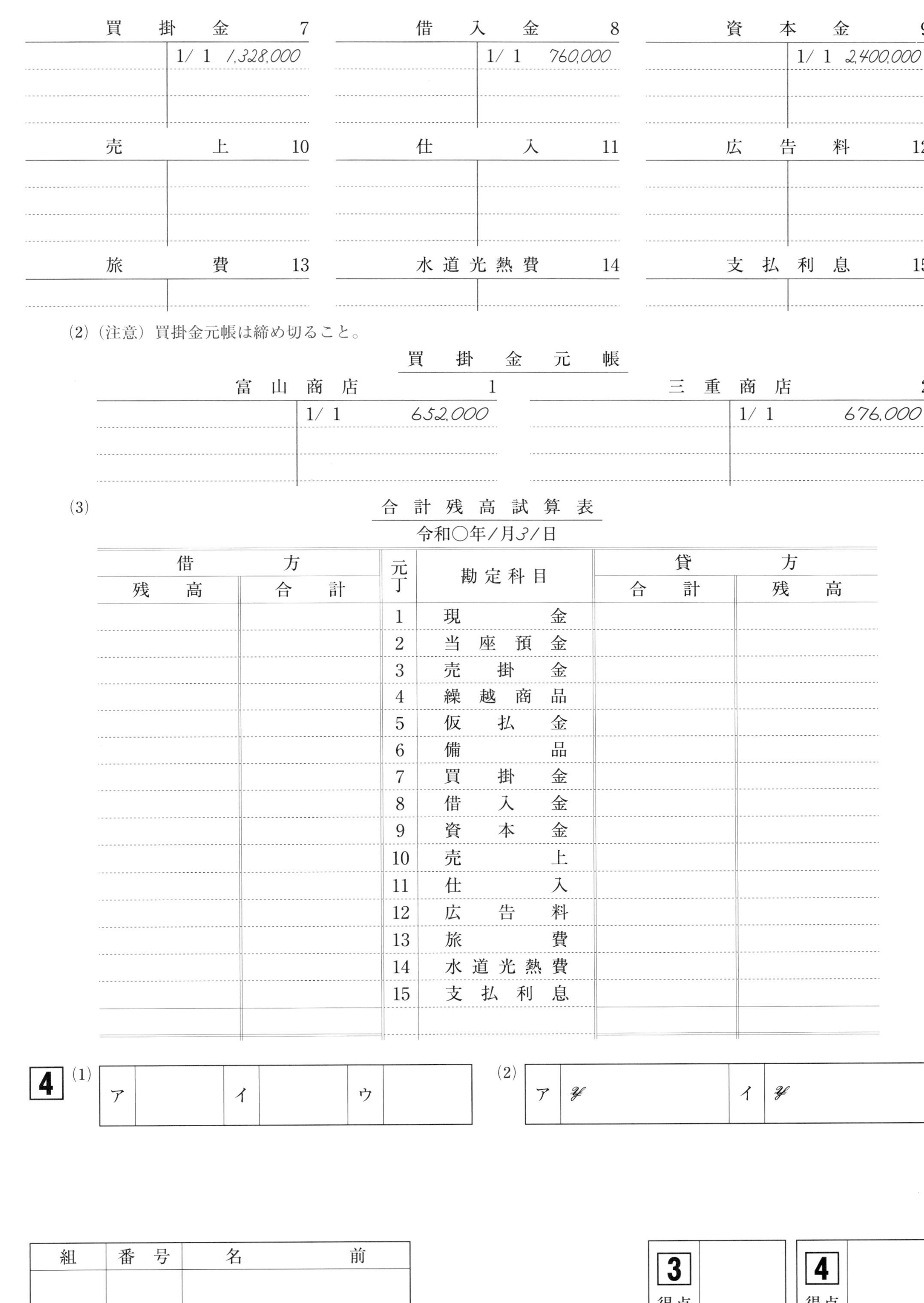

買掛金	7
	1/1 1,328,000

借入金	8
	1/1 760,000

資本金	9
	1/1 2,400,000

売上	10

仕入	11

広告料	12

旅費	13

水道光熱費	14

支払利息	15

(2)（注意）買掛金元帳は締め切ること。

買掛金元帳

富山商店	1
	1/1 652,000

三重商店	2
	1/1 676,000

(3)

合計残高試算表

令和○年1月31日

借方 残高	借方 合計	元丁	勘定科目	貸方 合計	貸方 残高
		1	現金		
		2	当座預金		
		3	売掛金		
		4	繰越商品		
		5	仮払金		
		6	備品		
		7	買掛金		
		8	借入金		
		9	資本金		
		10	売上		
		11	仕入		
		12	広告料		
		13	旅費		
		14	水道光熱費		
		15	支払利息		

4

(1)

ア		イ		ウ	

(2)

ア	¥	イ	¥

組	番号	名前

3 得点	

4 得点	

5

(1)

	借　　方	貸　　方
a		
b		
c		

(2)（注意）勘定には，日付・相手科目・金額を記入し，締め切ること。

資　本　金　10

			1/1	前期繰越	4,000,000

保　険　料　16

1/1	現　金	204,000			
7/1	現　金	204,000			

(3)

損　益　計　算　書

東海商店　令和○年1月1日から令和○年12月31日まで　（単位：円）

費　用	金　額	収　益	金　額
（　　）		（　　）	
給　料	1,212,000	受取利息	
（　　）			
（　　）			
支払家賃	332,000		
保険料	408,000		
消耗品費	195,000		
雑　費	99,000		
（　　）			

貸　借　対　照　表

東海商店　令和○年12月31日　（単位：円）

資　産	金　額	負債および純資産	金　額
現　金	769,000	買掛金	1,533,000
当座預金	1,329,000	前受金	400,000
売掛金（　　）		資本金	4,000,000
貸倒引当金（　　）		（　　）	
（　　）			
貸付金	700,000		
備　品			

3級模擬試験問題　第4回〔解　答　用　紙〕

1

	借　方	貸　方
a		
b		
c		
d		

2

入　金　伝　票

令和○年　月　日　　No.

科目		入金先	殿
摘　要		金　額	
合　計			

出　金　伝　票

令和○年　月　日　　No.

科目		支払先	殿
摘　要		金　額	
合　計			

振　替　伝　票

令和○年　月　日　　No.

勘定科目	借　方	勘定科目	貸　方
合　計		合　計	
摘要			

1 得点	2 得点	3 得点	4 得点	5 得点	合計

組	番号	名前

3 (1)

仕訳帳 1

令和○年		摘要	元丁	借方	貸方
1	1	前期繰越高	√	4,362,000	4,362,000

総勘定元帳

現金 1

借方		貸方	
1/ 1	325,000		

当座預金 2

借方		貸方	
1/ 1	1,685,000		

売掛金 3

借方		貸方	
1/ 1	1,510,000		

繰越商品 4

借方		貸方	
1/ 1	352,000		

備品 5

借方		貸方	
1/ 1	490,000		

買掛金 6

借方		貸方	
		1/ 1	1,242,000

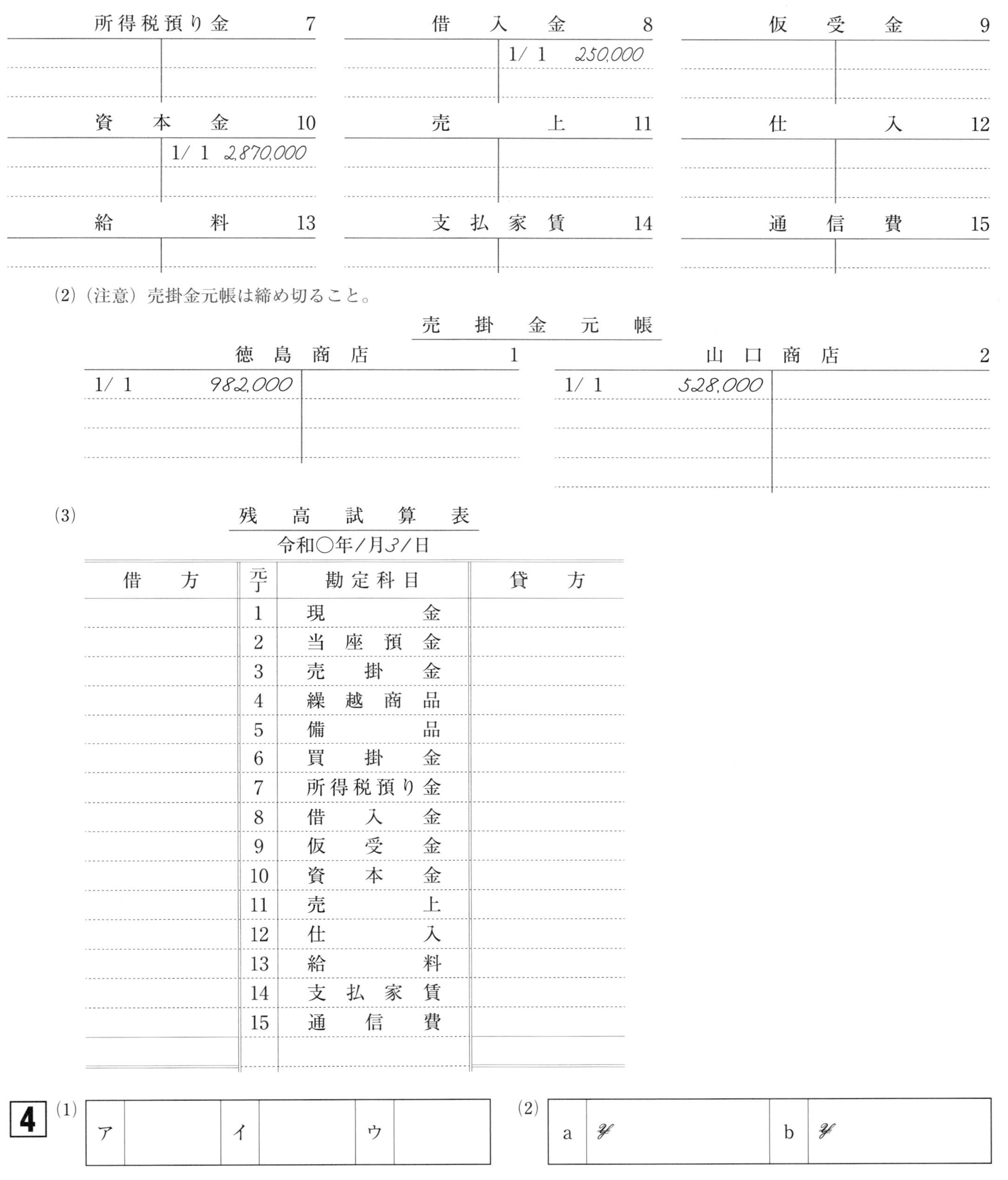

所得税預り金	7	借入金	8	仮受金	9
			1/1 250,000		

資本金	10	売上	11	仕入	12
	1/1 2,870,000				

給料	13	支払家賃	14	通信費	15

(2)（注意）売掛金元帳は締め切ること。

売掛金元帳

徳島商店	1
1/1 982,000	

山口商店	2
1/1 528,000	

(3)

残高試算表

令和○年1月31日

借方	元丁	勘定科目	貸方
	1	現金	
	2	当座預金	
	3	売掛金	
	4	繰越商品	
	5	備品	
	6	買掛金	
	7	所得税預り金	
	8	借入金	
	9	仮受金	
	10	資本金	
	11	売上	
	12	仕入	
	13	給料	
	14	支払家賃	
	15	通信費	

4

(1)

ア		イ		ウ	

(2)

a	¥	b	¥

組	番号	名前

3 得点	

4 得点	

5 (1)

精　算　表

令和○年12月31日

勘定科目	残高試算表		整理記入		損益計算書		貸借対照表	
	借方	貸方	借方	貸方	借方	貸方	借方	貸方
現金	951,000						951,000	
当座預金	1,293,000						1,293,000	
売掛金	1,300,000						1,300,000	
貸倒引当金		9,000						
繰越商品	650,000							
貸付金	500,000						500,000	
備品	788,000							
買掛金		1,395,000						1,395,000
前受金		250,000						250,000
資本金		(　　)						
売上		7,760,000				7,760,000		
受取手数料		140,000				140,000		
受取利息		7,000				7,000		
仕入	5,017,000							
給料	1,452,000				1,452,000			
支払家賃	720,000				720,000			
消耗品費	54,000				54,000			
雑費	36,000				36,000			
貸倒引当金繰入								
減価償却費								
(　　)								

(2)（注意）勘定には，日付・相手科目・金額を記入し，締め切ること。

貸倒引当金　4

1/20	売掛金	16,000	1/ 1	前期繰越	25,000

減価償却費　20

3級模擬試験問題　第5回〔解　答　用　紙〕

1

	借　　方	貸　　方
a		
b		
c		
d		

2

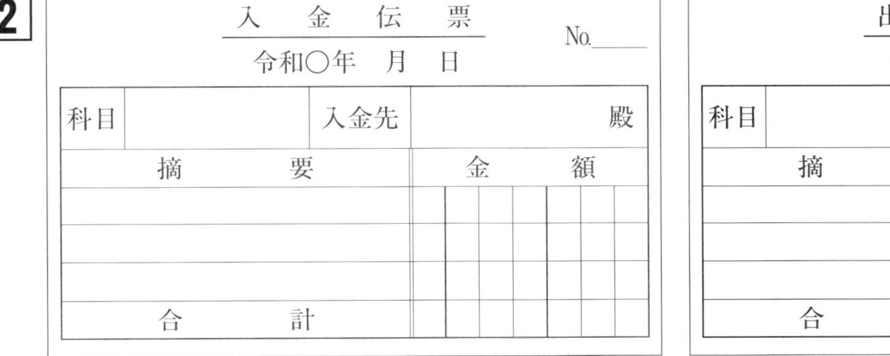

入　金　伝　票　No.

令和○年　月　日

科目		入金先	殿
摘　　要		金　　額	
合　　計			

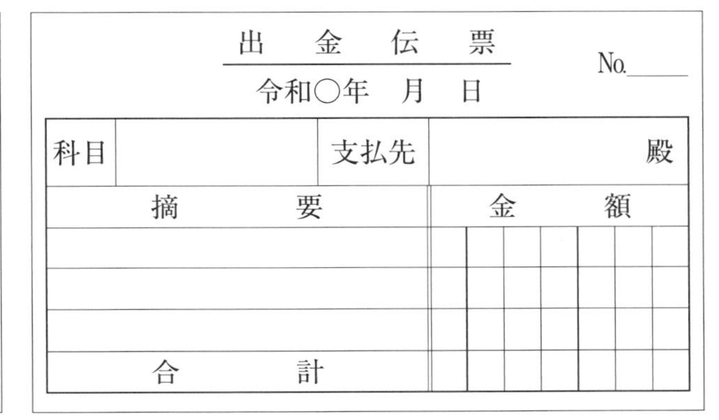

出　金　伝　票　No.

令和○年　月　日

科目		支払先	殿
摘　　要		金　　額	
合　　計			

振　替　伝　票　No.

令和○年　月　日

勘　定　科　目	借　　方	勘　定　科　目	貸　　方
合　　計		合　　計	
摘要			

1 得点	2 得点	3 得点	4 得点	5 得点	合計

組	番　号	名　　前

3 (1)

仕訳帳　1

令和○年		摘要	元丁	借方	貸方
1	1	前期繰越高	√	4,710,000	4,710,000

総勘定元帳

現金　1

1/1	162,000		

当座預金　2

1/1	1,428,000		

売掛金　3

1/1	1,794,000		

繰越商品　4

1/1	396,000		

貸付金　5

1/1	700,000		

前払金　6

1/1	50,000		

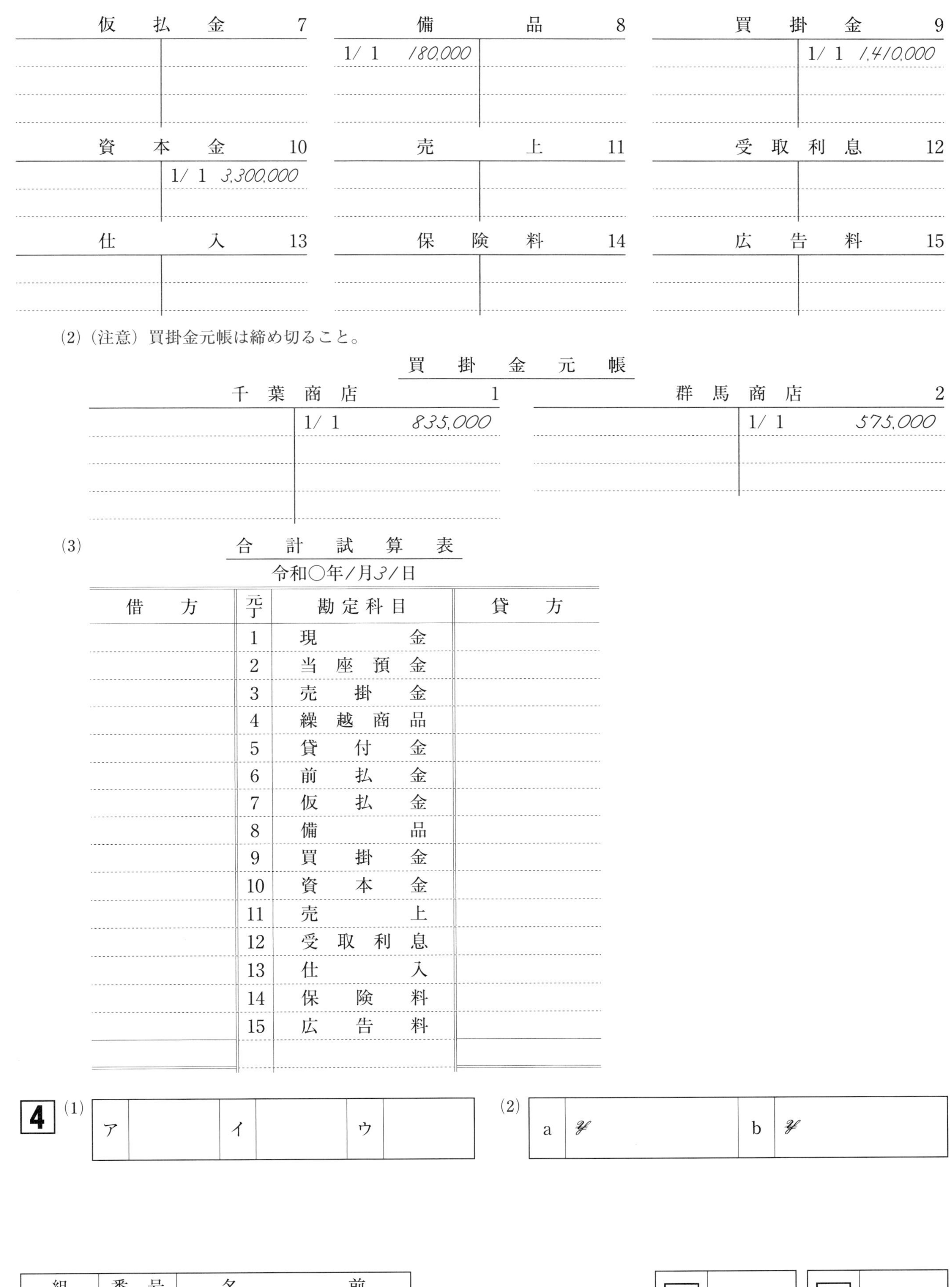

仮払金 7	

備品 8	
1/1 180,000	

買掛金 9	
	1/1 1,410,000

資本金 10	
	1/1 3,300,000

売上 11	

受取利息 12	

仕入 13	

保険料 14	

広告料 15	

(2)（注意）買掛金元帳は締め切ること。

買掛金元帳

千葉商店 1	
	1/1 835,000

群馬商店 2	
	1/1 575,000

(3)

合計試算表

令和○年1月31日

借方	元丁	勘定科目	貸方
	1	現金	
	2	当座預金	
	3	売掛金	
	4	繰越商品	
	5	貸付金	
	6	前払金	
	7	仮払金	
	8	備品	
	9	買掛金	
	10	資本金	
	11	売上	
	12	受取利息	
	13	仕入	
	14	保険料	
	15	広告料	

4 (1)

ア		イ		ウ	

(2)

a	¥	b	¥

組	番号	名前

3 得点		**4** 得点	

5

(1)

	借　　方	貸　　方
a		
b		
c		

(2)（注意）勘定には，日付・相手科目・金額を記入し，締め切ること。

資　本　金　10

			1/ 1	前期繰越	2,400,000

消　耗　品　費　17

4/23	現　金	25,000			
9/16	現　金	48,000			

(3)

損　益　計　算　書

山形商店　令和○年1月1日から令和○年12月31日まで　（単位：円）

費　用	金　額	収　益	金　額
（　　）		（　　）	
給　料	1,032,000	受取手数料	307,000
（　　）			
（　　）			
支払家賃	580,000		
水道光熱費	197,000		
消耗品費	73,000		
雑　費	39,000		
（　　）			

貸　借　対　照　表

山形商店　令和○年12月31日　（単位：円）

資　産	金　額	負債および純資産	金　額
現　金	318,000	買掛金	984,000
当座預金	801,000	前受金	250,000
売掛金（　　）		資本金	2,400,000
貸倒引当金（　　）		（　　）	
（　　）			
前払金	80,000		
備　品			

5 得点	

3級模擬試験問題　第6回〔解　答　用　紙〕

1

	借　　方	貸　　方
a		
b		
c		
d		

2

入　金　伝　票　No.____

令和○年　月　日

科目		入金先	殿
摘　　要		金　　額	
合　　計			

出　金　伝　票　No.____

令和○年　月　日

科目		支払先	殿
摘　　要		金　　額	
合　　計			

振　替　伝　票　No.____

令和○年　月　日

勘定科目	借　方	勘定科目	貸　方
合　　計		合　　計	
摘要			

1 得点		2 得点		3 得点		4 得点		5 得点		合計	

組	番号	名　　前

3 (1)

仕訳帳　1

令和○年		摘要	元丁	借方	貸方
1	1	前期繰越高	√	4,526,000	4,526,000

総勘定元帳

現金　1

1/1	295,000	

当座預金　2

1/1	1,733,000	

売掛金　3

1/1	1,920,000	

繰越商品　4

1/1	308,000	

前払金　5

1/1	50,000	

備品　6

1/1	220,000	

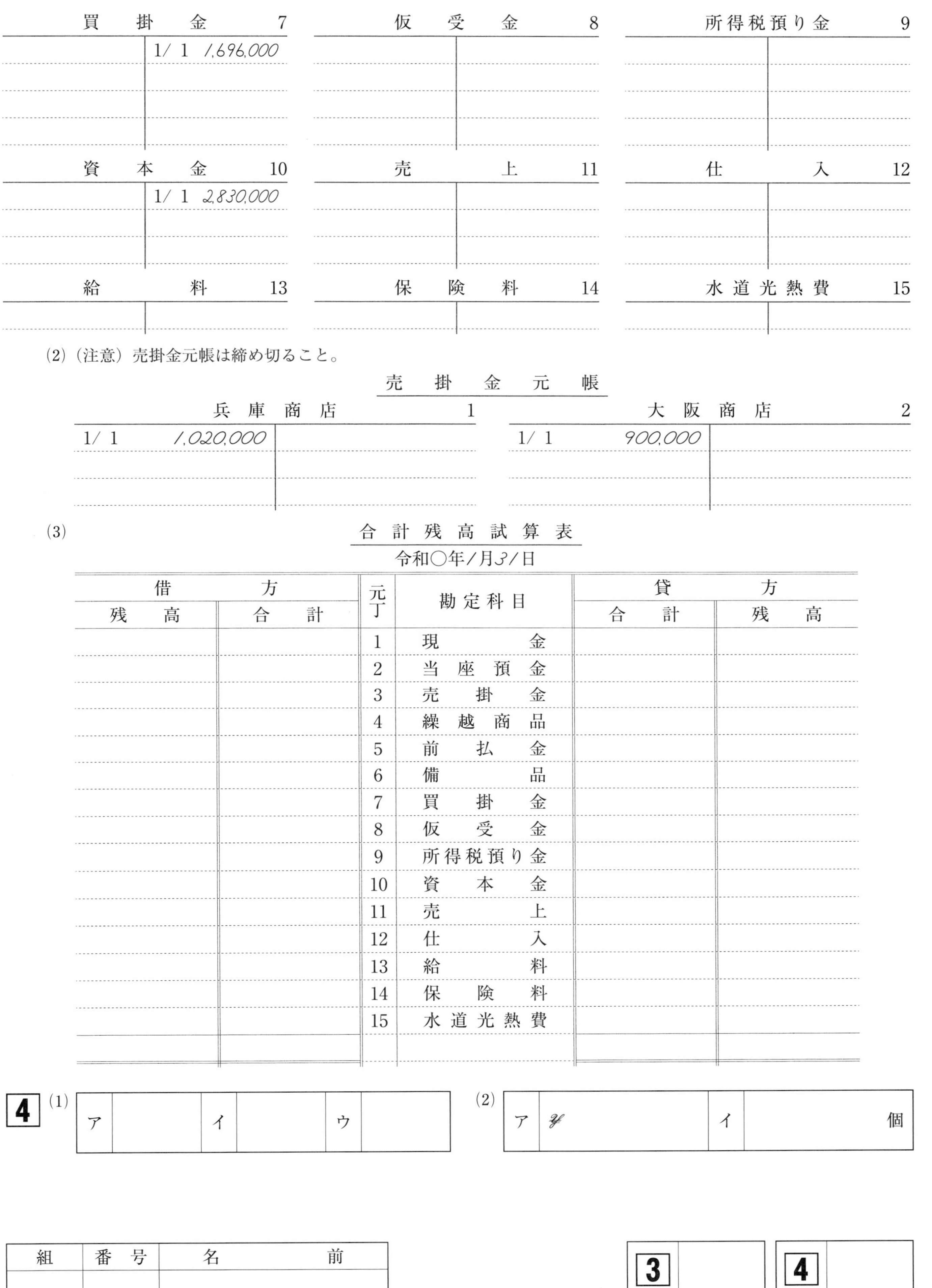

買掛金 7	
	1/1 1,696,000

仮受金 8	

所得税預り金 9	

資本金 10	
	1/1 2,830,000

売上 11	

仕入 12	

給料 13	

保険料 14	

水道光熱費 15	

(2)（注意）売掛金元帳は締め切ること。

売掛金元帳

兵庫商店 1	
1/1 1,020,000	

大阪商店 2	
1/1 900,000	

(3)

合計残高試算表

令和○年1月31日

借方 残高	借方 合計	元丁	勘定科目	貸方 合計	貸方 残高
		1	現金		
		2	当座預金		
		3	売掛金		
		4	繰越商品		
		5	前払金		
		6	備品		
		7	買掛金		
		8	仮受金		
		9	所得税預り金		
		10	資本金		
		11	売上		
		12	仕入		
		13	給料		
		14	保険料		
		15	水道光熱費		

4

(1)

ア		イ		ウ	

(2)

ア	¥	イ	個

組	番号	名前

3 得点	

4 得点	

5 (1)

精　算　表

令和○年12月31日

勘定科目	残高試算表		整理記入		損益計算書		貸借対照表	
	借方	貸方	借方	貸方	借方	貸方	借方	貸方
現金	786,000						786,000	
当座預金	970,000						970,000	
売掛金	2,300,000						2,300,000	
貸倒引当金		20,000						
繰越商品	620,000						590,000	
前払金	170,000							
備品	680,000							
買掛金		1,128,000						1,128,000
借入金		1,000,000						1,000,000
資本金		2,800,000						2,800,000
売上		8,374,000				8,374,000		
受取手数料		217,000				217,000		
仕入	5,820,000							
給料	1,360,000							
支払家賃	498,000				498,000			
消耗品費	158,000				158,000			
雑費	162,000				162,000			
支払利息	15,000				15,000			
	13,539,000	13,539,000						
貸倒引当金繰入								
減価償却費								
(　　　)								

(2)（注意）i　仕入勘定の記録は，合計額で示してある。
ii　勘定には，日付・相手科目・金額を記入し，締め切ること。

借入金　9

		1/ 1	前期繰越	1,000,000

仕入　13

	5,820,000			

3級模擬試験問題　第7回〔解　答　用　紙〕

1

	借　　方	貸　　方
a		
b		
c		
d		

2

入　金　伝　票　No.＿＿

令和○年　月　日

科目		入金先	殿
摘　　要		金　　額	
合　　計			

出　金　伝　票　No.＿＿

令和○年　月　日

科目		支払先	殿
摘　　要		金　　額	
合　　計			

振　替　伝　票　No.＿＿

令和○年　月　日

勘　定　科　目	借　　方	勘　定　科　目	貸　　方
合　　計		合　　計	
摘要			

1 得点	2 得点	3 得点	4 得点	5 得点	合計

組	番　号	名　　前

3 (1)

仕訳帳

1

令和○年		摘要	元丁	借方	貸方
1	1	前期繰越高	√	4,214,000	4,214,000

総勘定元帳

現金 1

1/1	446,000		

当座預金 2

1/1	1,746,000		

売掛金 3

1/1	1,664,000		

繰越商品 4

1/1	198,000		

備品 5

1/1	160,000		

買掛金 6

		1/1	1,224,000

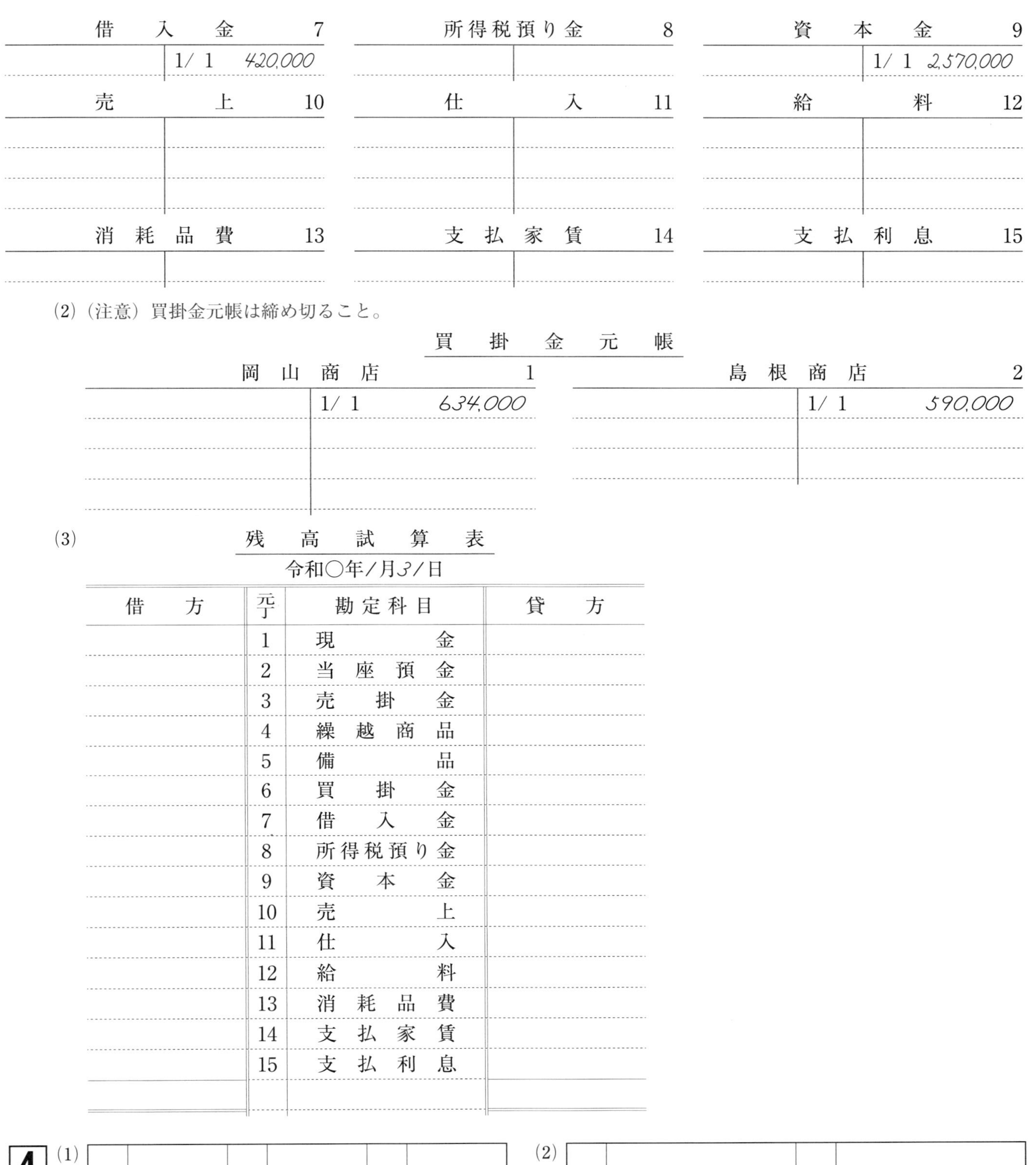

借入金 7

	1/1 420,000

所得税預り金 8

資本金 9

	1/1 2,570,000

売上 10

仕入 11

給料 12

消耗品費 13

支払家賃 14

支払利息 15

(2)（注意）買掛金元帳は締め切ること。

買掛金元帳

岡山商店 1

	1/1 634,000

島根商店 2

	1/1 590,000

(3)

残高試算表

令和○年1月31日

借方	元丁	勘定科目	貸方
	1	現金	
	2	当座預金	
	3	売掛金	
	4	繰越商品	
	5	備品	
	6	買掛金	
	7	借入金	
	8	所得税預り金	
	9	資本金	
	10	売上	
	11	仕入	
	12	給料	
	13	消耗品費	
	14	支払家賃	
	15	支払利息	

4 (1)

ア		イ		ウ	

(2)

a	¥	b	¥

組	番号	名前

3 得点		**4** 得点	

5 (1)

	借方	貸方
a		
b		
c		

(2)（注意）勘定には，日付・相手科目・金額を記入し，締め切ること。

繰越商品 5

1/ 1	前期繰越	630,000			

支払家賃 15

6/30	現金	504,000			
12/31	現金	504,000			

(3)

損益計算書

広島商店　令和○年1月1日から令和○年12月31日まで　(単位：円)

費用	金額	収益	金額
(　　)		(　　)	
給料		受取手数料	
(　　)		受取利息	
(　　)			
支払家賃			
保険料			
消耗品費			
雑費			
(　　)			

貸借対照表

広島商店　令和○年12月31日　(単位：円)

資産	金額	負債および純資産	金額
現金		買掛金	
当座預金		資本金	
売掛金（　　）		(　　)	
貸倒引当金（　　）			
(　　)			
貸付金			
備品			

5 得点	

3級模擬試験問題　第8回〔解答用紙〕

1

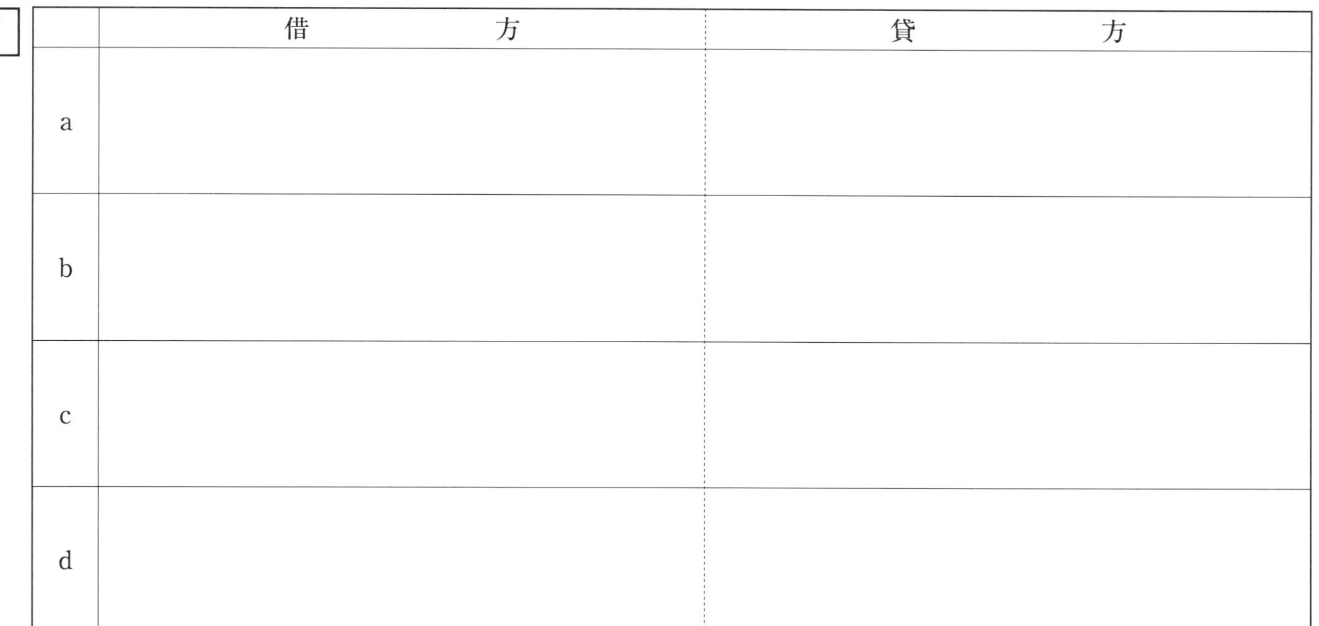

	借方	貸方
a		
b		
c		
d		

2

入金伝票
令和○年　月　日　No.＿＿

科目		入金先	殿
摘要		金額	
合計			

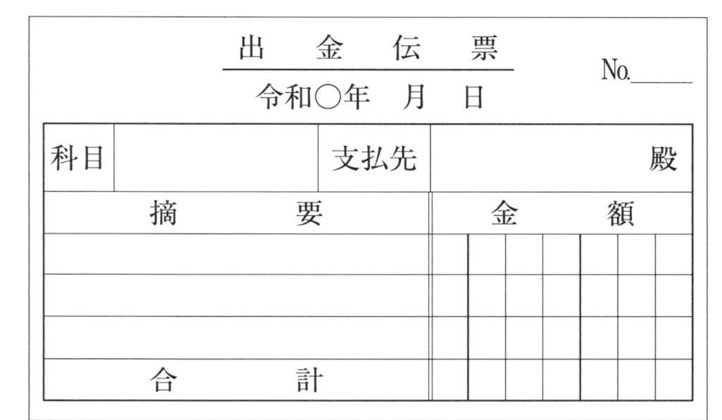

出金伝票
令和○年　月　日　No.＿＿

科目		支払先	殿
摘要		金額	
合計			

振替伝票
令和○年　月　日　No.＿＿

勘定科目	借方	勘定科目	貸方
合計		合計	
摘要			

1 得点	2 得点	3 得点	4 得点	5 得点	合計

組	番号	名前

3 (1)

仕訳帳　1

令和○年		摘要	元丁	借方	貸方
1	1	前期繰越高	√	4,544,000	4,544,000

総勘定元帳

現金　1

1/ 1	610,000		

当座預金　2

1/ 1	1,342,000		

売掛金　3

1/ 1	1,854,000		

繰越商品　4

1/ 1	348,000		

備品　5

1/ 1	390,000		

買掛金　6

		1/ 1	1,244,000

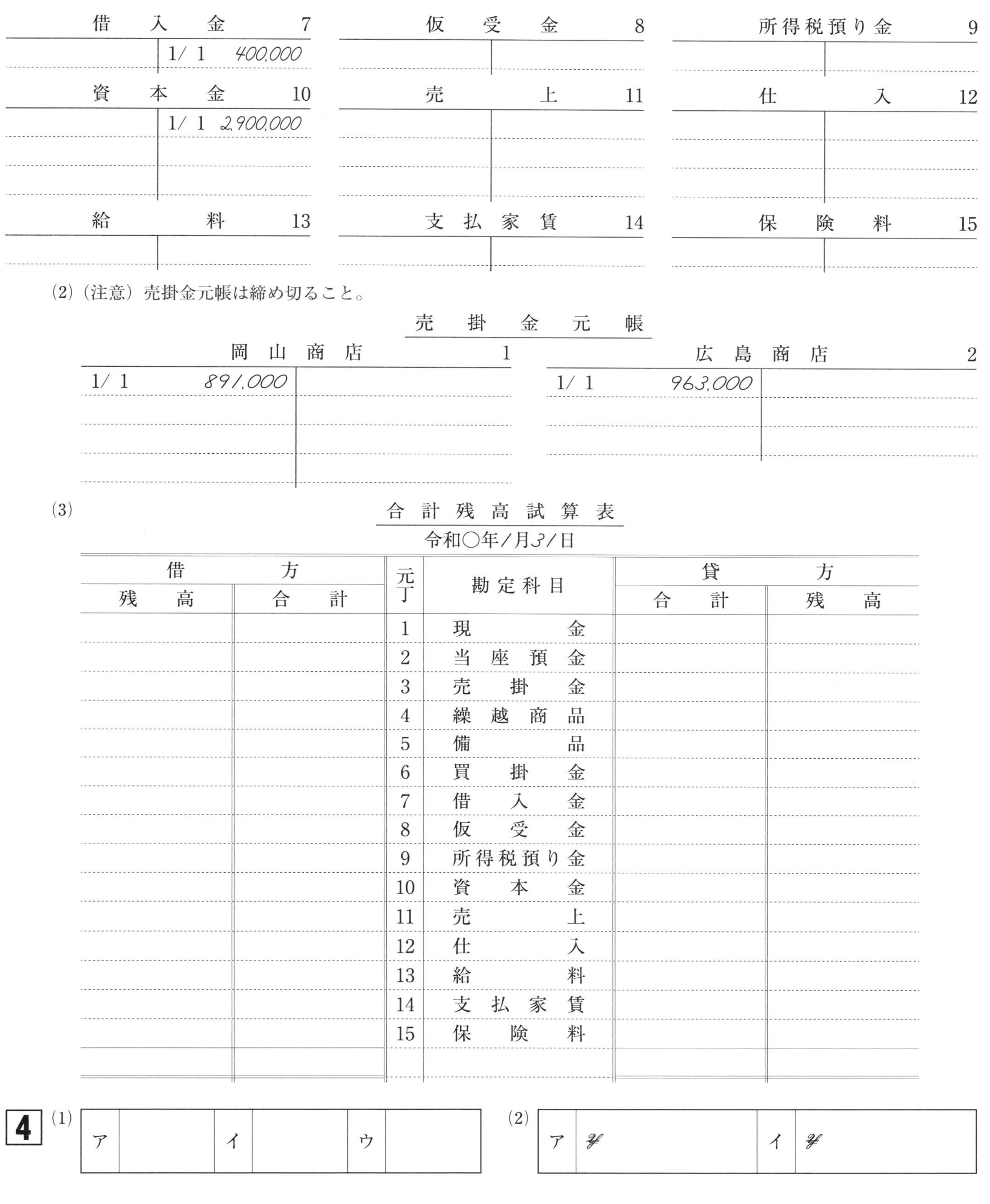

借入金 7

	1/1 400,000

仮受金 8

所得税預り金 9

資本金 10

	1/1 2,900,000

売上 11

仕入 12

給料 13

支払家賃 14

保険料 15

(2)（注意）売掛金元帳は締め切ること。

売掛金元帳

岡山商店 1

1/1	891,000	

広島商店 2

1/1	963,000	

(3)

合計残高試算表

令和○年1月31日

借方 残高	借方 合計	元丁	勘定科目	貸方 合計	貸方 残高
		1	現金		
		2	当座預金		
		3	売掛金		
		4	繰越商品		
		5	備品		
		6	買掛金		
		7	借入金		
		8	仮受金		
		9	所得税預り金		
		10	資本金		
		11	売上		
		12	仕入		
		13	給料		
		14	支払家賃		
		15	保険料		

4

(1)

ア		イ		ウ	

(2)

ア	¥	イ	¥

組	番号	名前

3 得点		**4** 得点	

5

(1)

	借方	貸方
a		
b		
c		

(2)（注意）勘定には，日付・相手科目・金額を記入し，締め切ること。

備品 7

1/1	前期繰越	780,000			

受取手数料 12

			8/24	現金	38,000
			11/25	当座預金	45,000

(3)

損益計算書

三重商店　令和○年1月1日から令和○年12月31日まで　(単位：円)

費用	金額	収益	金額
売上原価		売上高	
給料		受取手数料	
(　　)		受取利息	
(　　)			
支払家賃			
消耗品費			
雑費			
(　　)			

貸借対照表

三重商店　令和○年12月31日　(単位：円)

資産	金額	負債および純資産	金額
現金		買掛金	
当座預金		(　　)	
売掛金(　　)		資本金	
貸倒引当金(　　)		(　　)	
(　　)			
備品			
貸付金			

5 得点

3級模擬試験問題　第9回〔解　答　用　紙〕

1

	借　　方	貸　　方
a		
b		
c		
d		

2

入　金　伝　票　No.
令和○年　月　日

科目		入金先	殿
摘　　要		金　　額	
合　　計			

出　金　伝　票　No.
令和○年　月　日

科目		支払先	殿
摘　　要		金　　額	
合　　計			

振　替　伝　票　No.
令和○年　月　日

勘定科目	借　　方	勘定科目	貸　　方
合　　計		合　　計	
摘要			

1 得点	2 得点	3 得点	4 得点	5 得点	合計

組	番　号	名　　前

3 (1)

仕　訳　帳　　1

令和○年		摘　要	元丁	借　方	貸　方
1	1	前期繰越高	√	4,660,000	4,660,000

総勘定元帳

現　金　1

1/ 1	239,000	

当座預金　2

1/ 1	1,687,000	

売掛金　3

1/ 1	1,598,000	

繰越商品　4

1/ 1	396,000	

貸付金　5

1/ 1	450,000	

備　品　6

1/ 1	290,000	

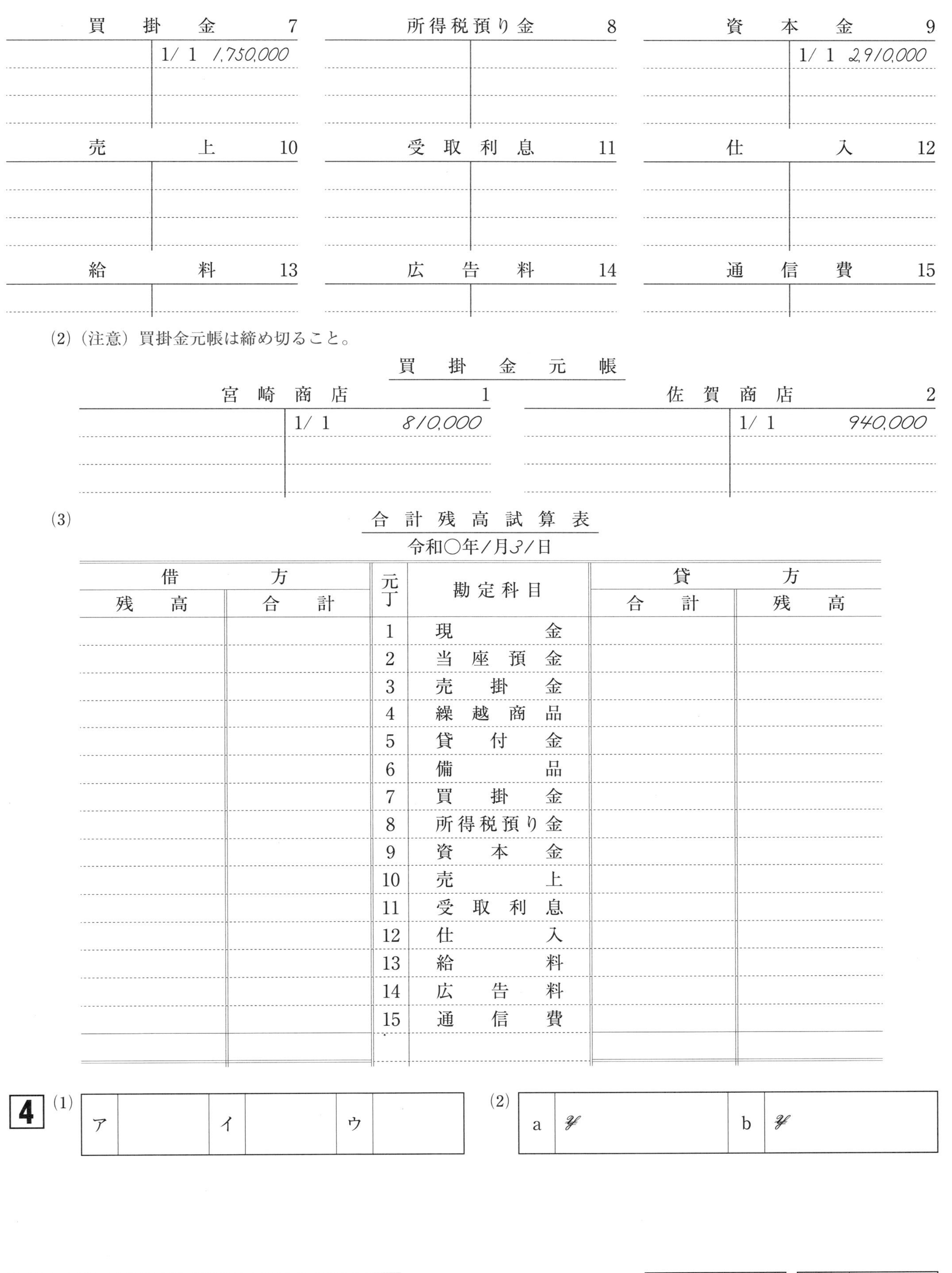

買掛金	7
	1/1 1,750,000

所得税預り金	8

資本金	9
	1/1 2,910,000

売上	10

受取利息	11

仕入	12

給料	13

広告料	14

通信費	15

(2)（注意）買掛金元帳は締め切ること。

買掛金元帳

宮崎商店	1
	1/1 810,000

佐賀商店	2
	1/1 940,000

(3)

合計残高試算表

令和○年1月31日

借方 残高	借方 合計	元丁	勘定科目	貸方 合計	貸方 残高
		1	現金		
		2	当座預金		
		3	売掛金		
		4	繰越商品		
		5	貸付金		
		6	備品		
		7	買掛金		
		8	所得税預り金		
		9	資本金		
		10	売上		
		11	受取利息		
		12	仕入		
		13	給料		
		14	広告料		
		15	通信費		

4 (1)

ア		イ		ウ	

(2)

a	¥	b	¥

組	番号	名前

3 得点	

4 得点	

5

(1)

	借方	貸方
a		
b		
c		

(2)（注意）勘定には，日付・相手科目・金額を記入し，締め切ること。

貸倒引当金 4

8/4	売掛金	12,000	1/1	前期繰越	20,000

消耗品費 16

1/9	現金	68,000			

(3)

損益計算書

四国商店　令和○年1月1日から令和○年12月31日まで　(単位：円)

費用	金額	収益	金額
売上原価		売上高	7,610,000
給料	1,560,000	受取手数料	26,000
貸倒引当金繰入			
減価償却費			
支払家賃	684,000		
消耗品費	68,000		
雑費	72,000		
支払利息	6,000		
(　　)			

貸借対照表

四国商店　令和○年12月31日　(単位：円)

資産	金額	負債および純資産	金額
現金	654,000	買掛金	1,020,000
当座預金	910,000	借入金	820,000
売掛金（　　）		資本金	2,560,000
貸倒引当金（　　）		(　　)	
(　　)			
前払金	70,000		
備品			

5 得点	

3級模擬試験問題　第10回〔解 答 用 紙〕

1

	借　方	貸　方
a		
b		
c		
d		

2

入金伝票　No.
令和○年　月　日

科目		入金先	殿
摘要		金額	
合計			

出金伝票　No.
令和○年　月　日

科目		支払先	殿
摘要		金額	
合計			

振替伝票　No.
令和○年　月　日

勘定科目	借方	勘定科目	貸方
合計		合計	
摘要			

1 得点	2 得点	3 得点	4 得点	5 得点	合計

組	番号	名前

3 (1)

仕　訳　帳

1

令和○年		摘　要	元丁	借　方	貸　方
/	/	前期繰越高	✓	4,410,000	4,410,000

総　勘　定　元　帳

現　金　1

借方		貸方	
1/1	335,000		

当座預金　2

借方		貸方	
1/1	1,770,000		

売掛金　3

借方		貸方	
1/1	1,717,000		

繰越商品　4

借方		貸方	
1/1	385,000		

備　品　5

借方		貸方	
1/1	203,000		

買掛金　6

借方		貸方	
		1/1	1,740,000

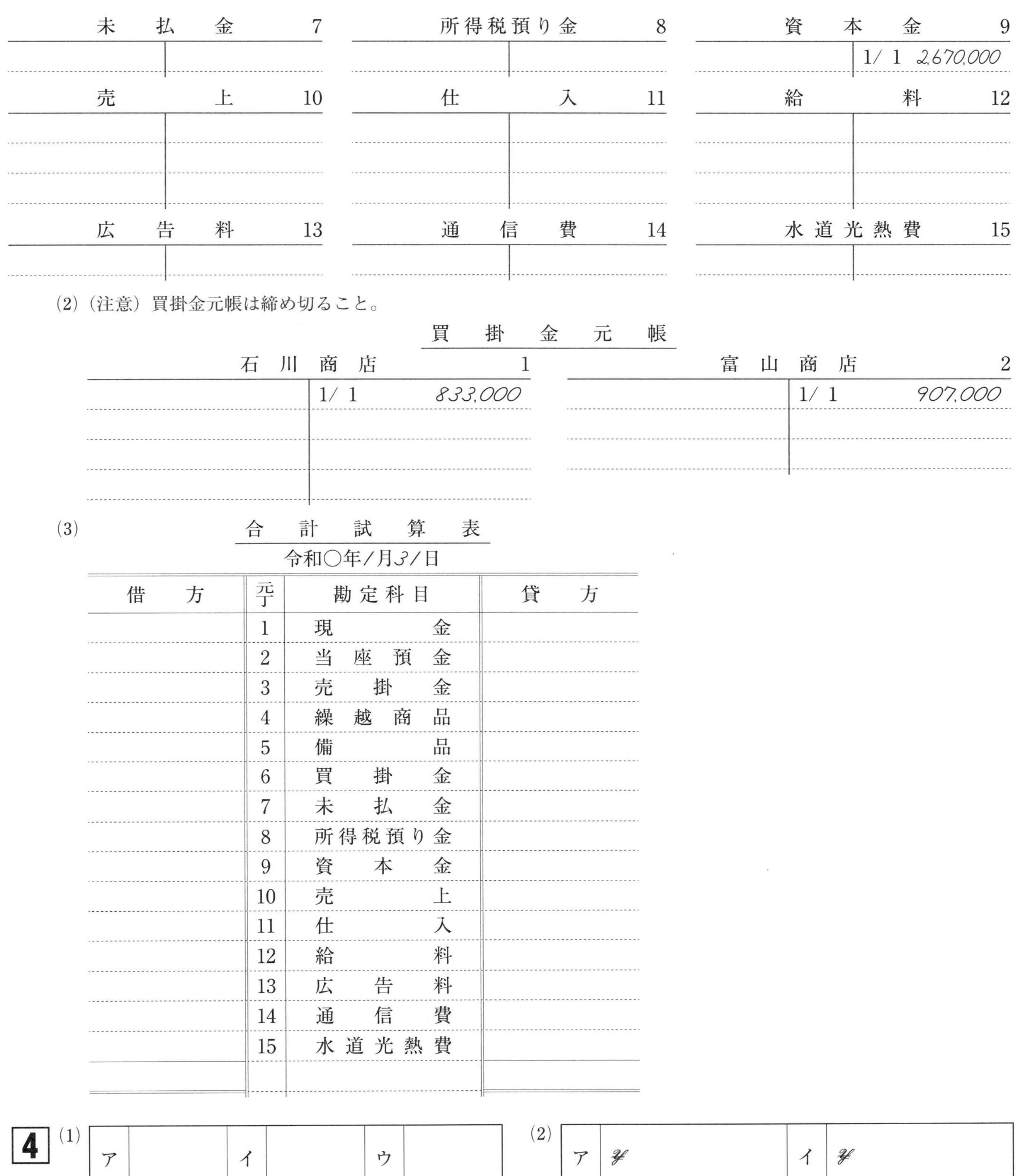

未払金	7

所得税預り金	8

資本金	9
	1/1 2,670,000

売上	10

仕入	11

給料	12

広告料	13

通信費	14

水道光熱費	15

(2)（注意）買掛金元帳は締め切ること。

買掛金元帳

石川商店	1
	1/1 833,000

富山商店	2
	1/1 907,000

(3)

合計試算表

令和○年1月31日

借方	元丁	勘定科目	貸方
	1	現金	
	2	当座預金	
	3	売掛金	
	4	繰越商品	
	5	備品	
	6	買掛金	
	7	未払金	
	8	所得税預り金	
	9	資本金	
	10	売上	
	11	仕入	
	12	給料	
	13	広告料	
	14	通信費	
	15	水道光熱費	

4

(1)

ア		イ		ウ	

(2)

ア	¥	イ	¥

組	番号	名前

3 得点	

4 得点	

5 (1)

精　算　表

令和○年12月31日

勘定科目	残高試算表		整理記入		損益計算書		貸借対照表	
	借方	貸方	借方	貸方	借方	貸方	借方	貸方
現金	413,000							
当座預金	1,079,000							
売掛金	1,300,000							
貸倒引当金		5,000						
繰越商品	623,000							
貸付金	600,000							
備品	1,190,000							
買掛金		986,000						
前受金		300,000						
資本金		3,400,000						
売上		9,340,000						
受取利息		24,000						
仕入	6,150,000							
給料	1,620,000							
支払家賃	732,000							
保険料	264,000							
消耗品費	61,000							
雑費	23,000							
	14,055,000	14,055,000						
貸倒引当金繰入								
減価償却費								
(　　　)								

(2)（注意）i　給料勘定の記録は，合計額で示してある。
ii　勘定には，日付・相手科目・金額を記入し，締め切ること。

貸　付　金　6

1/1	前期繰越	1,000,000	6/30	現金	400,000

給　料　14

1,620,000	

5 得点	

公益財団法人 全国商業高等学校協会主催・文部科学省後援

第95回 簿記実務検定 3級 商業簿記 〔解答用紙〕

1

	借方	貸方
a		
b		
c		
d		

2

入金伝票
令和○年 月 日 No.____

科目		入金先	殿
摘要		金額	
合計			

出金伝票
令和○年 月 日 No.____

科目		支払先	殿
摘要		金額	
合計			

振替伝票
令和○年 月 日 No.____

勘定科目	借方	勘定科目	貸方
合計		合計	
摘要			

1 得点	2 得点	3 得点	4 得点	5 得点	総得点

試験場校	受験番号

3 (1)

仕　訳　帳

1

令和○年		摘　　要	元丁	借　方	貸　方
/	/	前期繰越高	✓	232,000	232,000

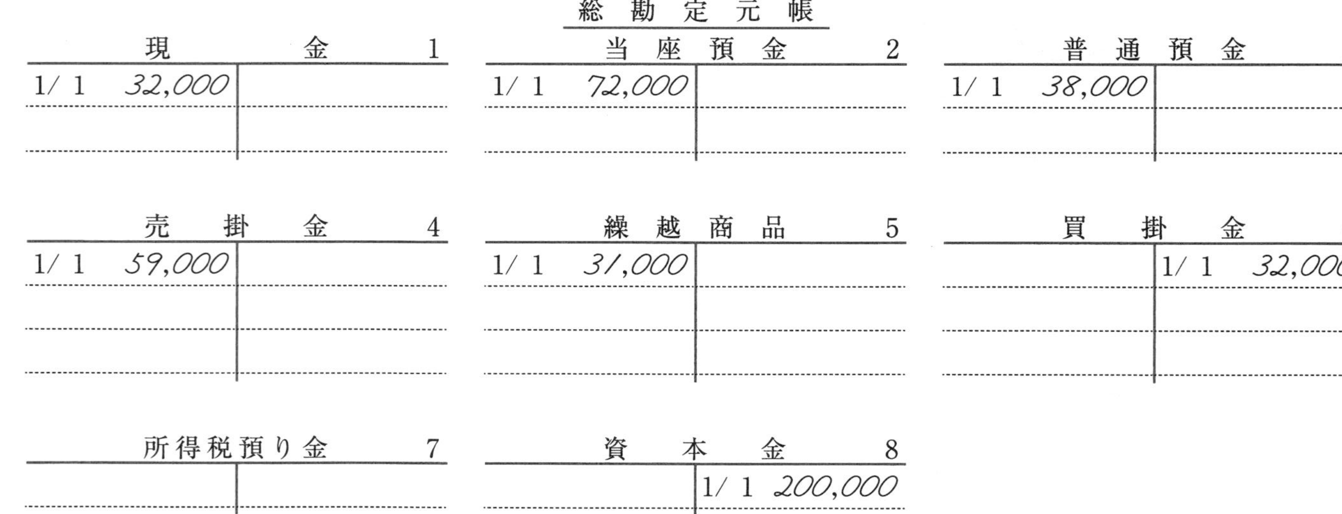

総勘定元帳

現　金	1
1/1　32,000	

当座預金	2
1/1　72,000	

普通預金	3
1/1　38,000	

売掛金	4
1/1　59,000	

繰越商品	5
1/1　31,000	

買掛金	6
	1/1　32,000

所得税預り金	7

資本金	8
	1/1　200,000

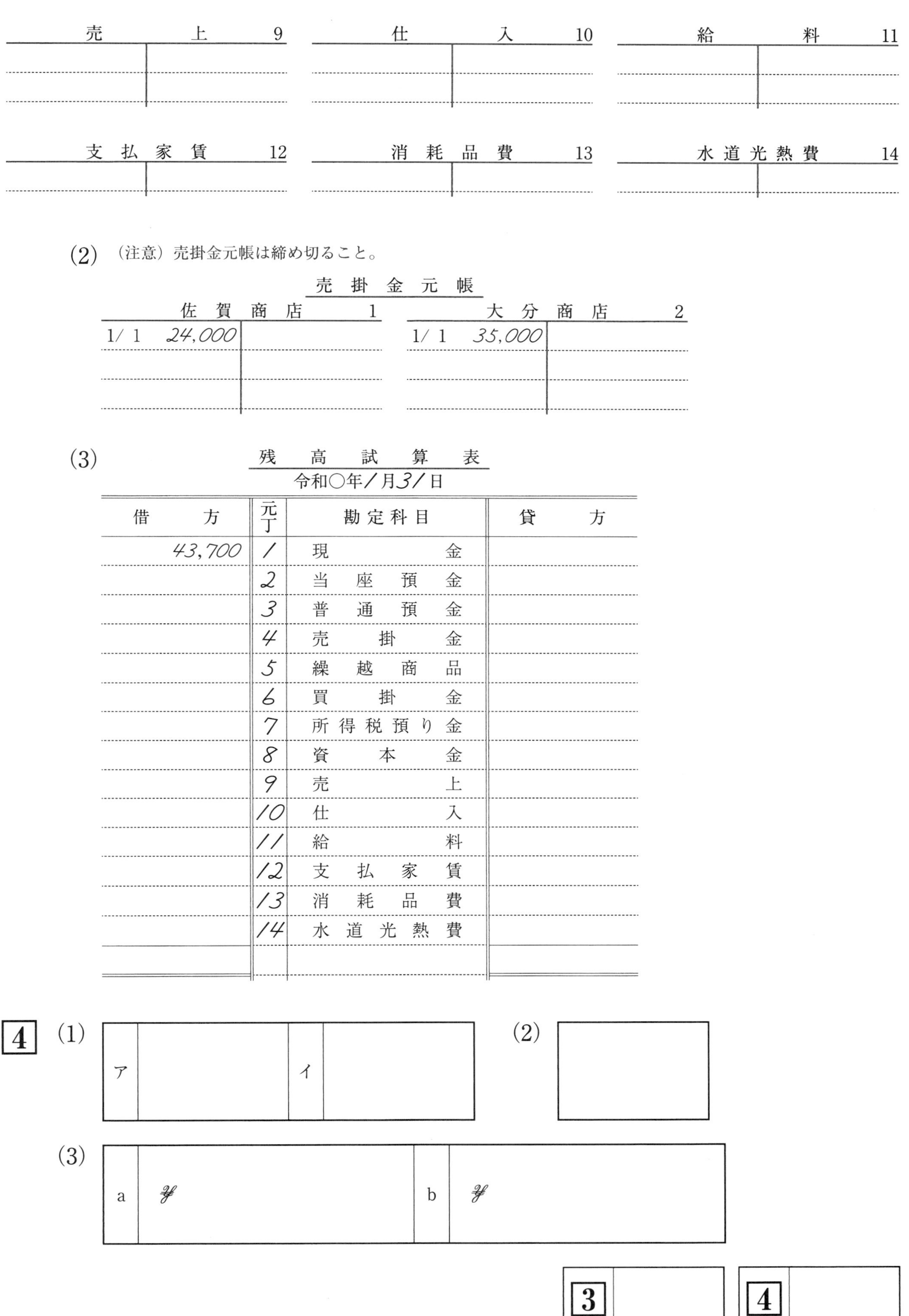

売　上　9		仕　入　10		給　料　11	

支払家賃　12		消耗品費　13		水道光熱費　14	

(2)（注意）売掛金元帳は締め切ること。

売掛金元帳

佐賀商店　1			大分商店　2		
1/1	24,000		1/1	35,000	

(3)

残高試算表
令和○年1月31日

借方	元丁	勘定科目	貸方
43,700	1	現金	
	2	当座預金	
	3	普通預金	
	4	売掛金	
	5	繰越商品	
	6	買掛金	
	7	所得税預り金	
	8	資本金	
	9	売上	
	10	仕入	
	11	給料	
	12	支払家賃	
	13	消耗品費	
	14	水道光熱費	

4

(1)

ア		イ	

(2)

(3)

a	¥	b	¥

3 得点	

4 得点	

5

(1)

	借方	貸方
a		
b		
c		

(2) （注意） i 水道光熱費勘定の記録は，合計額で示してある。
ii 勘定には，日付・相手科目・金額を記入し，締め切ること。

備品 6

1/1	前期繰越	375,000		

水道光熱費 16

86,000		

(3)

損益計算書

愛知商店　令和○年1月1日から令和○年12月31日まで　（単位：円）

費用	金額	収益	金額
売上原価		売上高	
給料		受取手数料	192,000
貸倒引当金繰入			
減価償却費			
支払家賃	360,000		
保険料			
水道光熱費			
支払利息			
（　　　）			

貸借対照表

愛知商店　令和○年12月31日　（単位：円）

資産	金額	負債および純資産	金額
現金	397,000	買掛金	
当座預金		借入金	500,000
売掛金（　　　）		資本金	
貸倒引当金（　　　）		（　　　）	
商品			
備品			

5 得点	

公益財団法人 全国商業高等学校協会主催・文部科学省後援

第96回　簿記実務検定　3級　商業簿記〔解答用紙〕

1

	借方	貸方
a		
b		
c		
d		

2

入金伝票　No.____
令和○年　月　日

科目		入金先	殿
摘要		金額	
合計			

出金伝票　No.____
令和○年　月　日

科目		支払先	殿
摘要		金額	
合計			

振替伝票　No.____
令和○年　月　日

勘定科目	借方	勘定科目	貸方
合計		合計	
摘要			

1 得点	2 得点	3 得点	4 得点	5 得点	総得点

試験場校	受験番号

3 (1)

仕　訳　帳　　1

令和○年		摘　要	元丁	借　方	貸　方
1	1	前期繰越高	✓	473,000	473,000

総勘定元帳

現　金　1

借方	貸方
1/ 1　123,400	

当座預金　2

借方	貸方
1/ 1　113,000	

売掛金　3

借方	貸方
1/ 1　161,200	

繰越商品　4

借方	貸方
1/ 1　75,400	

買掛金　5

借方	貸方
	1/ 1　104,000

所得税預り金　6

借方	貸方

資本金 7	
	1/ 1 369,000

売上 8	

仕入 9	

給料 10	

通信費 11	

消耗品費 12	

(2) （注意）買掛金元帳は締め切ること。

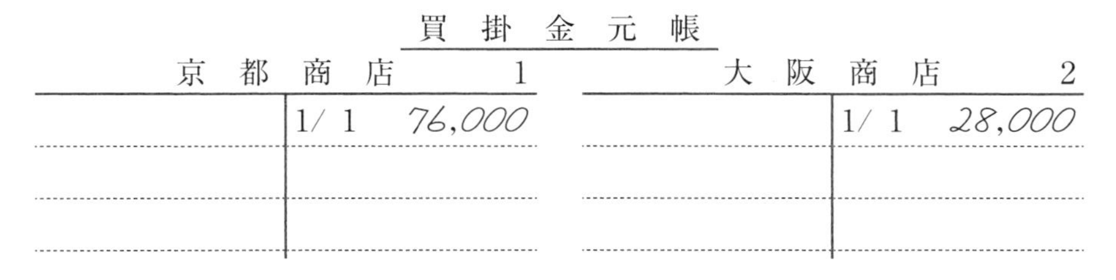

買掛金元帳

京都商店 1	
	1/ 1 76,000

大阪商店 2	
	1/ 1 28,000

(3)

合計試算表

令和○年1月31日

借方	元丁	勘定科目	貸方
	1	現金	
	2	当座預金	
	3	売掛金	
	4	繰越商品	
	5	買掛金	
	6	所得税預り金	
	7	資本金	
	8	売上	
	9	仕入	
	10	給料	
	11	通信費	
	12	消耗品費	

4

(1)

a		b	

(2)

a	¥	b	¥
c	¥		

3 得点	

4 得点	

5 (1)

精　算　表

令和○年12月31日

勘定科目	残高試算表		整理記入		損益計算書		貸借対照表	
	借方	貸方	借方	貸方	借方	貸方	借方	貸方
現金	350,000							
当座預金	678,000							
売掛金	800,000							
貸倒引当金		6,000						
繰越商品	538,000							
備品	360,000							
買掛金		1,020,000						
資本金		1,700,000						
売上		6,857,000						
受取手数料		47,000						
仕入	4,090,000							
給料	1,284,000							
支払家賃	912,000							
水道光熱費	579,000							
雑費	39,000							
	9,630,000	9,630,000						
貸倒引当金繰入								
減価償却費								
当期純利益								

(2)（注意）i　給料勘定の記録は，合計額で示してある。
ii　勘定には，日付・相手科目・金額を記入し，締め切ること。

備　品　6

1/1	前期繰越	360,000			

給　料　12

		1,284,000			

5 得点	